# GRUNDKURS TIERE ZEICHNEN

# GRUNDKURS TIERE ZEICHNEN

SCHRITT FÜR SCHRITT ZUM REALISTISCHEN TIERPORTRÄT

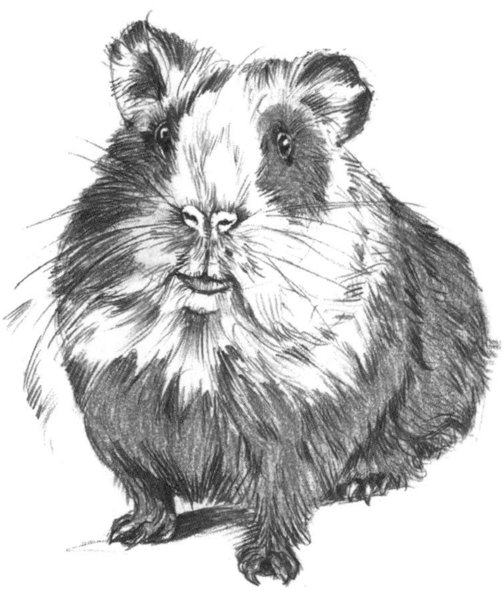

DUNCAN SMITH

PREMIO

**Der Autor**
Duncan Smith zeichnet seit seiner frühesten Kindheit. Vor über 20 Jahren hat er die Glasgow School of Art mit Auszeichnung absolviert. Seitdem arbeitet er als freier Illustrator für viele renommierte Auftraggeber. Er hat Kinderbücher geschrieben und illustriert, als Konzeptkünstler in der Filmindustrie gearbeitet und Zeichenkurse für Kinder und Erwachsene gegeben. Mit seiner Frau Nina, seiner Tochter Deepy, zwei Katzen und den beiden kleinen Hunden Ted und Buffy lebt er in London.

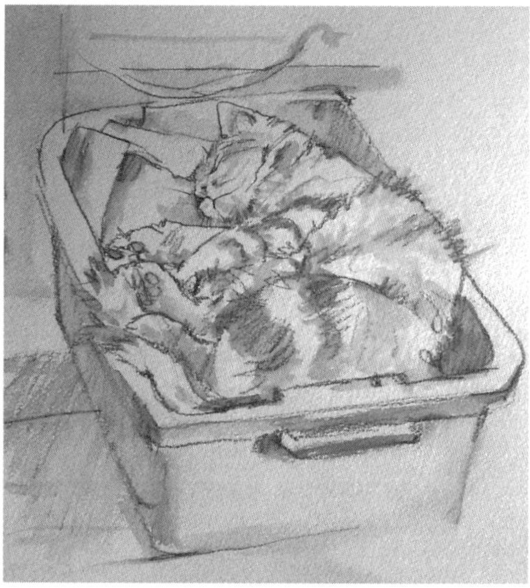

**Widmung**
*Dieses Buch widme ich meiner Frau, die mich immer ermutigt hat, und unserem Kater Shuggie, der mir in den langen Nächten, als die meisten Zeichnungen für dieses Buch entstanden, Gesellschaft geleistet hat. Leider blieb er nicht lange genug, um das fertige Buch zu sehen, aber die Zeit, die er bei uns verbrachte, haben wir sehr genossen.*

PREMIO ist ein Imprint der Arcturus Publishing Limited, London, und der Premio Verlag GmbH, Münster



Übersetzung aus dem Englischen: Wiebke Krabbe, Damlos
Redaktion und Satz: lesezeichen Verlagsdienste, Köln

ISBN: 978-3-86706-215-2

Gedruckt in China 2014

www.premio-verlag.de

# Inhalt



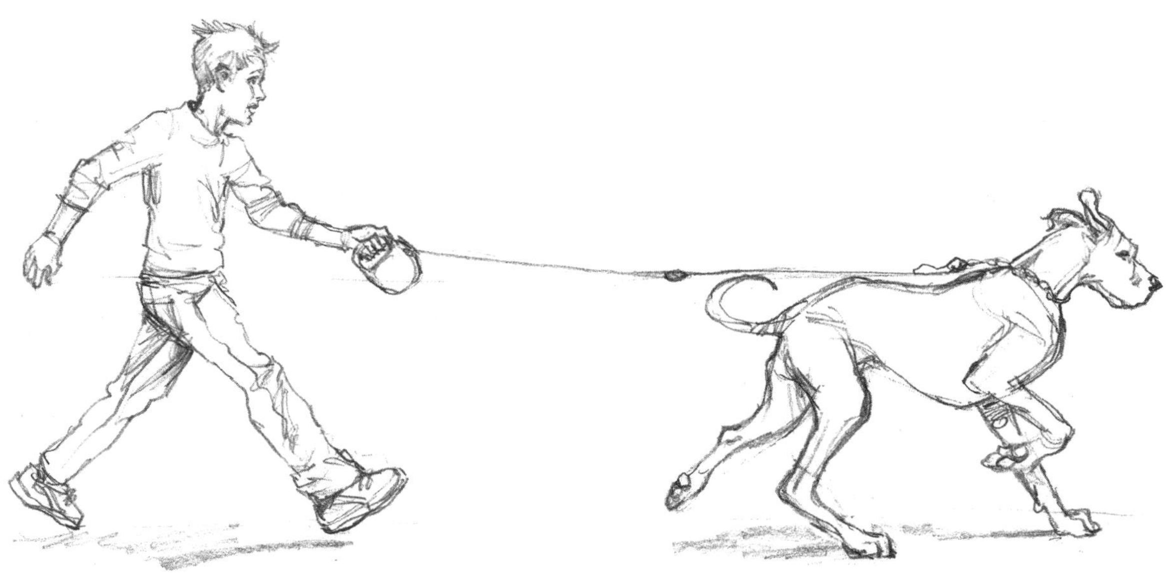

# Vorwort

**Als Kinder haben wir gezeichnet, ohne lange zu zögern oder zu überlegen. Sagte jemand »Zeichne mir einen Hund«, dann saßen wir emsig und zufrieden in einer Ecke. Kurz darauf präsentierten wir das Werk mit Worten wie »Das ist die allerbeste Hundezeichnung der Welt. Können wir sie jetzt aufhängen?« Als Kinder kannten wir keine Scheu, und es gab nichts, was wir nicht zeichnen konnten.**

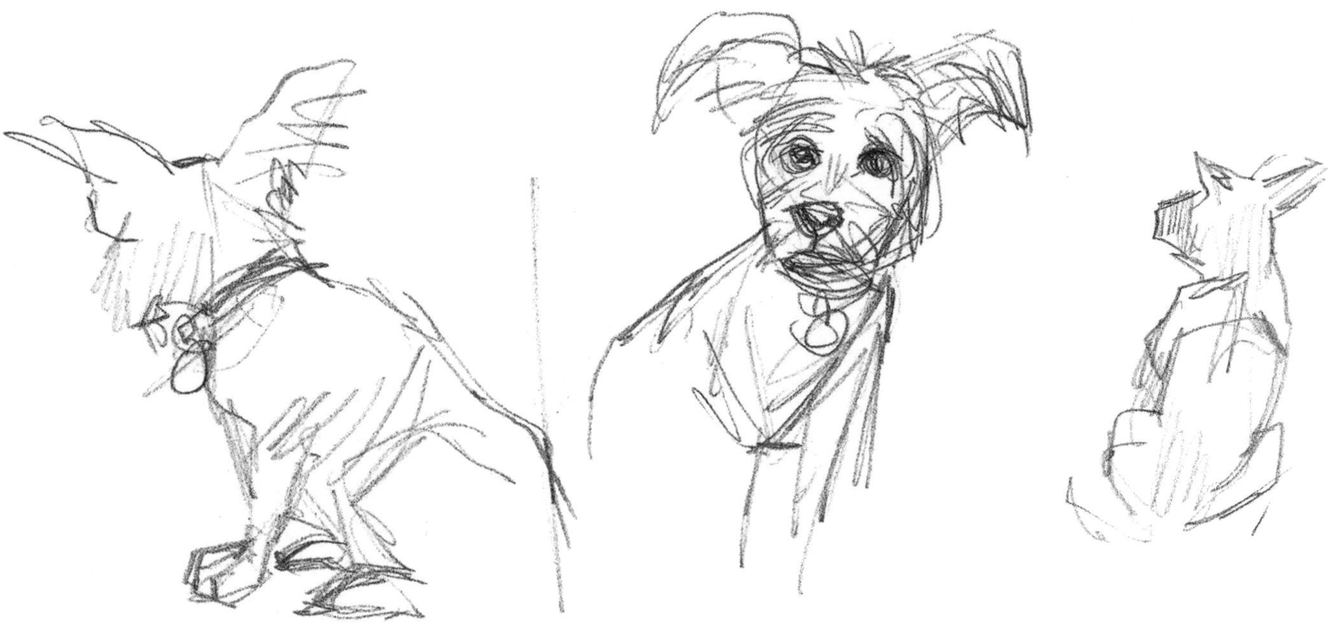

Manche Menschen bewahren sich diese Fähigkeit bis ins Erwachsenenalter und können sogar davon leben. Die meisten werden aber im Heranwachsen unsicherer und geben auf, sobald sie einen negativen Kommentar hören. Wenn Menschen herausfinden, dass ich Illustrator bin, sagen viele: »Ach, ich wünschte, ich könnte zeichnen.« Glauben Sie mir, jeder kann es lernen. Und mit dem Kauf dieses Buchs haben Sie schon den ersten Schritt getan. Zeichnen ist kein Mysterium. Sie brauchen keine spezielle Ausrüstung, müssen keine Schutzkleidung tragen oder irgendwie »künstlerisch« dabei aussehen. Sie brauchen nur Papier, Stifte und Geduld.

Ich weiß aus meiner Kurs- und Einzelunterrichtserfahrung, dass die meisten Menschen gern einfach loslegen möchten. Einige Grundlagen gilt es aber vorher zu lernen. In Sachen Anatomie beschränke ich mich auf ein Minimum. Wenn Sie später einmal Genaueres wissen möchten, schaffen Sie sich ein spezielles Buch zu diesem Thema an.

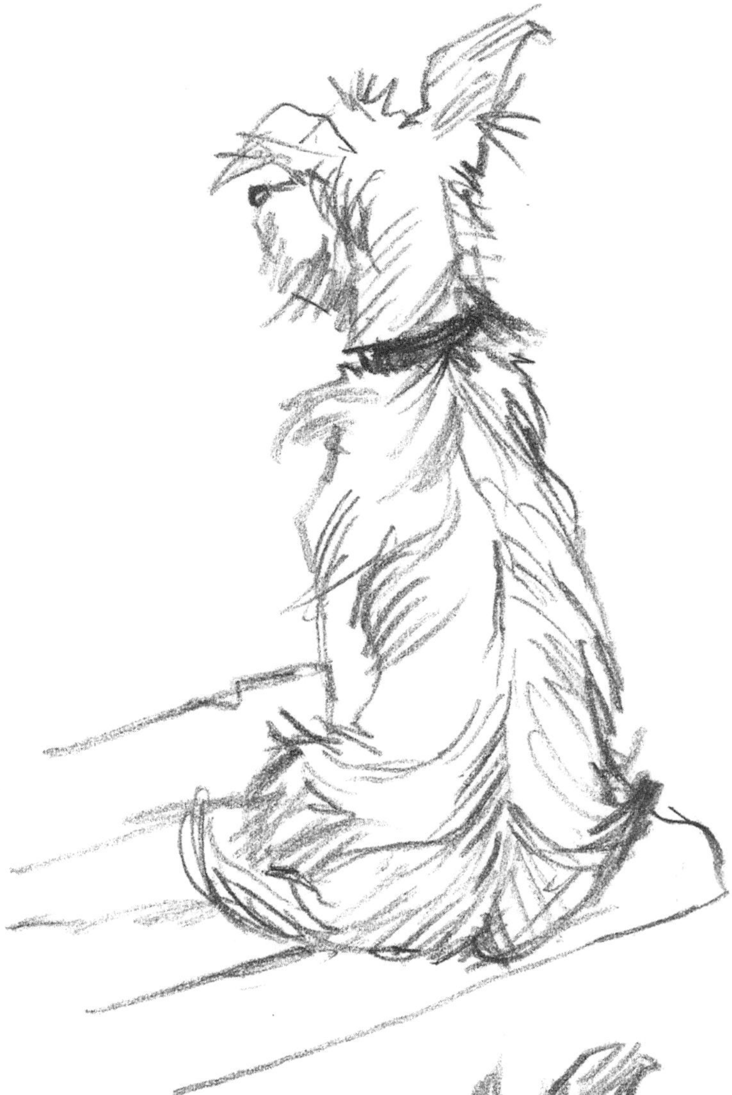

Natürlich kann man die Anatomie aller Tierarten studieren, aber schwieriger ist es oft, den Charakter eines bestimmten Individuums festzuhalten. Vor allem beim Zeichnen nach dem lebenden Modell müssen Sie schnell sein. Tiere stehen nicht so lange still, wie Sie für eine ausgearbeitete Zeichnung brauchen, also nutzen Sie die Zeit, um das schnelle Skizzieren zu üben. Dadurch gewinnen Sie Sicherheit in Technik und Strichführung und können die Skizzen später als Grundlage für genauere Zeichnungen verwenden. Für sehr detaillierte Zeichnungen sind auch Fotos als Vorlage gut geeignet.

In diesem Buch möchte ich Sie Schritt für Schritt ans Zeichnen Ihrer Haustiere oder anderer Tiere heranführen. Wenn Sie die Anleitungen befolgen und die Tipps, die hier und dort eingestreut sind, beherzigen, werden Ihnen Zeichnungen gelingen, über die Sie vielleicht selbst staunen. Ich hoffe, damit Ihren Ehrgeiz zu wecken, Ihre Technik zu verfeinern, kreative Möglichkeiten auszuloten und den Zeichenstil zu finden, der am besten zu Ihnen passt.

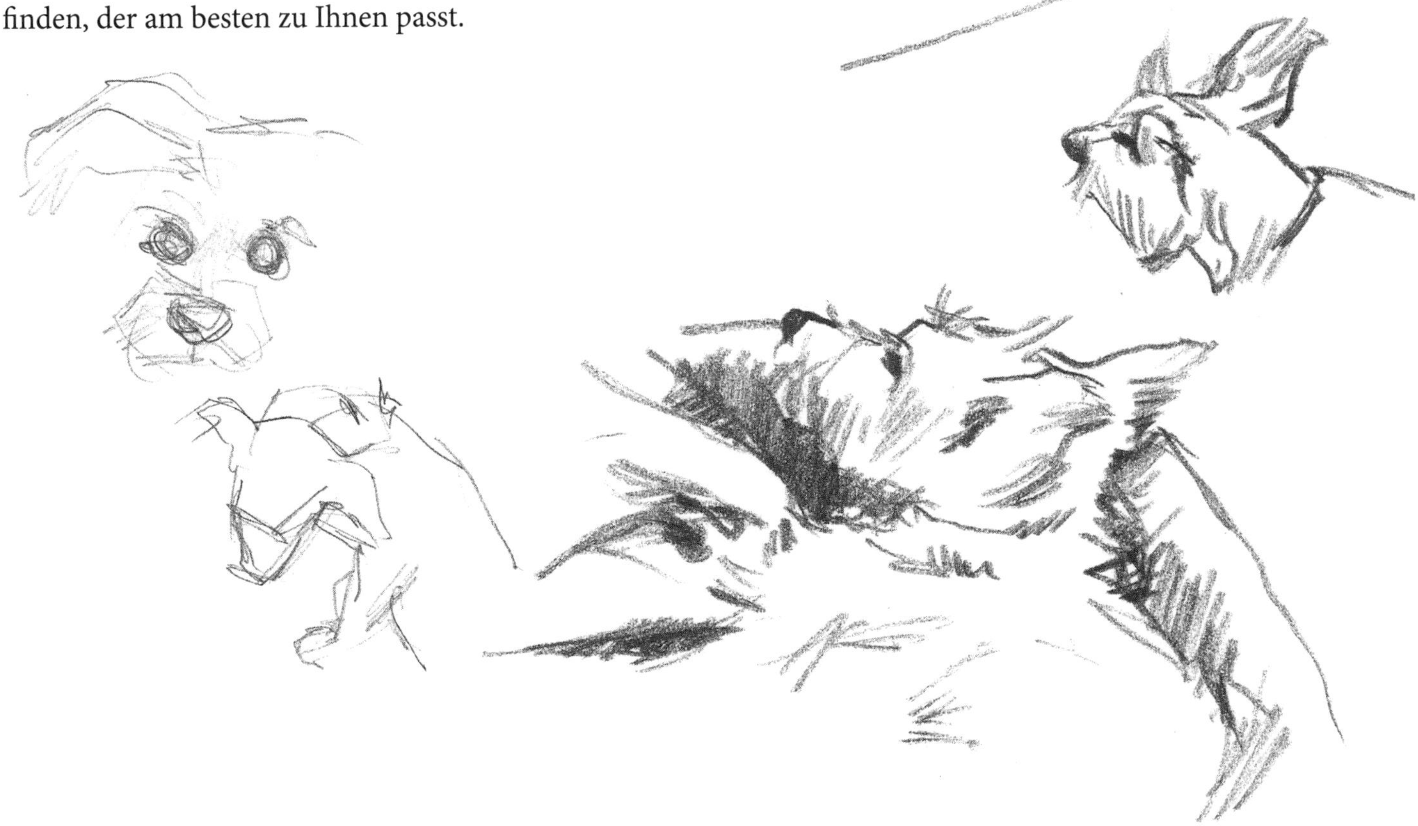

# Die Ausstattung

**Sie werden beim Zeichnen verschiedene Materialien ausprobieren und im Lauf der Zeit Ihre eigenen Vorlieben entdecken. Hier habe ich einige Materialien aufgeführt, die ich oft verwende (weitere finden Sie auf Seite 86–103). Für den Anfang genügen aber einige gute Bleistifte, ein Zeichenblock, ein Knetradiergummi, ein Anspitzer, ein bisschen Fantasie, eine Portion Entschlossenheit und ein gutes Maß an Geduld.**

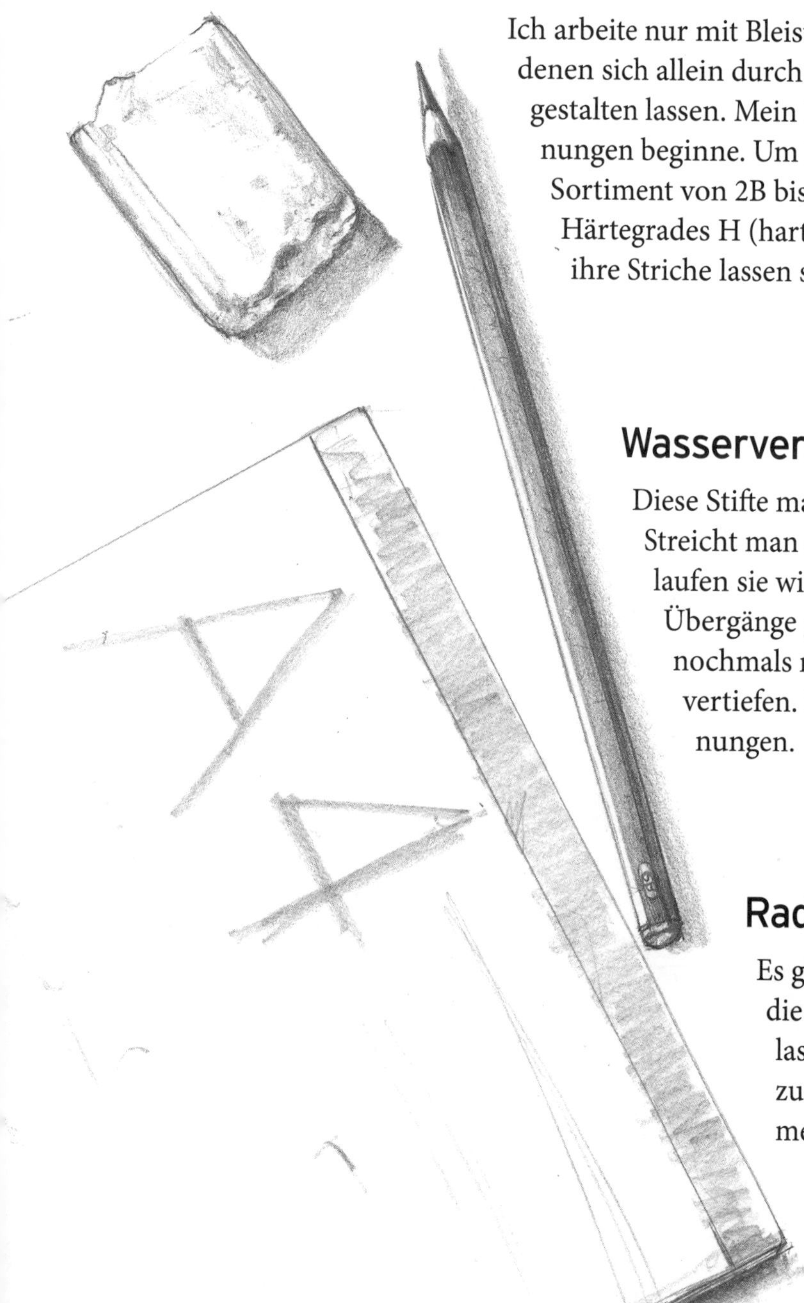


## Bleistifte

Ich arbeite nur mit Bleistiften des Härtegrades B (black bzw. weich), mit denen sich allein durch Veränderung des Drucks viele verschiedene Grautöne gestalten lassen. Mein Favorit ist die Härte 3B, mit der ich die meisten Zeichnungen beginne. Um Ihre Vorlieben herauszufinden, kaufen Sie sich ein Sortiment von 2B bis 8B (der Hersteller spielt keine Rolle). Bleistifte des Härtegrades H (hart) eignen sich besser für technische Zeichnungen, und ihre Striche lassen sich nur schwer ausradieren.

## Wasservermalbare Stifte

Diese Stifte mag ich sehr, weil man mit ihnen gut zeichnen kann. Streicht man danach mit einem nassen Pinsel über die Striche, verlaufen sie wie Aquarellfarben und Sie können in kurzer Zeit weiche Übergänge gestalten. Nach dem Trocknen können die Flächen nochmals mit den Stiften übermalt werden, um die Tonwerte zu vertiefen. Mit etwas Übung gelingen so sehr detaillierte Zeichnungen.

## Radiergummi

Es gibt verschiedenste Radiergummis, aber ich empfehle die Knetgummis, die sich zu einer dünnen Spitze formen lassen, um feinste Linien auszuradieren. Im Gegensatz zu anderen Radiergummis hinterlassen sie keine Krümel.

## Pinselstifte

Diese Stifte verwende ich zur Fertigstellung von Tuschezeichnungen. Sie ähneln Filzstiften, aber anstelle einer festen Spitze haben sie weiche Pinselhaare. Die Strichstärke lässt sich, wie mit einem normalen Pinsel, durch Veränderung des Drucks wunderbar variieren. Wasserlösliche Pinselstifte können, wenn die Konturen mit Tusche gezeichnet sind, noch mit einem nassen Pinsel bearbeitet werden, um zartere Töne oder Lasureffekte zu erzielen. Eine dreidimensionale Wirkung lässt sich gut erzeugen, indem man solche Lasuren zwischen den Arbeitsgängen trocknen lässt.

## Anspitzer oder Cutter

Ich benutze einen guten Anspitzer oder einen Cutter, um meine Stifte zu schärfen. Es passiert leicht, dass man sich ins Zeichnen versenkt und gar nicht bemerkt, dass die Stifte allmählich stumpf werden. Machen Sie sich darum von Anfang an zur Gewohnheit, die Stifte während der Arbeit immer wieder anzuspitzen.

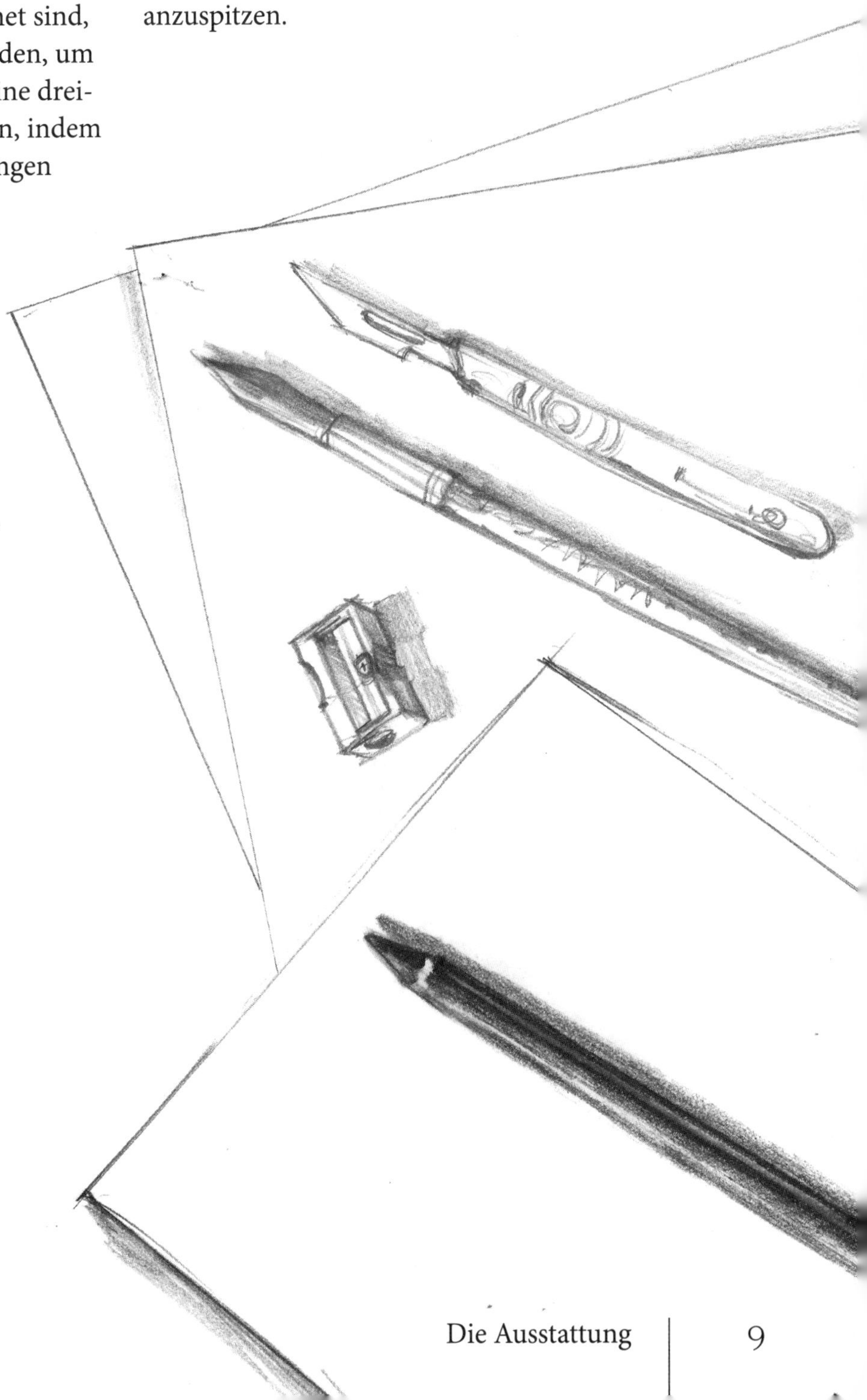

## Papier

Für den Anfang genügt hochwertiges Zeichenpapier als Block oder in Einzelbögen. Wenn Sie aber mit Wasser arbeiten wollen, sollten Sie Papier mit einem Gewicht von mindestens 200 g/m$^2$ wählen. Layoutpapier ist praktisch, um Zeichnungen durchzupausen, die überarbeitet werden sollen, oder um Zeichnungen aus diesem Buch durchzupausen. Wer etwas mehr Sicherheit gewonnen hat, kann auch andere Papiertypen ausprobieren, zum Beispiel strukturiertes Aquarellpapier, Ingrespapier für Pastellmalerei oder Spezialpapiere zum Zeichnen mit Markern oder Finelinern.

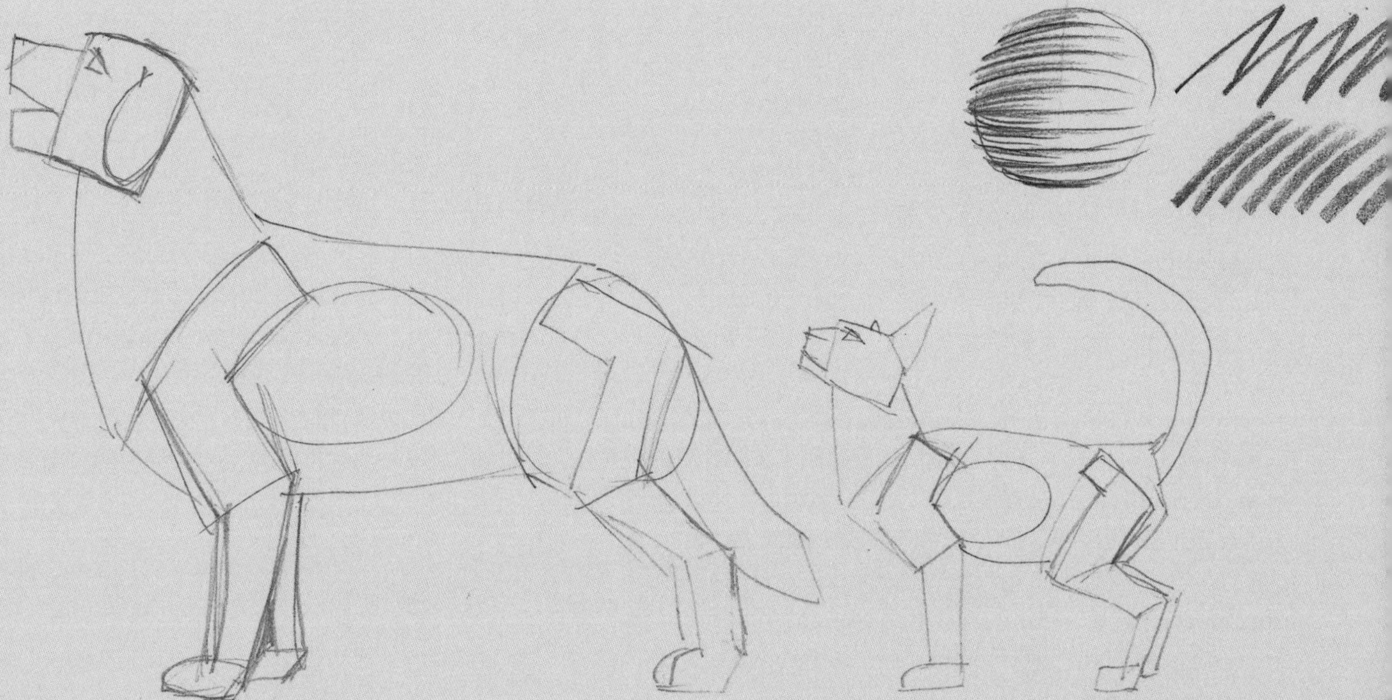

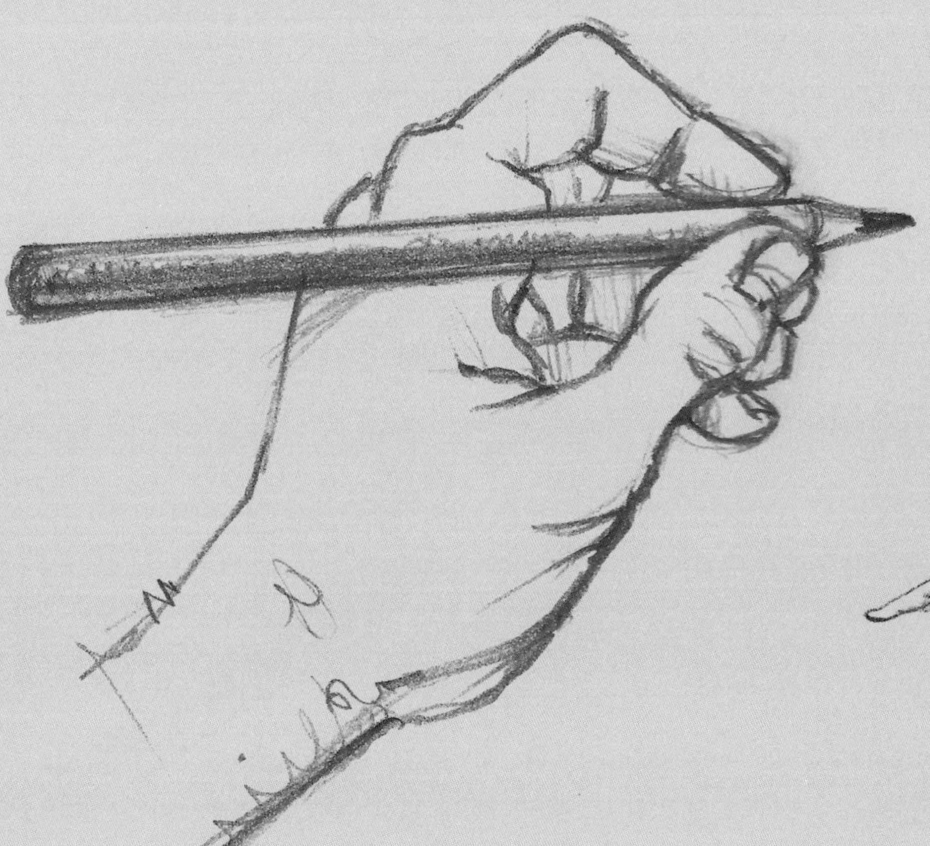

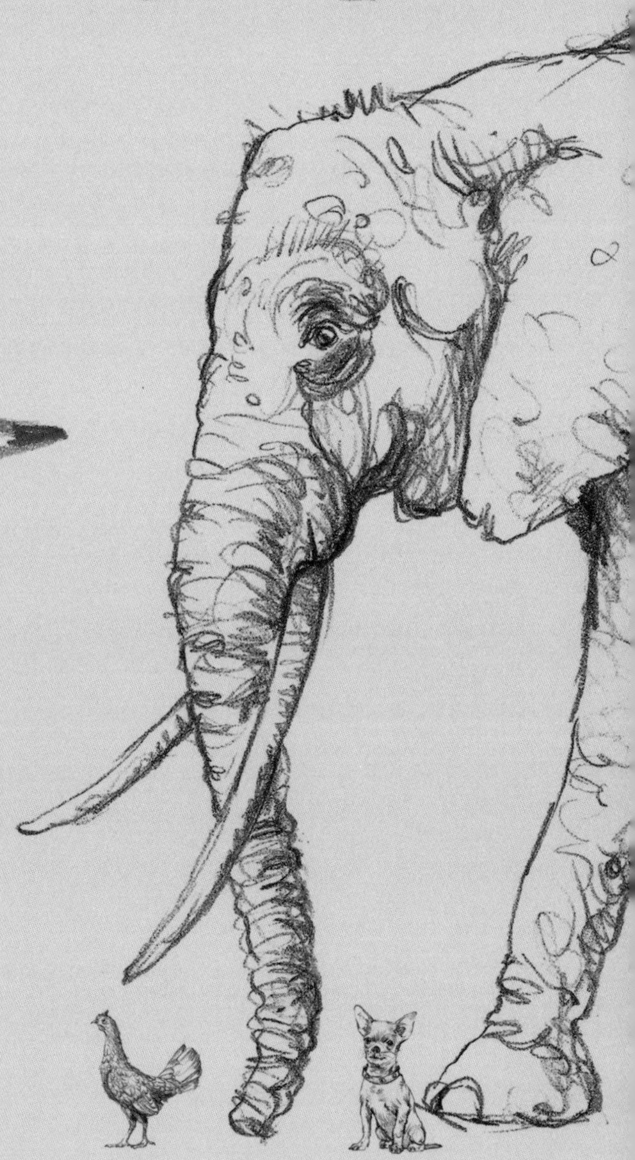

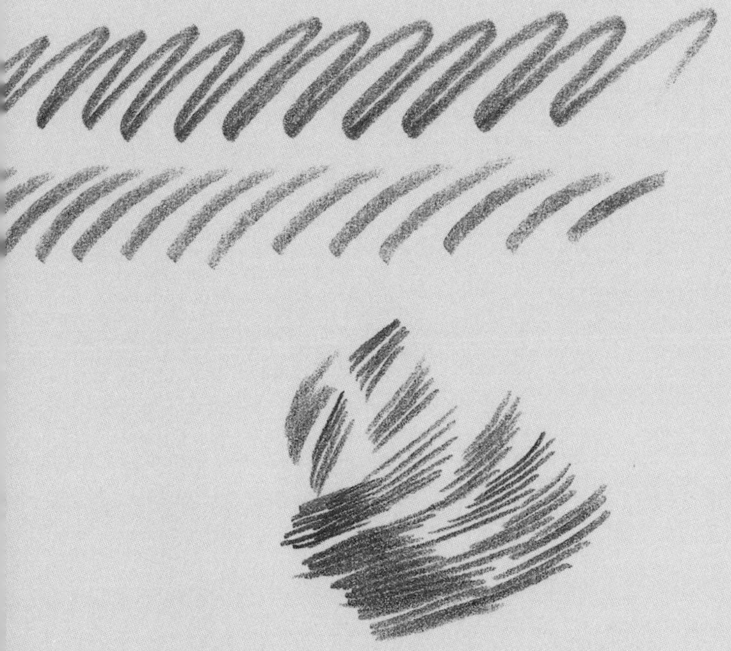

# Kapitel 1
# Erste Schritte

In diesem Kapitel beginnen wir mit leichter Hand und vorsichtigen Strichen. Sie lernen verschiedene Stifthaltungen kennen, durch die sich unterschiedliche Striche ergeben. Durch eine Kombination solcher Strichtechniken lassen sich Muster, Formen, Texturen und Licht-Schatten-Effekte darstellen. Die einfachen Übungen in diesem Kapitel vermitteln Ihnen Sicherheit und Mut, auf die eigene Kreativität zu vertrauen.

Nach den Strichen geht es weiter zu der Frage, wie eine zweidimensionale Zeichnung dreidimensional wirken kann. Dann werden Sie entdecken, dass sich aus den einfachen Grundformen, die Sie als Kind gezeichnet haben, erstaunlich viele Tiere entwickeln lassen. Damit sie aber überzeugend aussehen, müssen Sie eine gewisse Vorstellung des Körperbaus haben – darum erfahren Sie in diesem Kapitel auch Wissenswertes über die Anatomie.

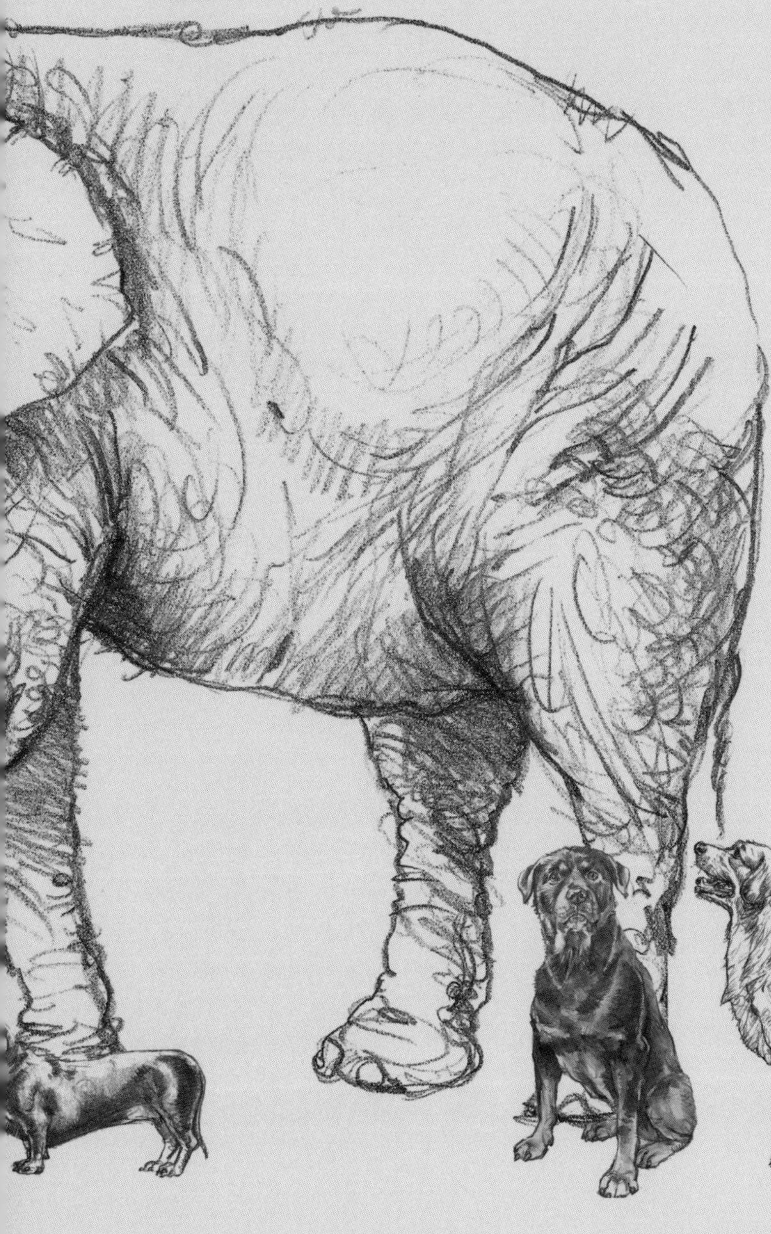

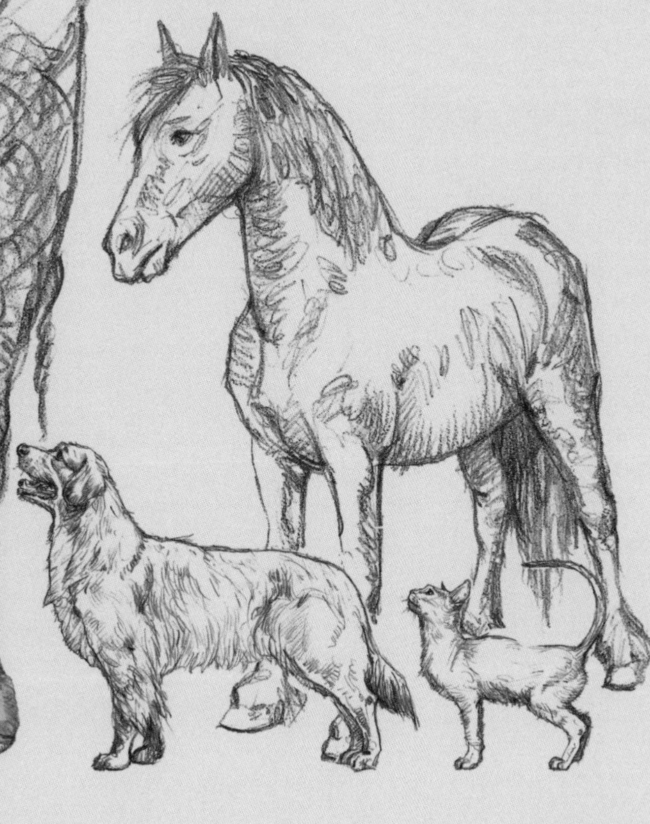

# Die Stifthaltung

**Feste Regeln für die Stifthaltung gibt es nicht. Probieren Sie diese Varianten aus, um verschiedene Strichtechniken zu üben. Es fördert die zeichnerische Vielseitigkeit und das Selbstvertrauen, mehrere Stifthaltungen zu beherrschen.**

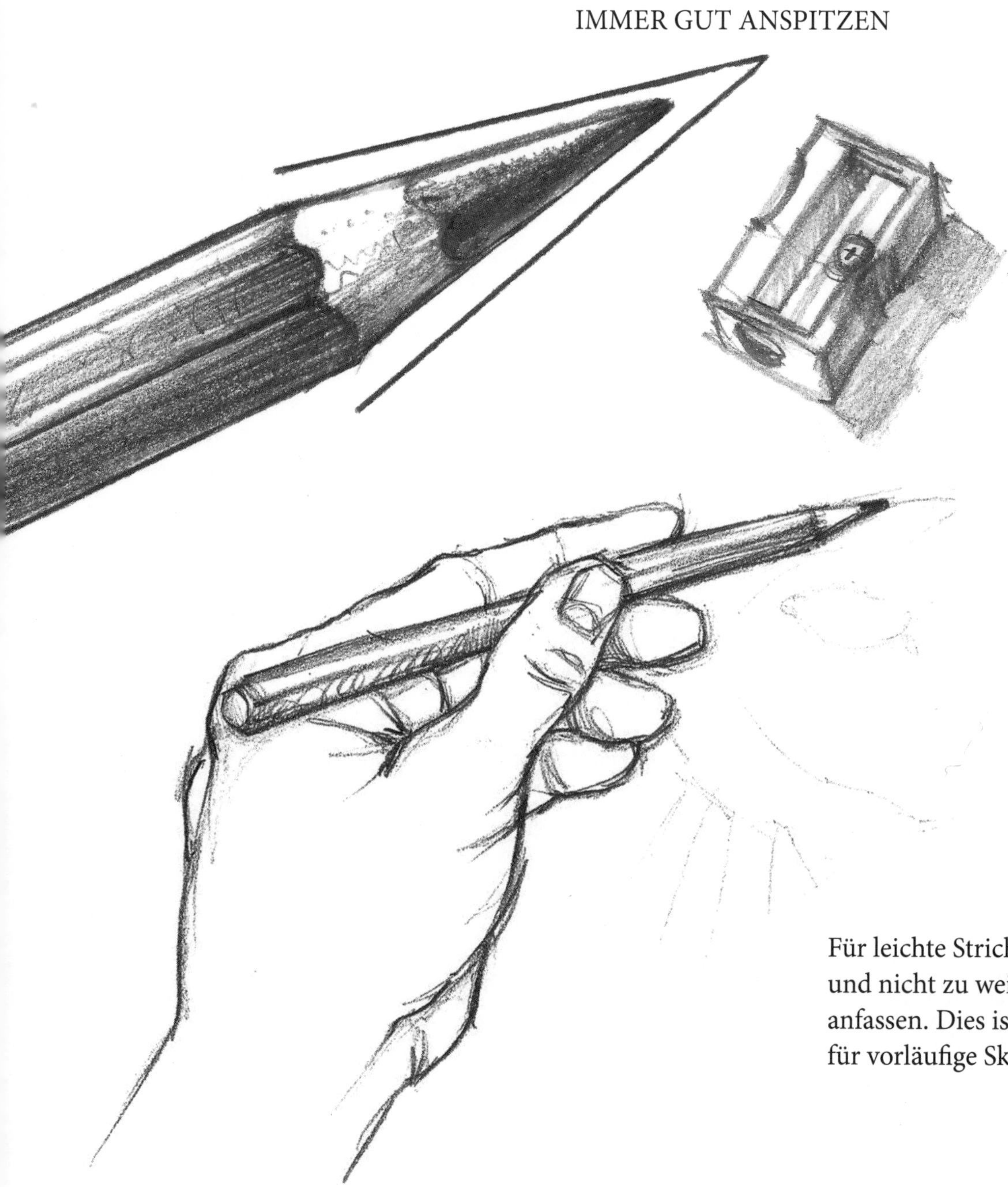


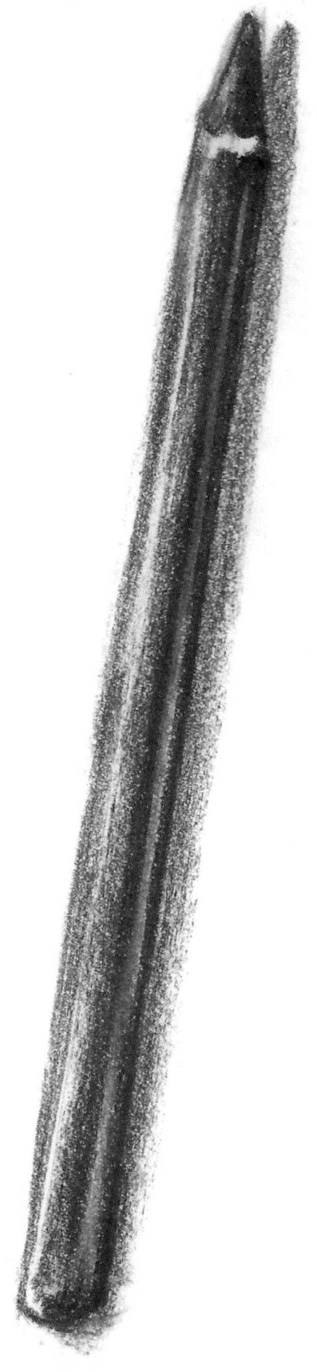

Für leichte Striche den Stift locker und nicht zu weit an der Spitze anfassen. Dies ist die beste Haltung für vorläufige Skizzen.

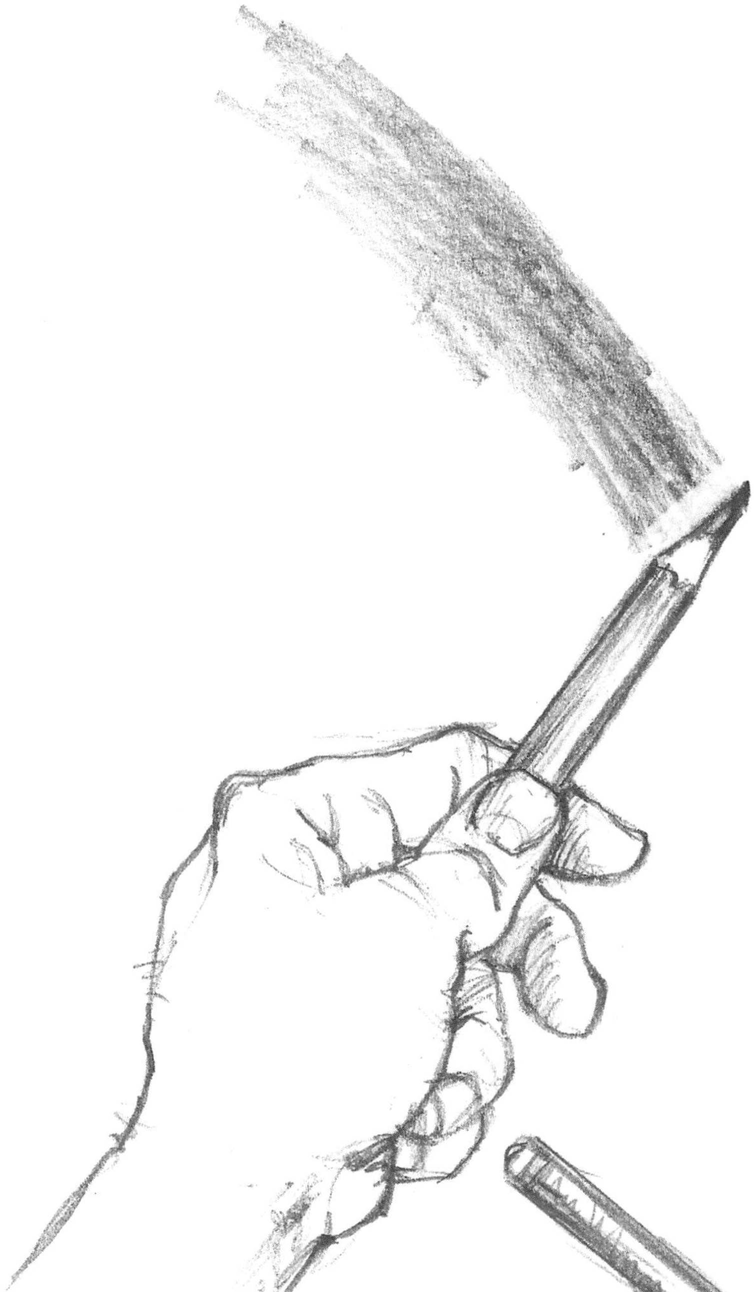

Zum flächigen Schattieren das Ende des Bleistifts in die Hand nehmen.

Für Detailarbeiten den Stift steiler halten, etwa wie beim Schreiben.

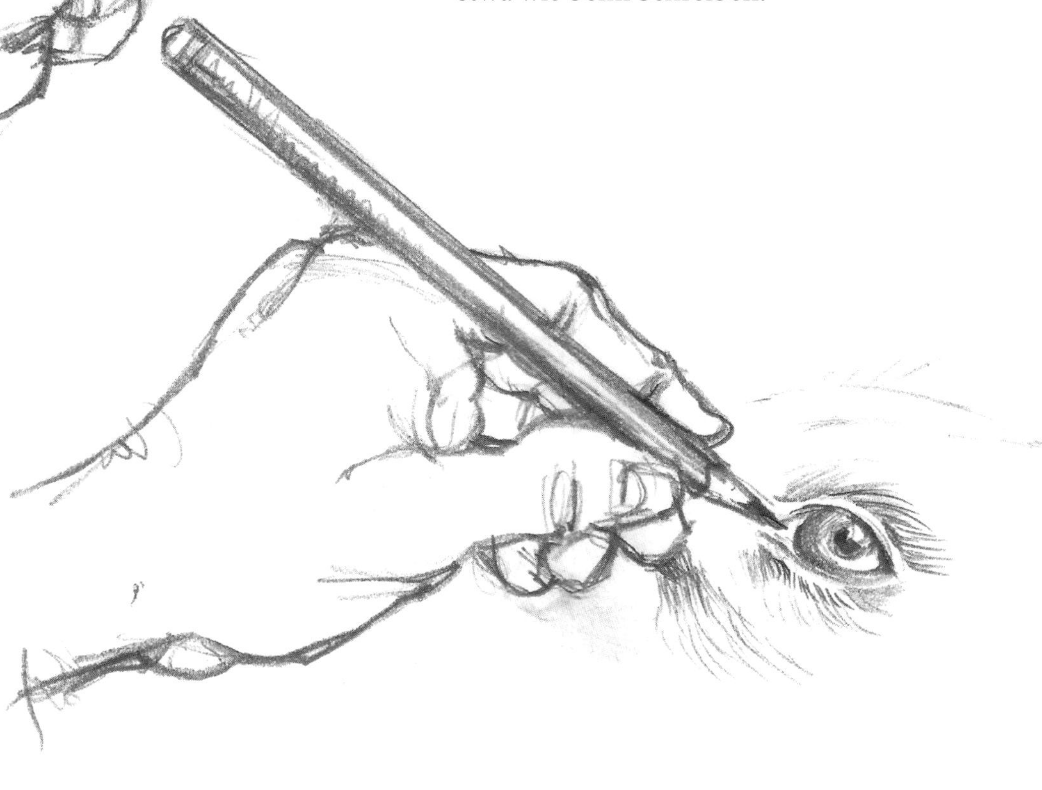

# Strichführung

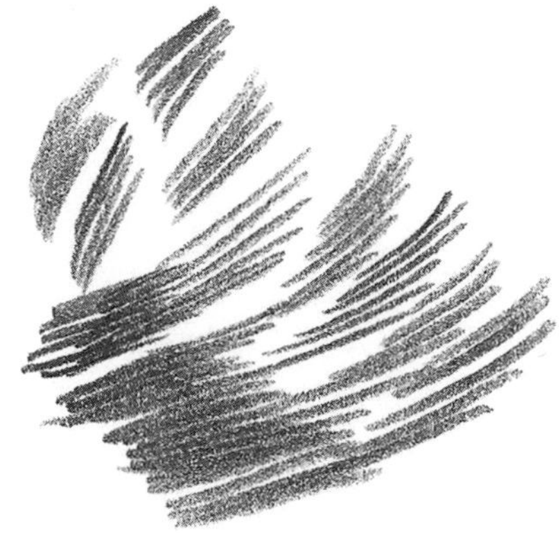

**Es kostet etwas Mut, den Stift auf ein blütenweißes Blatt Papier zu setzen – aber überwinden Sie sich, schließlich gibt es Radiergummis. Hier sehen Sie verschiedene Strichführungen, die Sie ausprobieren sollten.**

Konturlinien beschreiben die Umrisse eines Gegenstands. Sie können auch komplexere Konturlinien auf die Oberfläche zeichnen, um seine Form herauszuarbeiten.

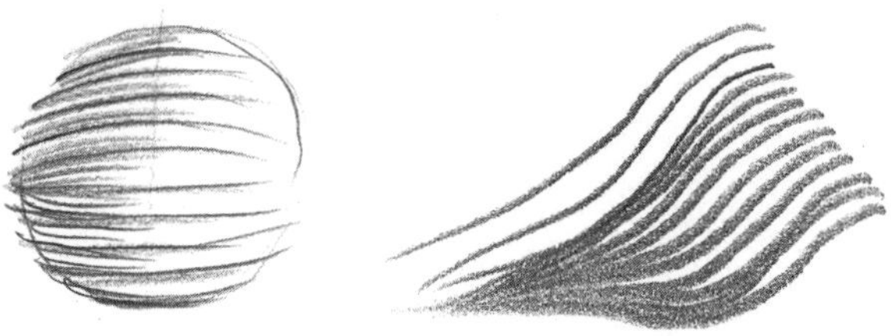

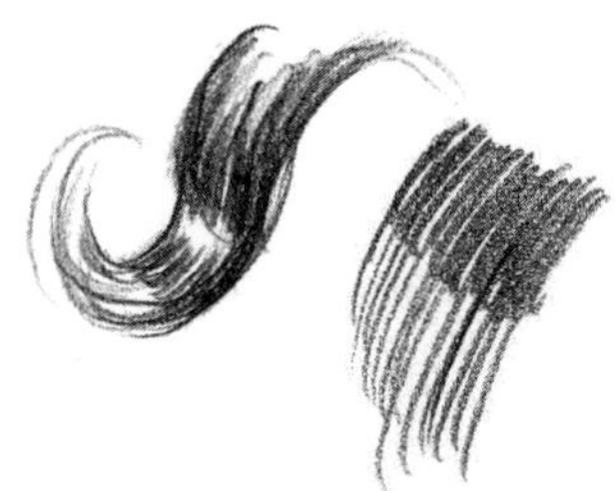

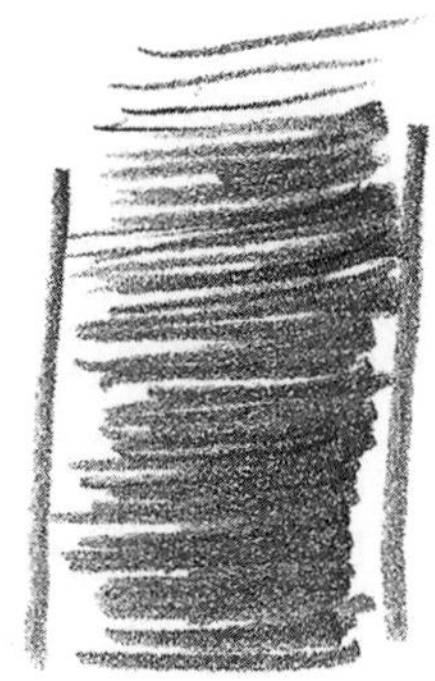

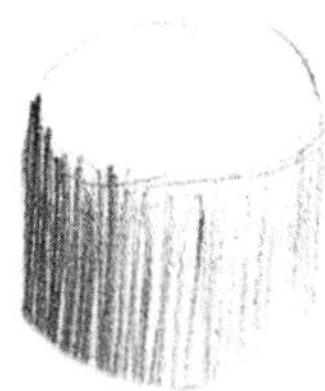

Als Tonwerte bezeichnet man die hellen und dunklen Bereiche eines Motivs, die durch die Lichtquelle bestimmt werden. Füllen Sie zuerst eine Fläche mit parallelen Strichen und legen Sie darüber weitere parallele Linien, die die ersten kreuzen (siehe rechts). Das nennt man Kreuzschraffur.

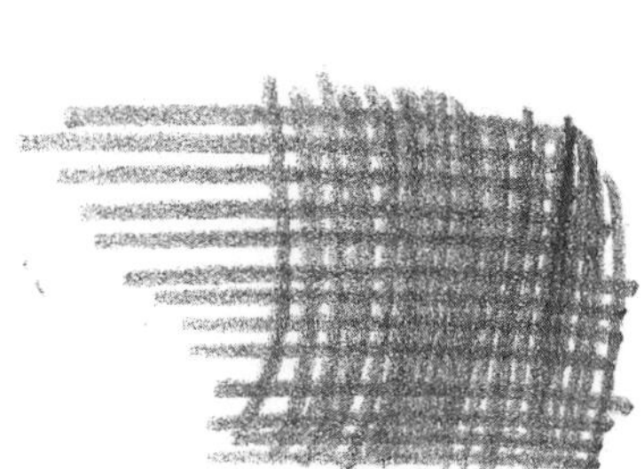

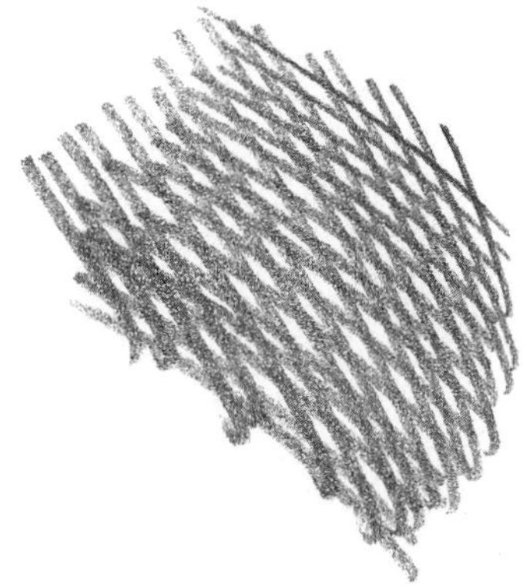

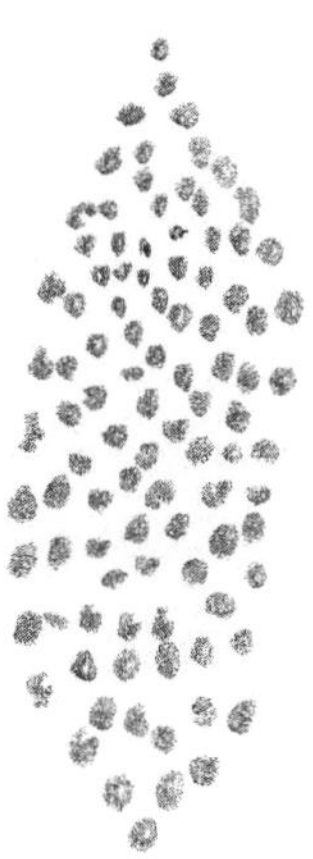

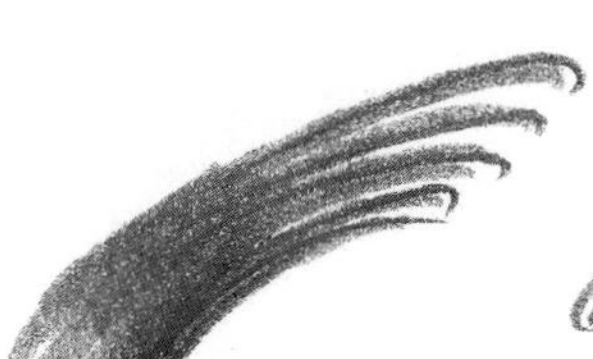

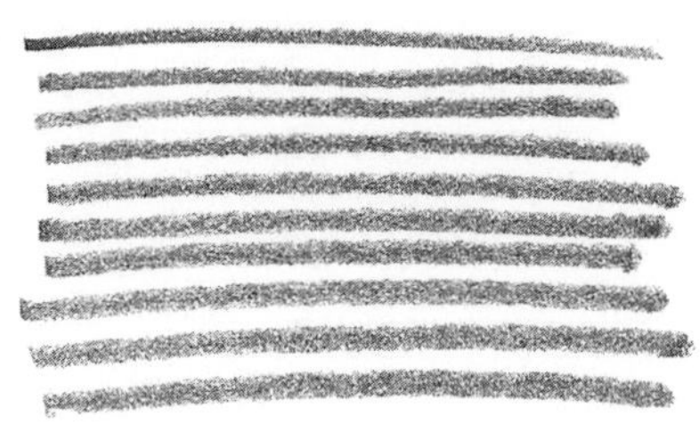

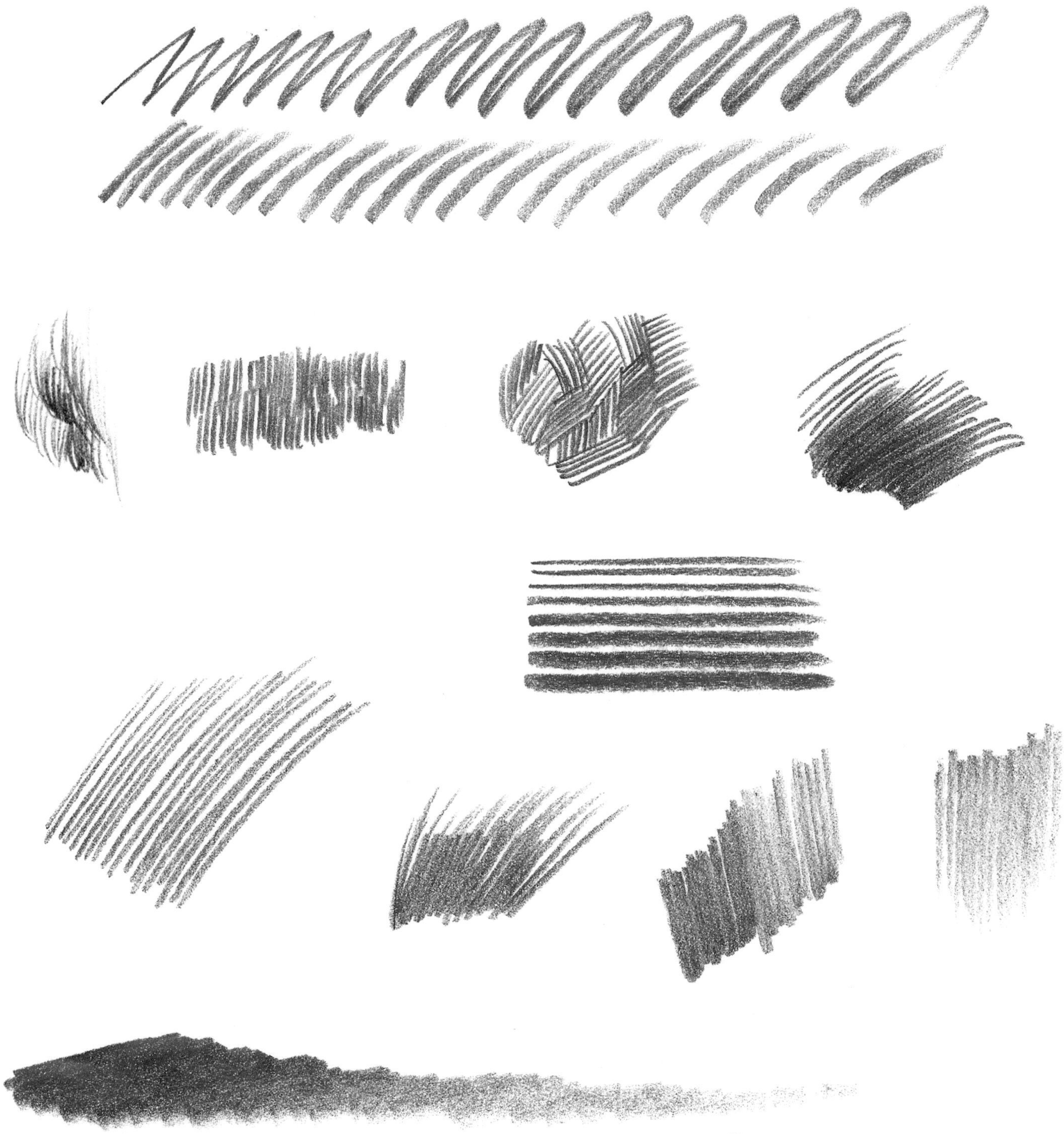

Versuchen Sie jetzt, mit einem Bleistift 5B einen Verlauf zu zeichnen. Dazu beginnen Sie mit kräftigem Druck und drücken allmählich immer schwächer auf. Probieren Sie aus, welche Effekte sich allein durch Veränderungen des Drucks erzielen lassen.

# Formen darstellen

**Eine Zeichnung auf einem glatten Stück Papier ist zweidimensional. Es ist aber möglich, die Illusion dreidimensionaler Motive zu erzeugen.**

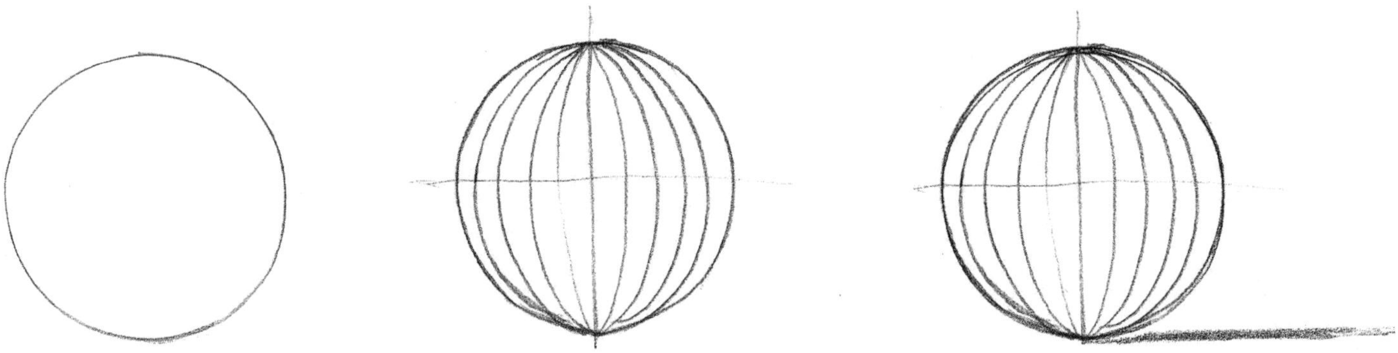

Zeichnet man beispielsweise auf einen flachen Kreis gekrümmte Linien, wirkt er wie eine dreidimensionale Kugel. Durch einige waagerechte Striche wird ein Schatten angedeutet – jetzt scheint die Kugel auf einer Oberfläche zu liegen.

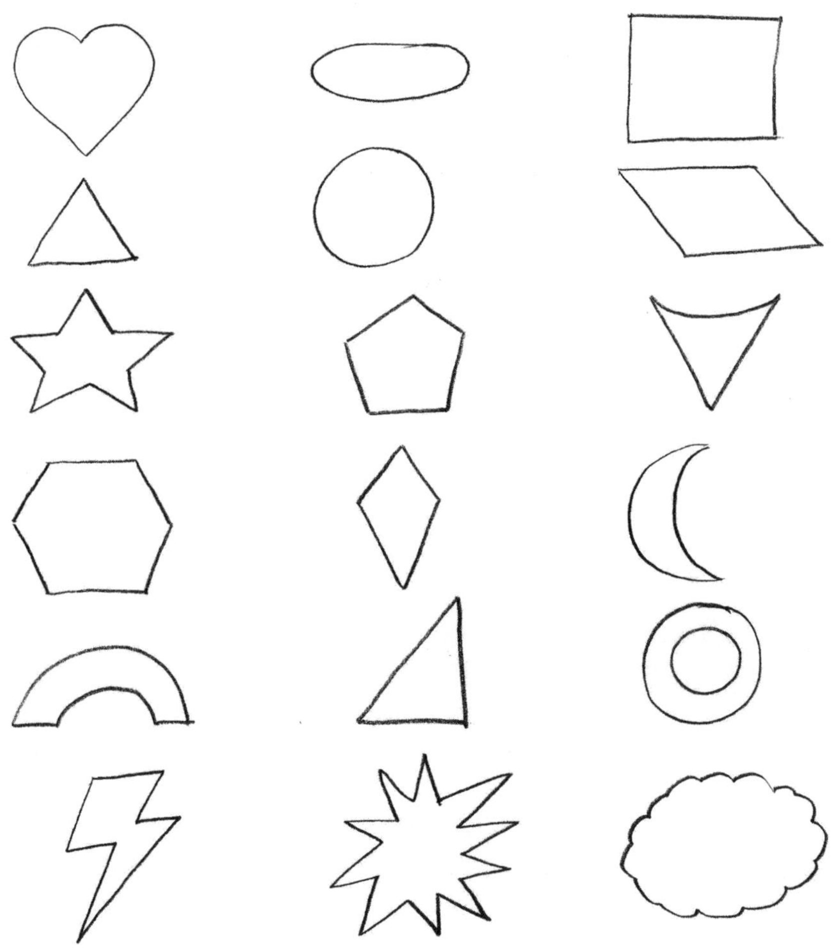

All diese Grundformen sind zweidimensional und gelingen auch einem ängstlichen Einsteiger problemlos. Sie werden bald sehen, dass einige von ihnen nützlich sind, um Tiere zu zeichnen.

# Einen Fisch zeichnen

In dieser einfachen Übung entwickeln Sie aus einem zweidimensionalen Oval einen dreidimensional wirkenden Fisch.

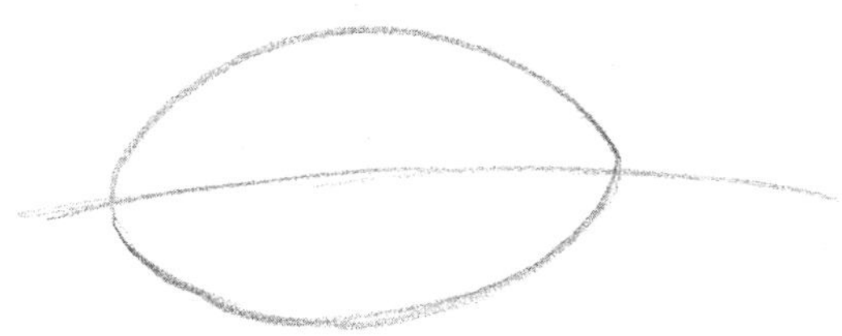

1 Zuerst ein Oval zeichnen und eine Hilfslinie durch die Mitte ziehen.

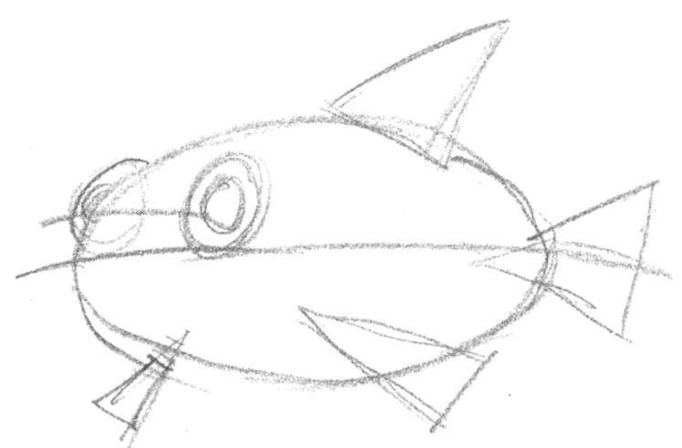

2 Flossen und Schwanz durch Dreiecke andeuten. Für die Augen genügen vorerst Ovale.

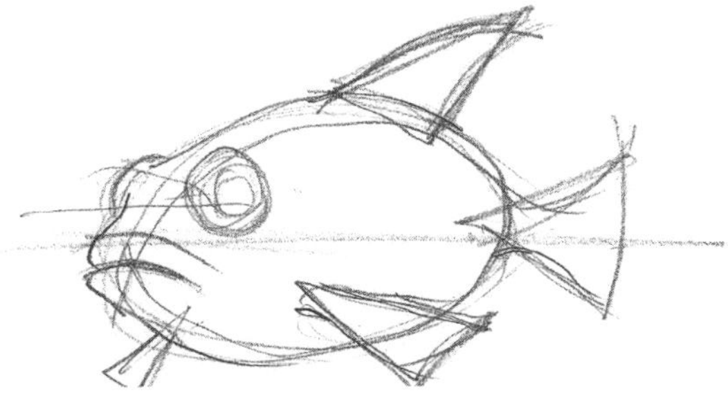

3 Nun folgen am vorderen Ende unter der Hilfslinie einige abwärts gekrümmte Linien für das Maul.

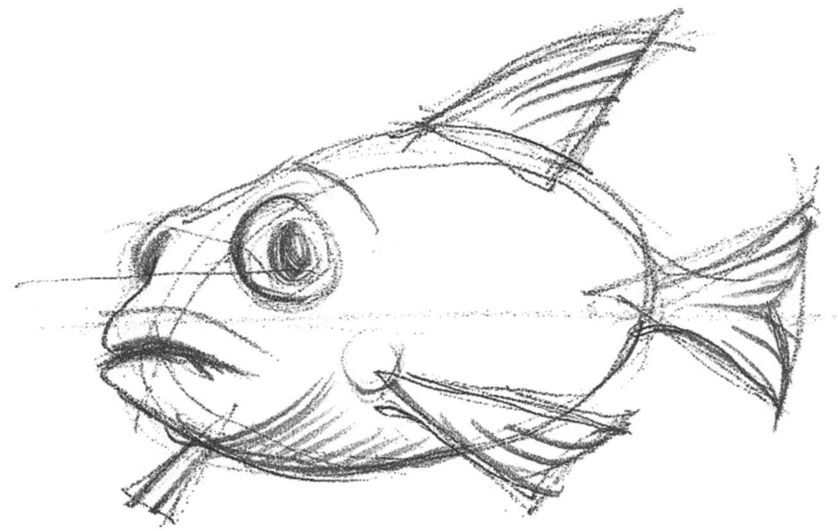

4 Die Augen abdunkeln und Pupillen einfügen. Die Flossen wirken durch leicht gekrümmte, auf den Körper zulaufende Linien realistischer. Auf der Unterseite werden mehrere Konturlinien gezeichnet, die der Form des Bauchs folgen.

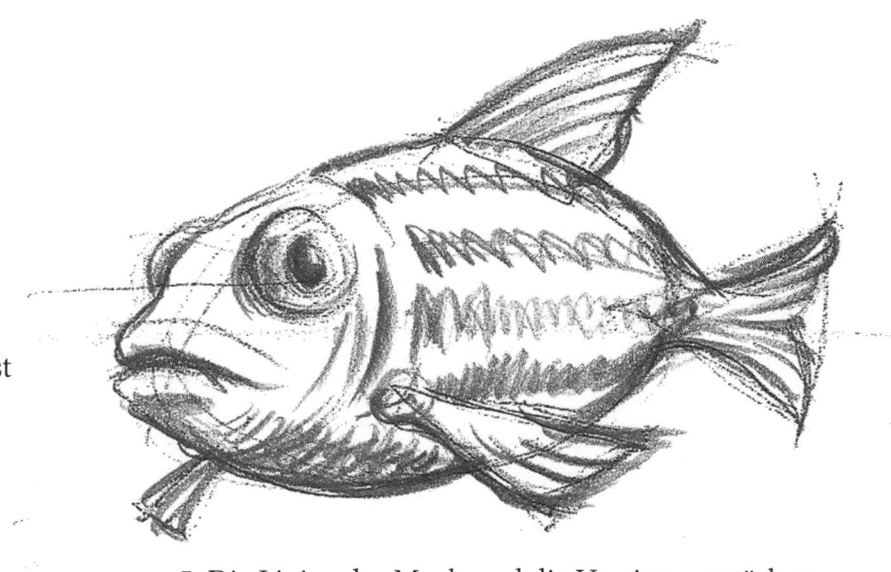

5 Die Linien des Mauls und die Umrisse verstärken und abdunkeln. Wellenlinien in Längsrichtung deuten die Schuppen an und verdeutlichen die dreidimensionale Form des Körpers. Zuletzt werden durch einige dunklere Striche auf der Unterseite Schatten angedeutet.

# Grundformen

**Eine einfache Methode, um komplizierte Tiere (und übrigens auch Menschen) zu zeichnen, besteht darin, sie in ganz einfache Formen zu zerlegen und später auszuarbeiten.**

Das Zeichnen solcher Grundformen gehört zu den Grundkenntnissen, die jeder Zeichner beherrschen sollte.

Ich habe hier einige Formen gezeichnet, die Sie für die Übungen in diesem Buch brauchen werden. Manche, etwa Ovale und Kreise, werden häufiger benutzt als andere. Machen Sie sich dennoch mit allen Formen vertraut. Schnappen Sie sich Papier und Stifte, um sie abzuzeichnen. Es macht nichts, wenn sie nicht perfekt gelingen. Je mehr Sie üben, desto leichter wird es, und bald werden Sie die Grundformen flüssig zeichnen können.

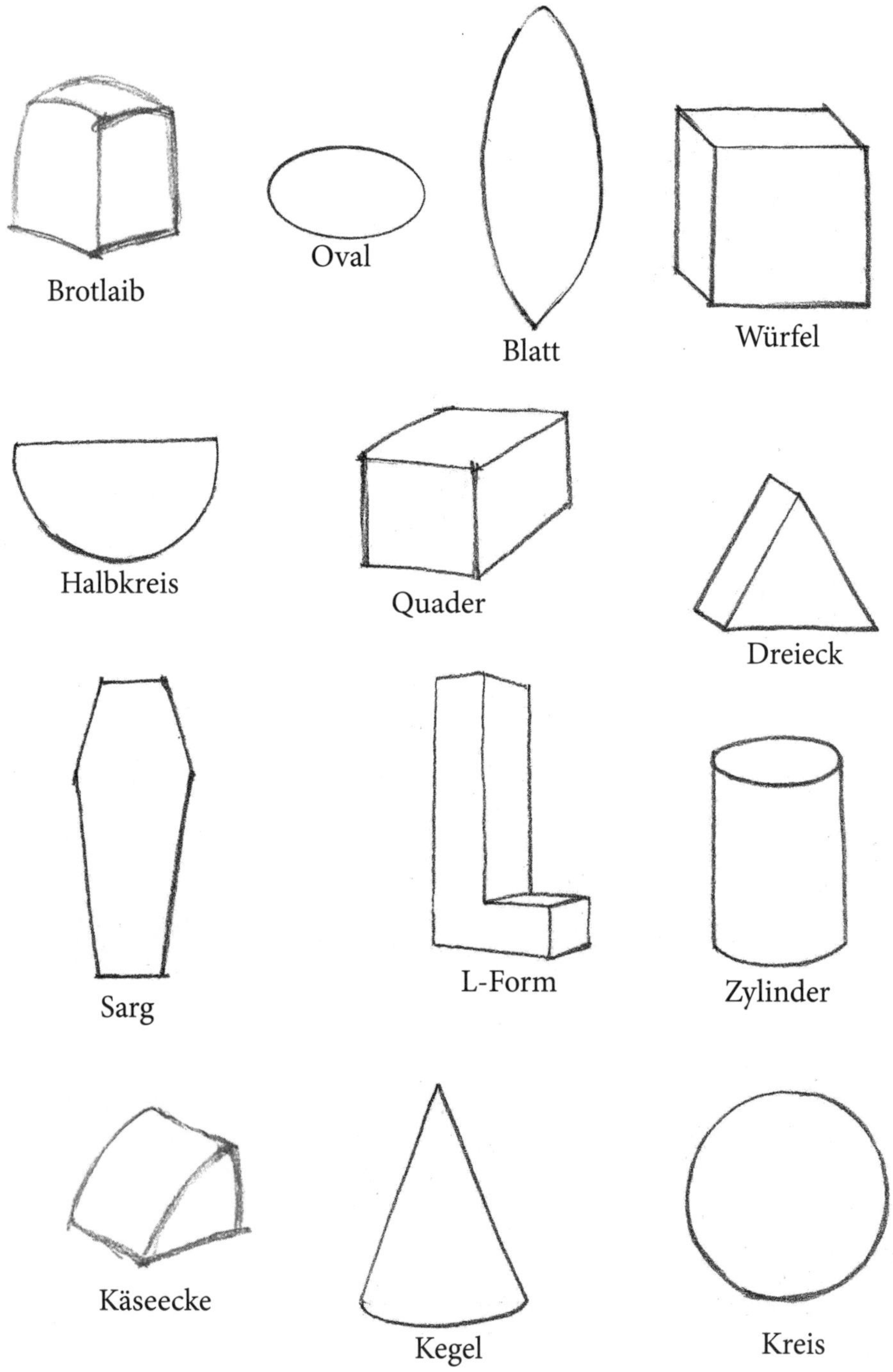

1

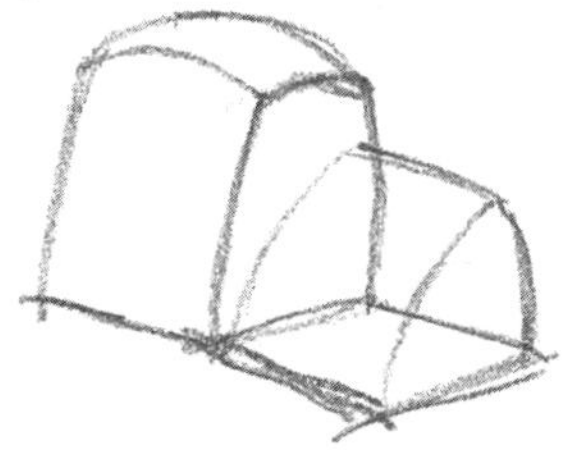

2

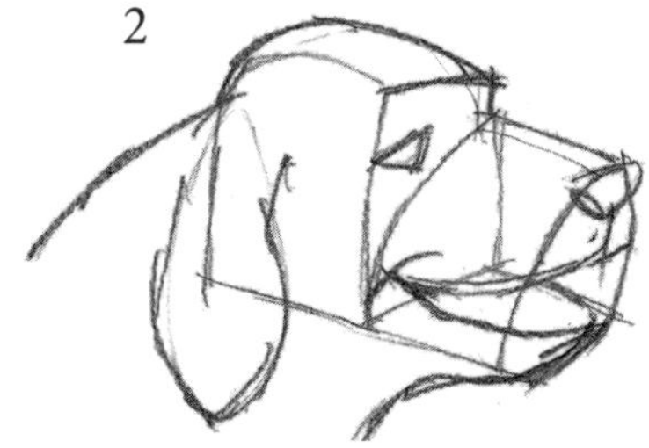

Versuchen Sie jetzt, aus solchen Grundformen Schritt für Schritt einen Hundekopf aufzubauen. Sie werden staunen, wie einfach das ist.

3

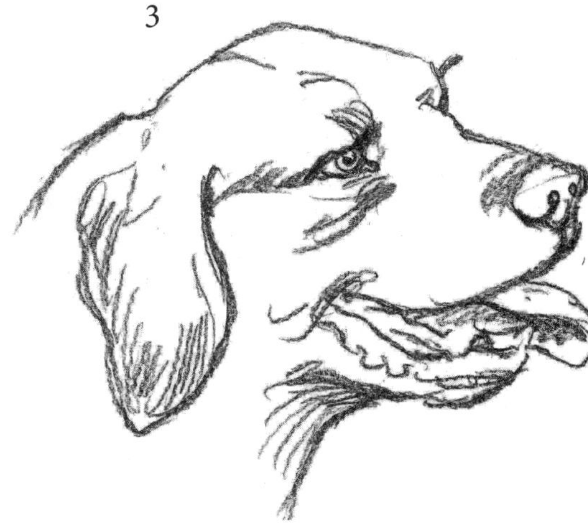

1 Einen Laib Brot zeichnen und vorn eine Käseecke ansetzen.

2 Augen und Nase werden durch Dreiecke angedeutet. Eine Blattform bildet das Ohr. Und nicht das geöffnete, freundliche Maul vergessen.

3 Jetzt müssen nur noch einige Details wie Zunge, Lippen und Pupillen genauer ausgearbeitet werden.

1

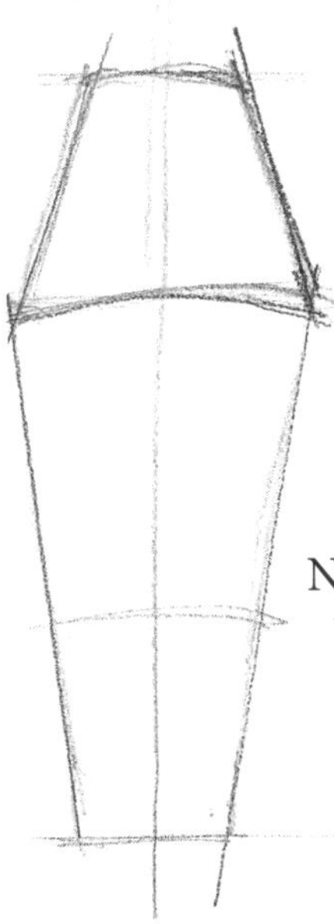

Augen

Nasen-
bein

2

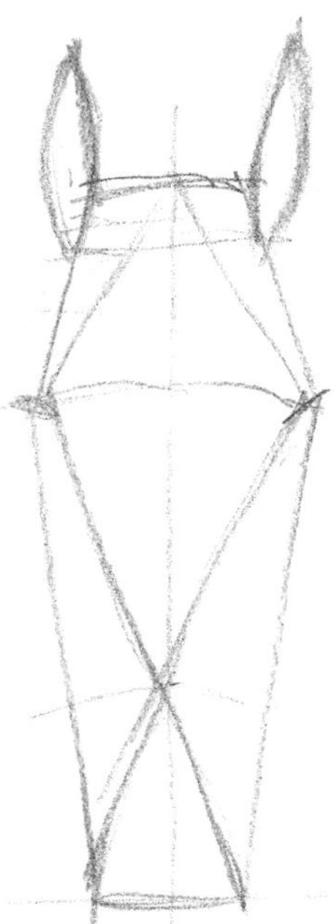

3

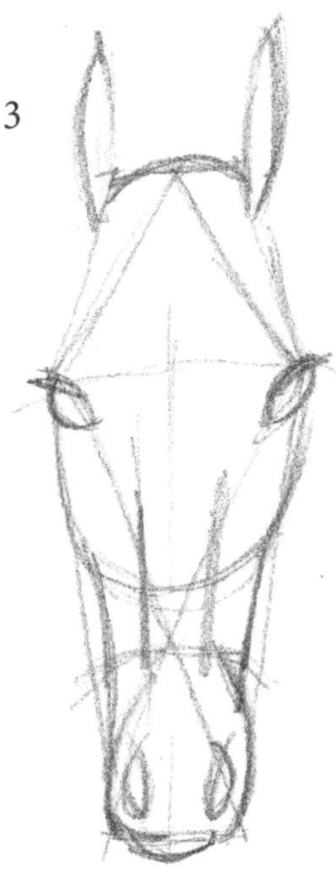

4

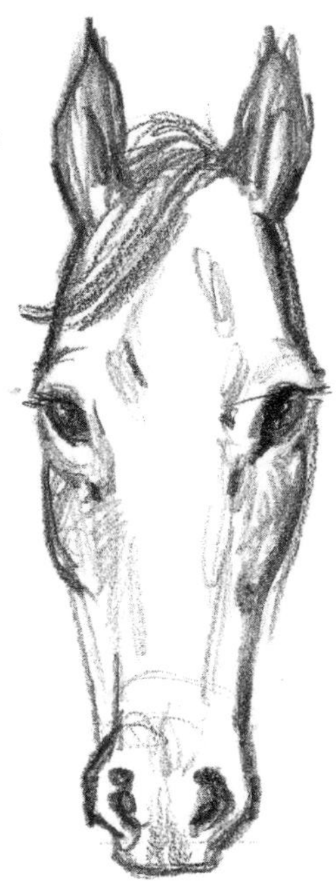

1 Ganz ähnlich gehen Sie beim Pferdekopf vor. Zuerst eine Sargform zeichnen und grob in Drittel teilen, um die Positionen von Augen und Nasenbein festzulegen.

2 Durch schräge Linien die Form in mehrere Dreiecke unterteilen. Blattformen als Ohren anfügen.

3 Die Form von Maul und Wangenknochen durch gekreuzte Linien andeuten und Blattformen für Augen und Nasenlöcher einzeichnen. Zwei senkrechte Linien zeigen, wo das Nasenbein liegt.

4 Nehmen Sie sich nun noch etwas Zeit, um die Details auszuarbeiten.

# Anatomie kurz gefasst

**Anatomie klingt nach Wissenschaft, aber eigentlich geht es nur um die Grundbausteine eines Lebewesens, ob Tier oder Mensch. Und zum Glück sind die Körper der meisten Tiere recht ähnlich aufgebaut.**

Das Skelett ist die Haltekonstruktion der Muskeln und es bestimmt, welche Bewegungen ein Lebewesen ausführen kann. Es besteht aus vielen Knochen, aber für die Zeichnungen in diesem Buch brauchen Sie nicht alle zu kennen.

An den vereinfachten Skeletten eines Hundes und einer Katze können Sie den grundsätzlichen Aufbau der Tiere erkennen. Sie sehen, dass schon mit wenigen Linien und einfachen Formen erkennbare Grundstrukturen der Tiere gezeichnet werden können.

Hier sind alle wichtigen Teile beschriftet, und Sie können erkennen, wo sich die Gelenke befinden. Zum besseren Verständnis benutze ich Begriffe, die Ihnen vom menschlichen Körperbau her vertraut sind. Nehmen Sie sich Zeit, diese Bilder abzuzeichnen und sich die Positionen der beschrifteten Elemente gut einzuprägen. Diese Grundlagen sollten Sie kennen, ob Sie nach dem lebenden Modell oder nach Fotos zeichnen. Tiere sehen nur überzeugend aus, wenn der Zeichner weiß, was unter dem Fell vor sich geht.

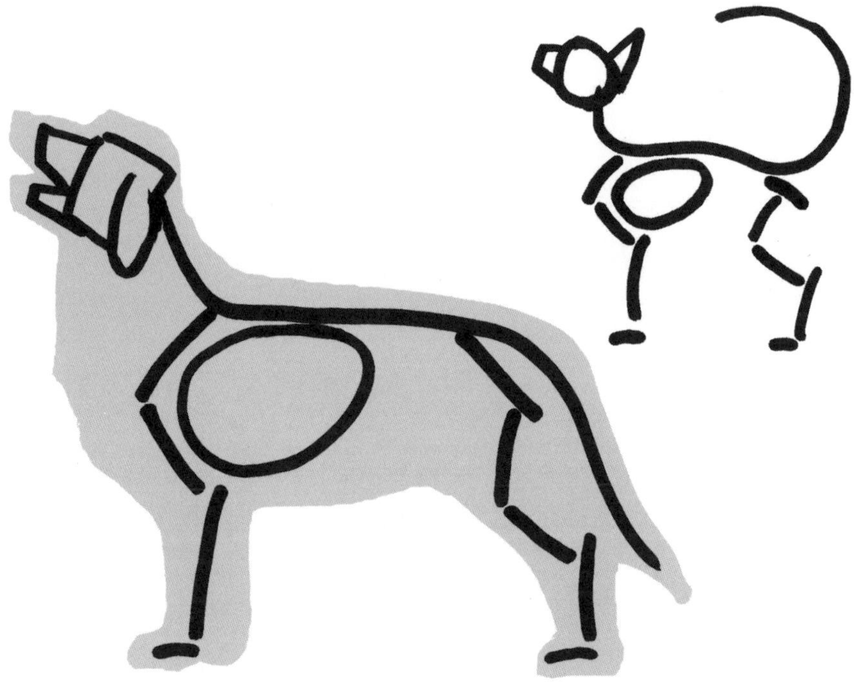

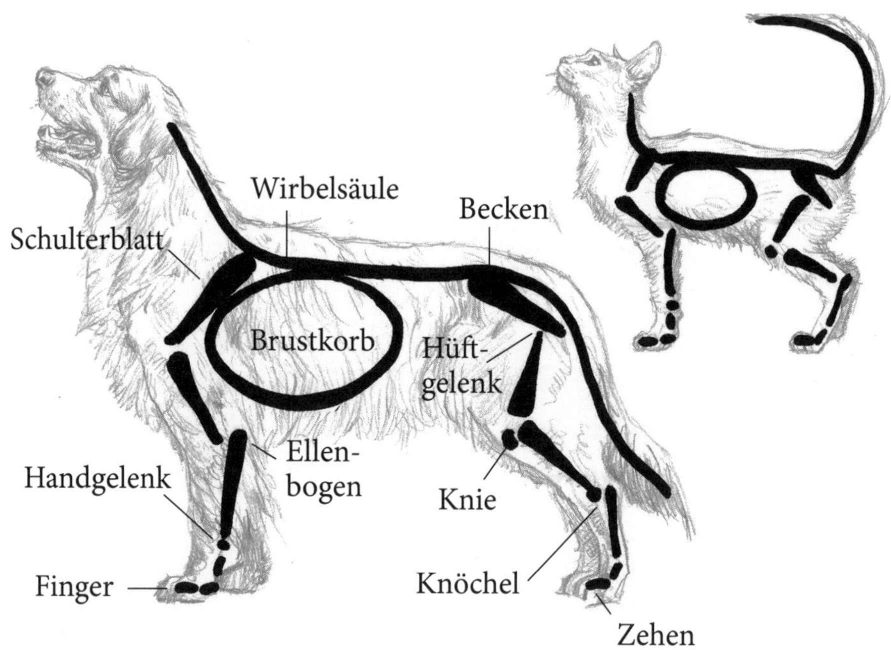

Versuchen Sie nun, mithilfe der einfachen Strichzeichnungen diesen Hund und diese Katze nachzuzeichnen.

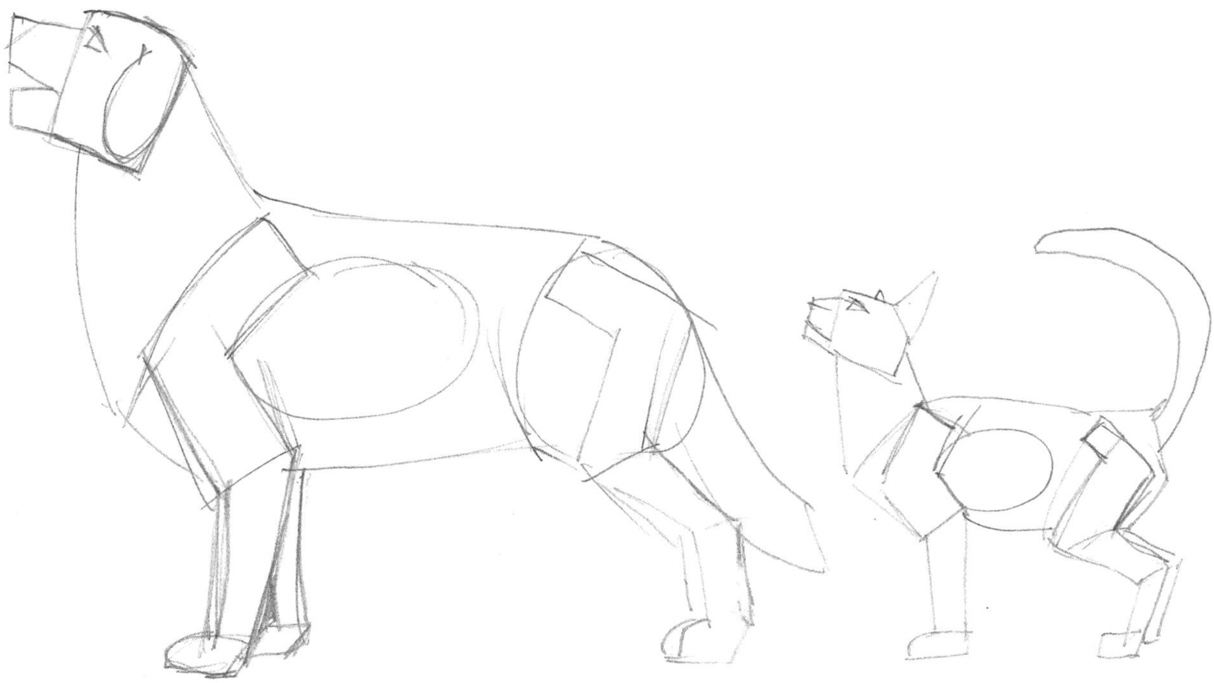

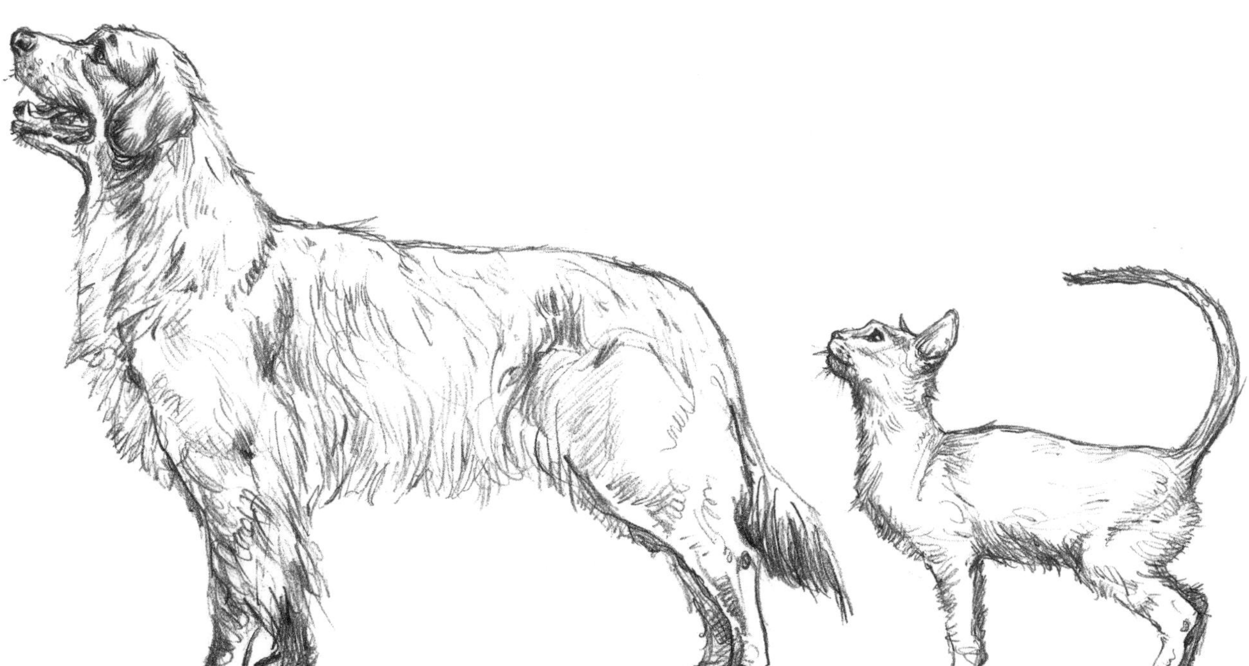

# Große und kleine Tiere

**Tiere gibt es in allen Größen und Formen, vom bescheidenen Huhn bis zum riesigen Elefanten.**

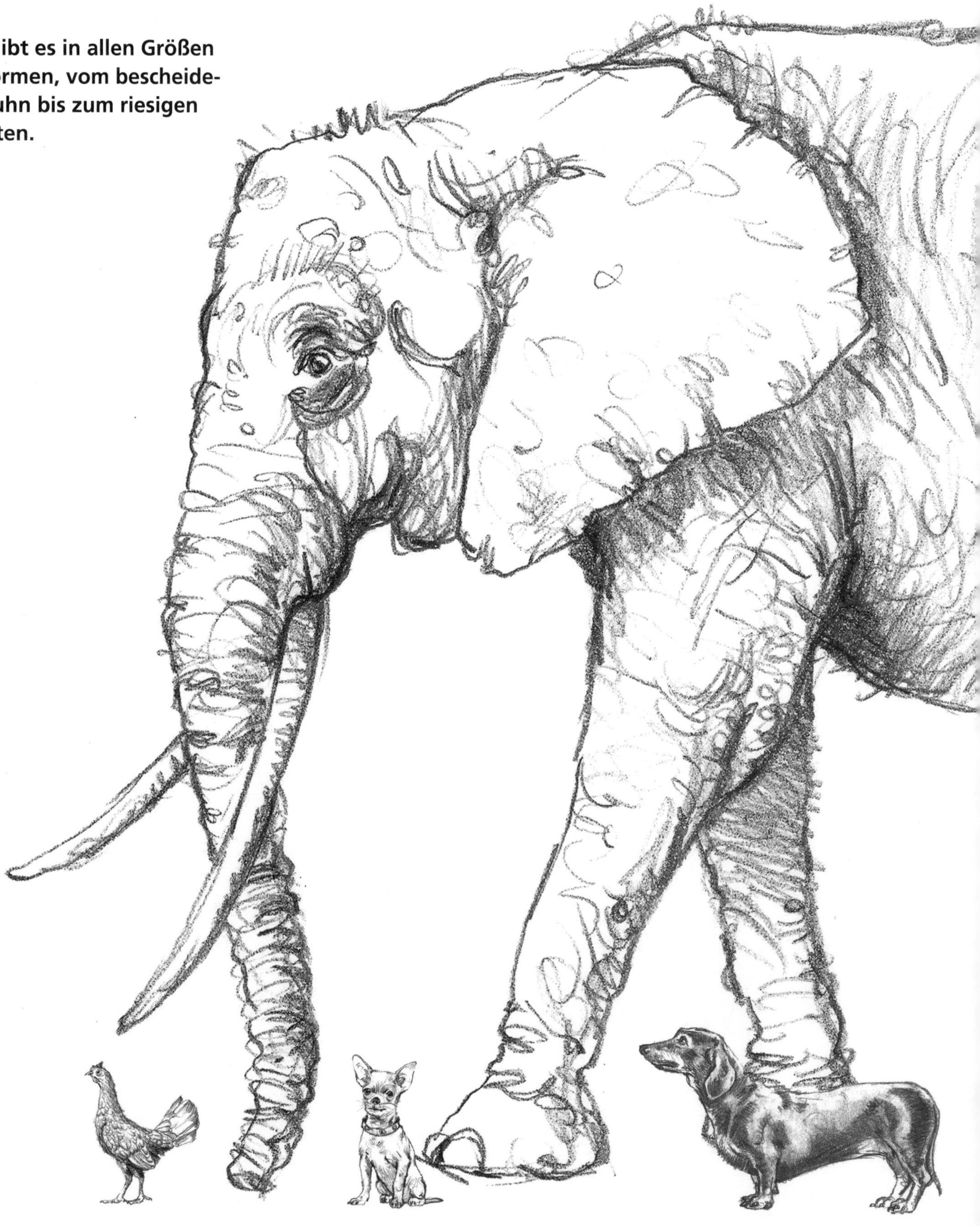

Doch bei aller Verschiedenheit sind die Körper ähnlich aufgebaut: Schultern, Ellenbogen, Handgelenke, Finger, Hüftgelenke, Knie, Knöchel und Zehen (nach menschlichen Kategorien) befinden sich an derselben Stelle. Das einfache Skelett von der vorigen Seite kann, mit kleinen Abwandlungen, für sie alle verwendet werden. Der Körperbau des Huhns ist wegen der Federn schwieriger zu erkennen, aber auch er entspricht der Grundform.

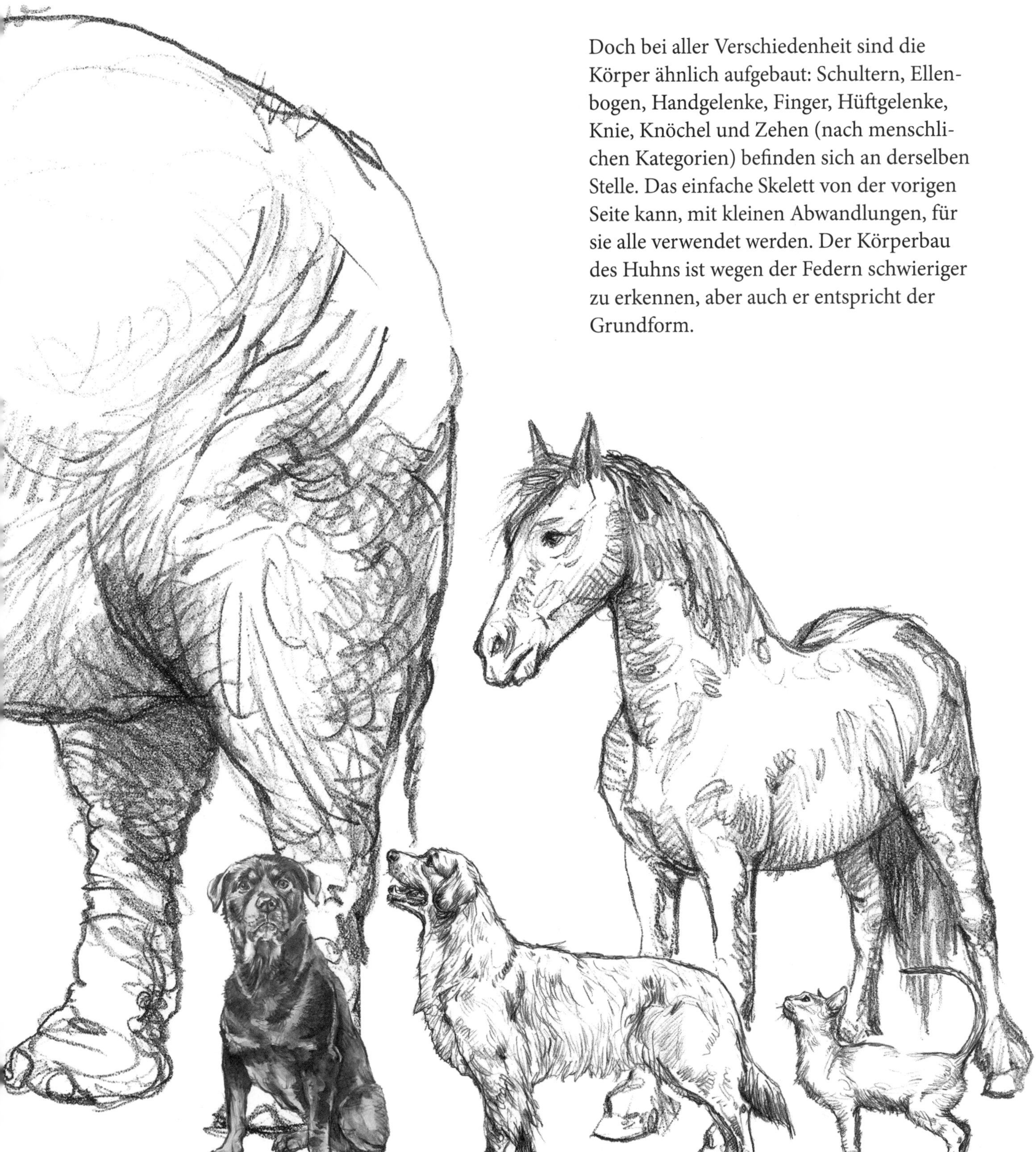

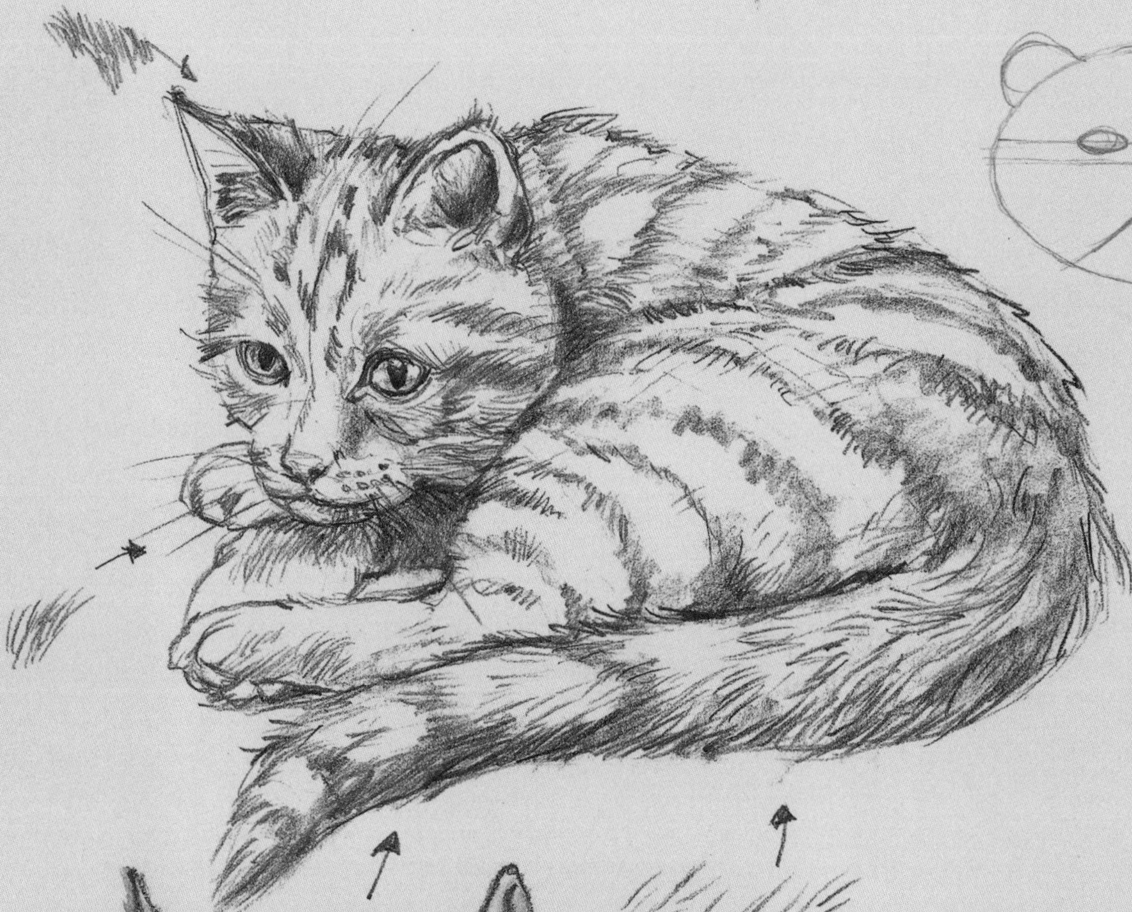
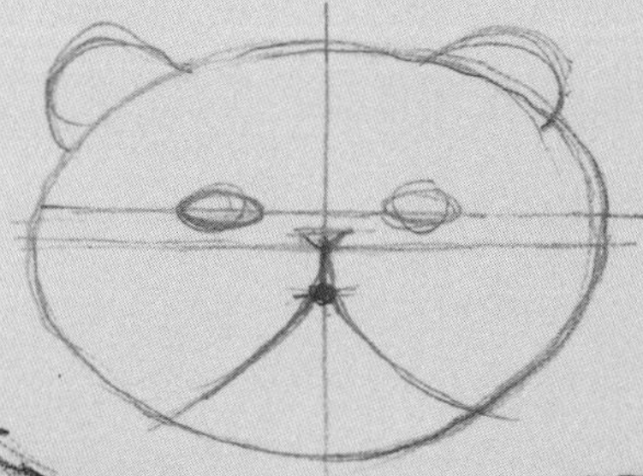
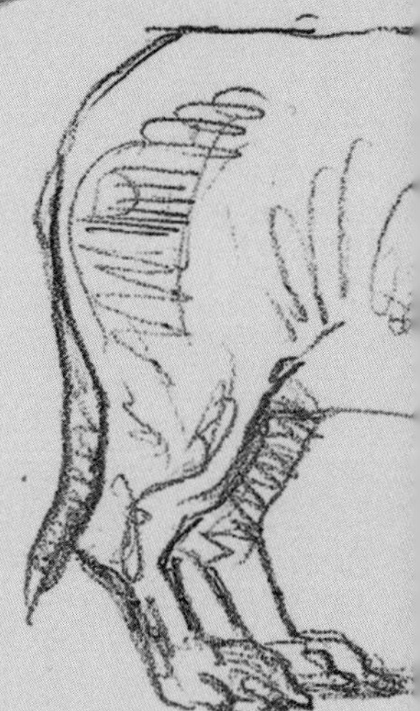
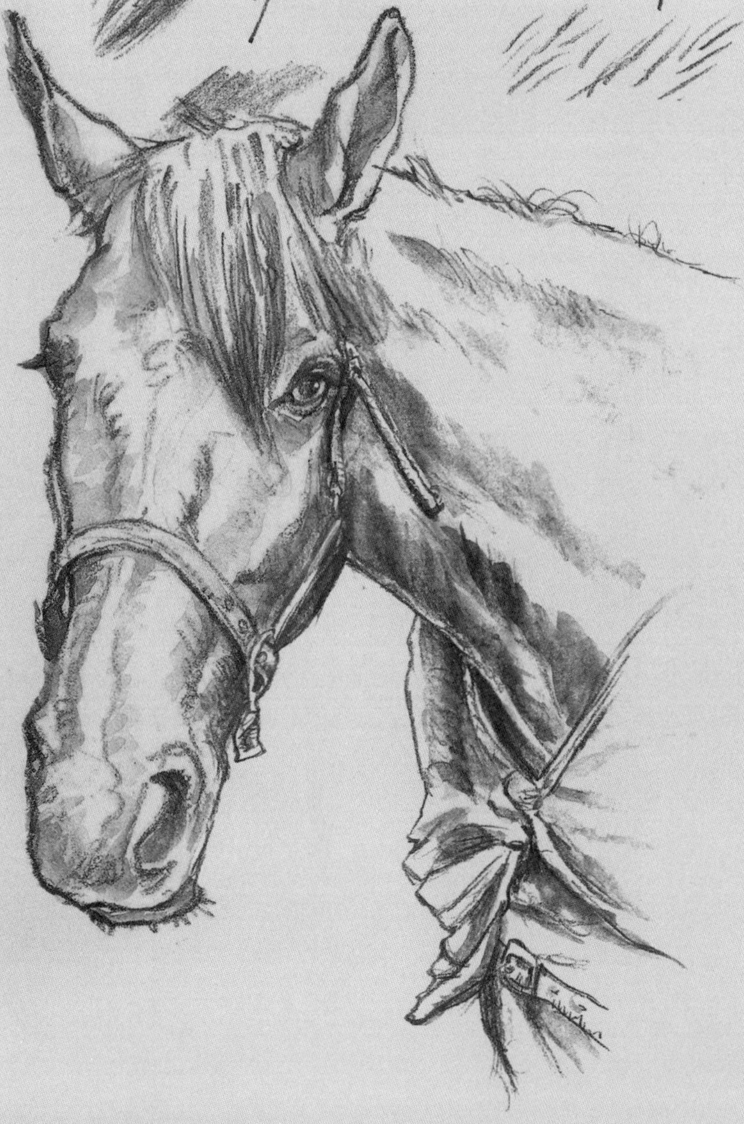
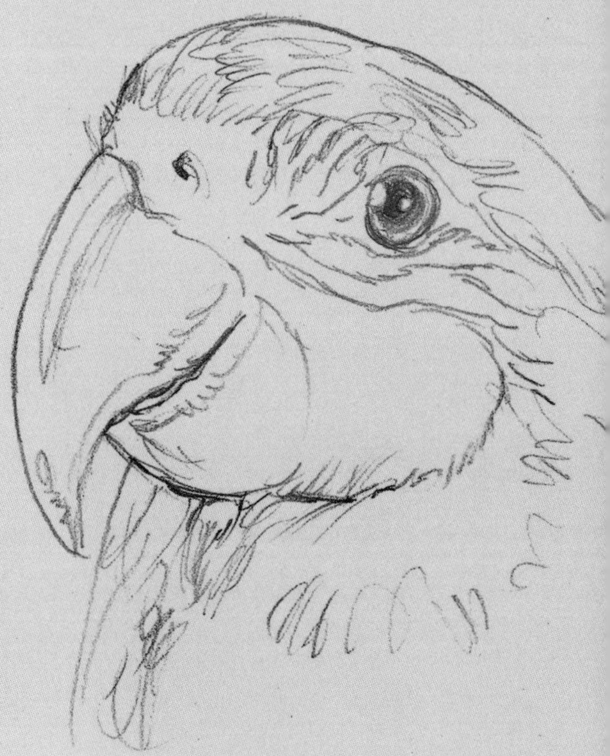

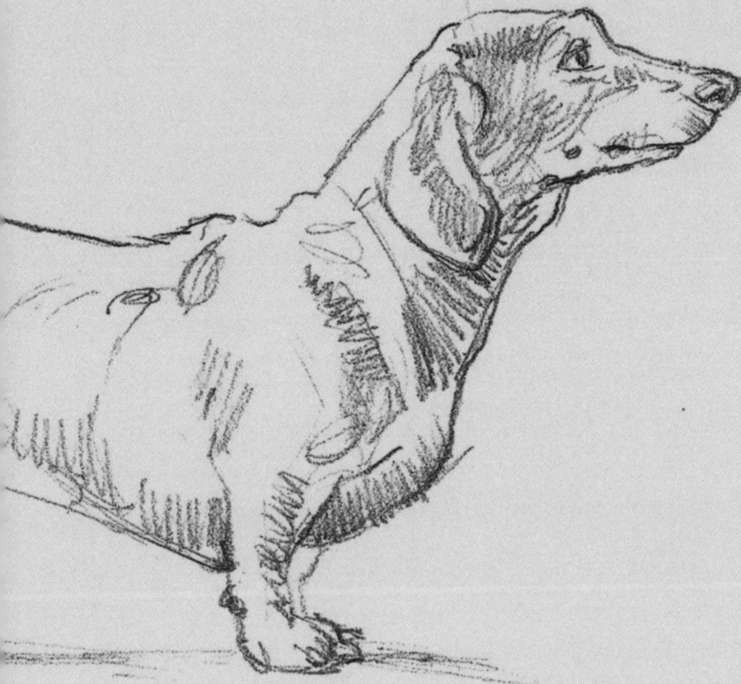

# Kapitel 2
# Zeichnen Schritt für Schritt

In diesem Kapitel finden Sie Anleitungen für verschiedene Tiere, in denen Sie den Entstehungsprozess genau nachvollziehen können. Jede Anleitung beginnt mit einer schnellen Grobskizze, dann folgen die Arbeitsschritte der Fertigstellung. Gelegentlich werden auch Details von Strichführung oder Lasuren gezeigt, um verschiedene Techniken zu verdeutlichen, beispielsweise Tonwertabstufungen, Fell oder Federn.

Wenn Sie die Tiere nachzeichnen, sollten Sie keine exakten Kopien meiner Zeichnungen anstreben. Ihr eigener Stil darf erkennbar sein. Zeichnen Sie eigene Variationen dieser Katzen und Hunde, des Papageis und des Pferds. Danach können Sie an Fotos Ihrer eigenen Haustiere das Gelernte erproben. Probieren Sie unbedingt alle Techniken, die ich zeige, gründlich aus. Das ist wichtig, um eigene Vorlieben und einen eigenen Stil zu entwickeln.

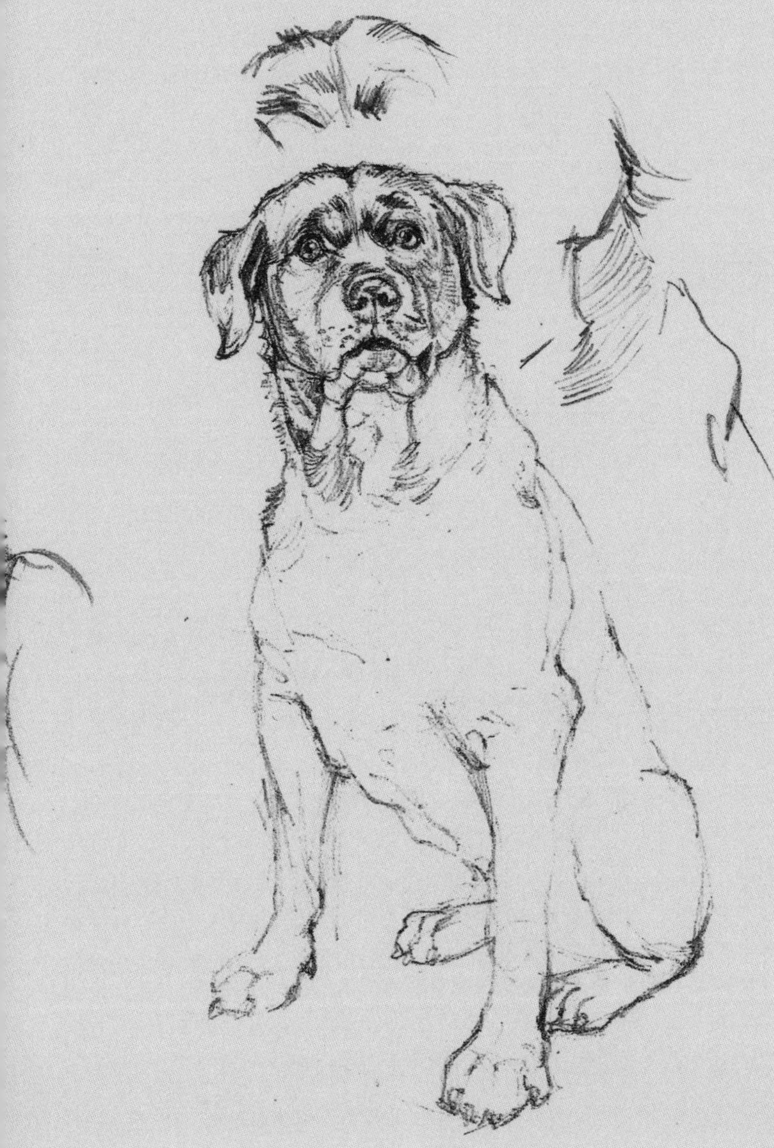

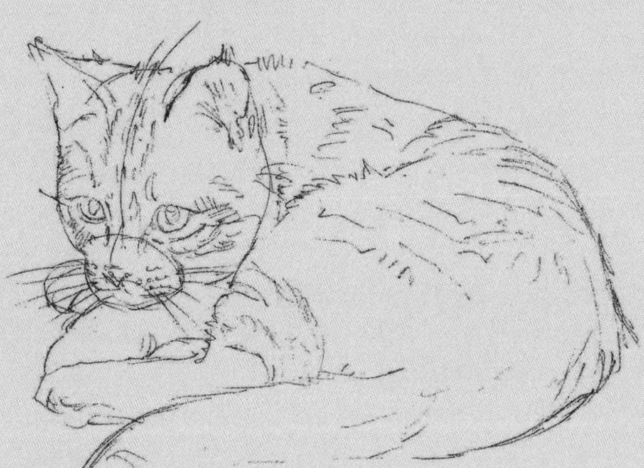

# Tigerkatze Schritt für Schritt

**Dies ist ein einfaches Motiv, weil die Haltung einem großen Oval ähnelt. So können Sie sich auf den Kopf konzentrieren und die Körperform vor allem durch das Streifenmuster herausarbeiten.**

**Material**

- Bleistifte 3B und 4B
- Zeichenpapier 220 g/m²
- Knetradiergummi
- Anspitzer

## Schritt 1

Zunächst eine kleine Skizze zeichnen und die dunkelsten Tonwerte andeuten. Mit halb geschlossenen Augen kann man die Tonwerte recht gut erkennen.

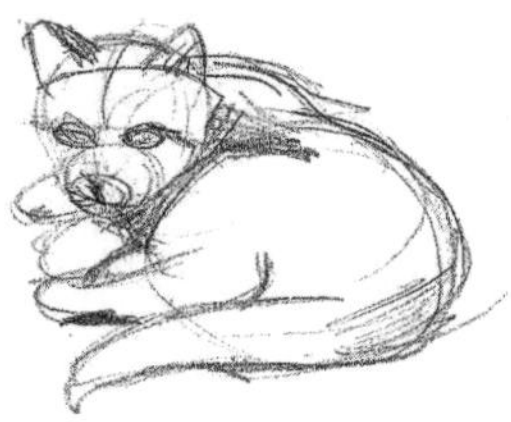

## Schritt 2

Nun den Kopf als Kreis und die Nase als Oval zeichnen und den restlichen Körper, Schwanz und Beine mit lockeren Strichen andeuten.

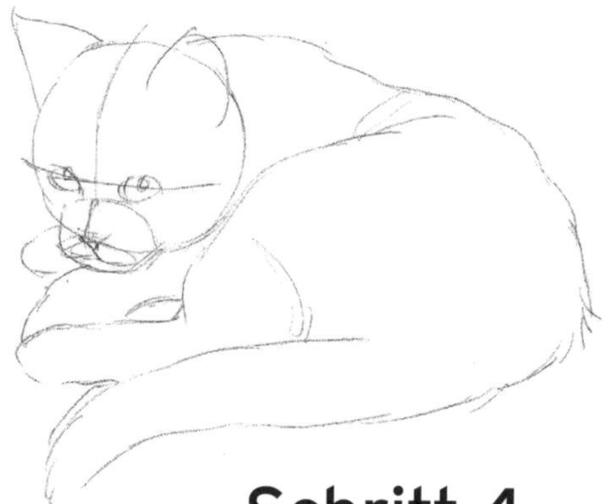

## Schritt 3

Einige Hilfslinien ausradieren und erste Details einzeichnen, etwa das Fellmuster auf Kopf und Rücken der Katze.

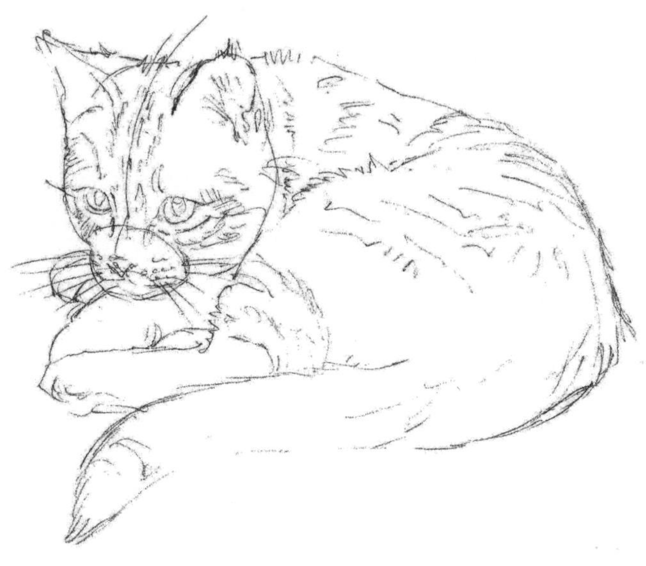

## Schritt 4

Jetzt Kopf, Augen und Ohren genauer ausarbeiten. Verschiedene Striche so anordnen, wie die Haare des Fells liegen.

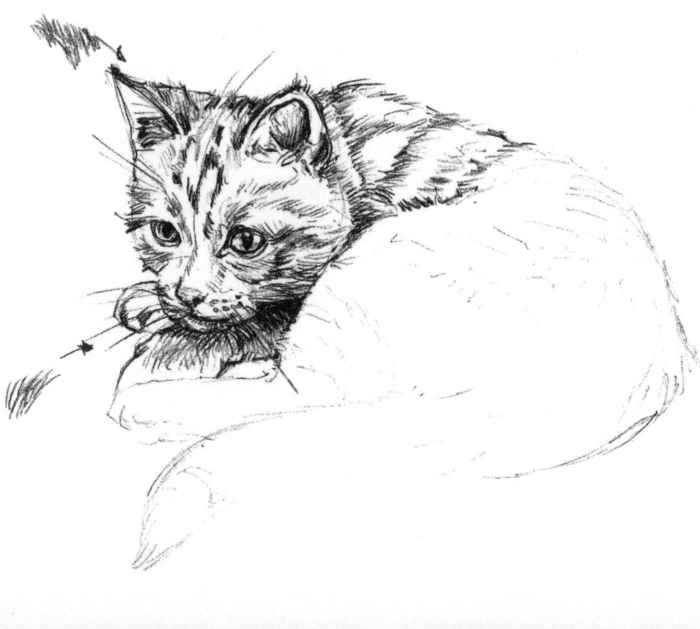

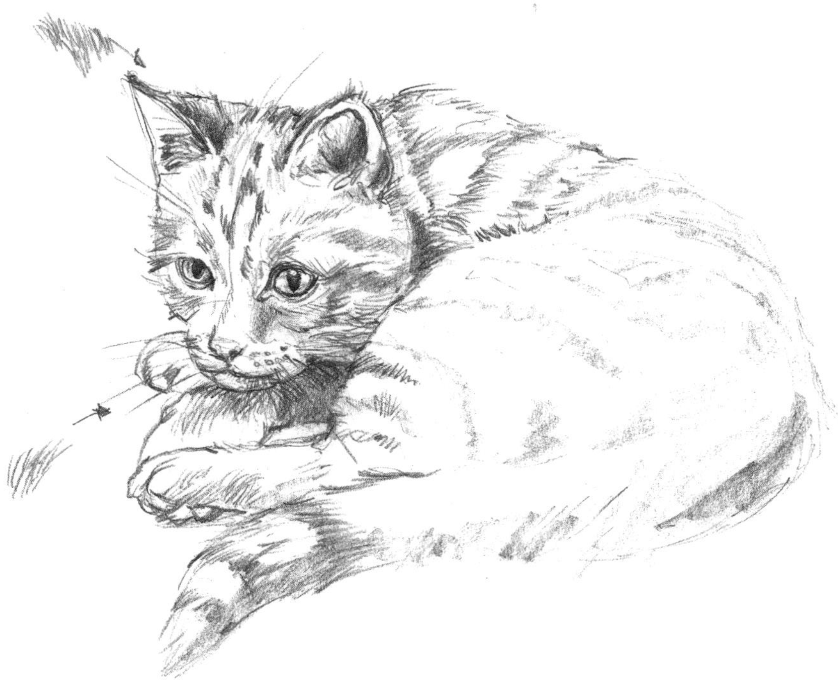

## Schritt 5

Kopf und Schultern entwickeln sich gut. Jetzt können dunklere Tonwerte unter dem Kinn und auf Pfoten und Schwanz mit Schraffuren und Kreuzschraffuren angedeutet werden. Dabei ist die Grobskizze, die zuerst gezeichnet wurde, eine gute Hilfe.

## Schritt 6

Die Striche des Fells und die Bögen der Streifen sind so angeordnet, dass sie die Form des Körpers erkennbar machen und dreidimensional wirken lassen. Zum Schluss nur den Schwanz mit einigen Schraffuren ausarbeiten – fertig.

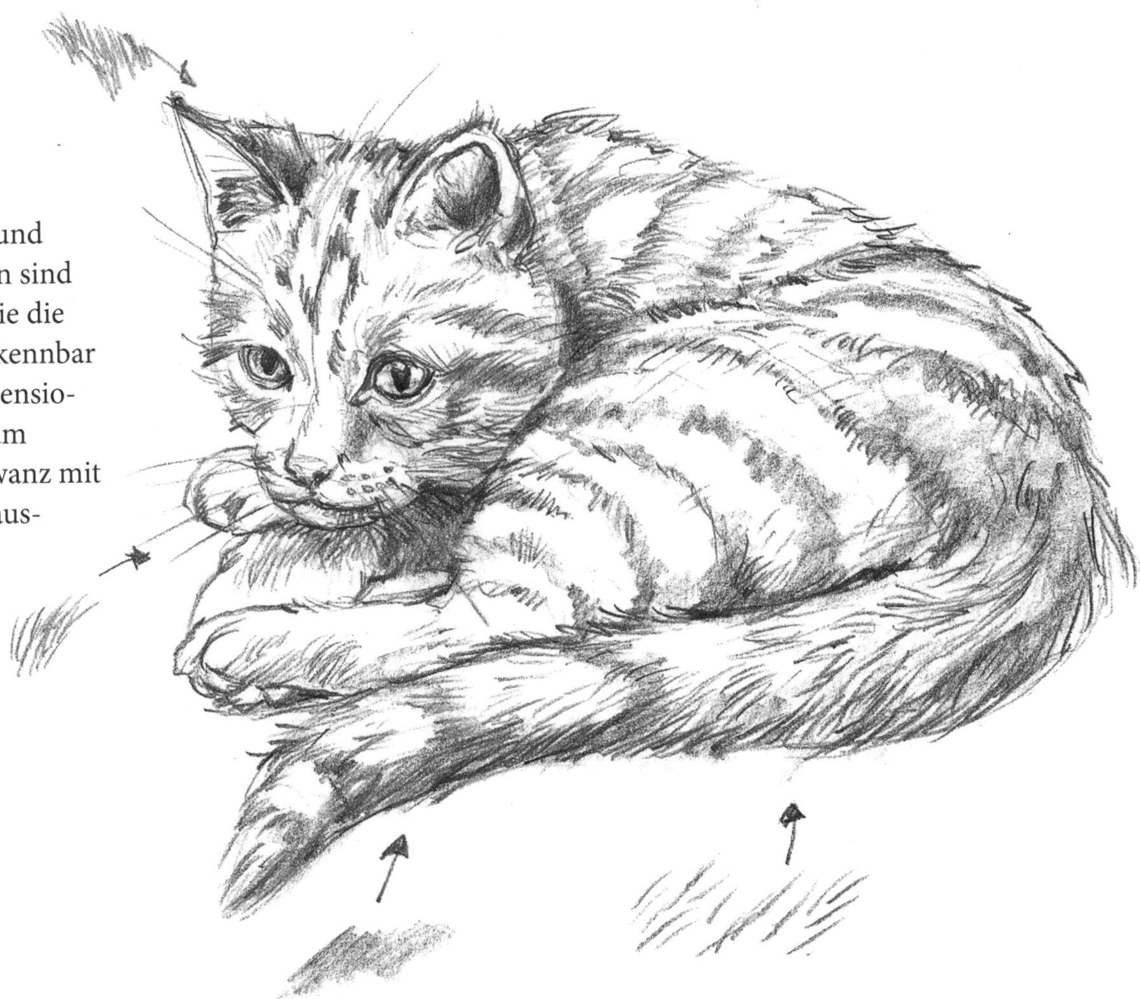

# Rottweiler Schritt für Schritt

**Hunde sind ausdrucksvolle Geschöpfe. Beim Zeichnen ist es wichtig, Charakter und Haltung gut einzufangen.**

**Material**

- Wasserlöslicher Grafitstift 8B
- Zeichenpapier 220 g/m²
- Aquarellrundpinsel Nr. 8
- Knetradiergummi
- Anspitzer

## Schritt 1

Zuerst den Hund mit dem Grafitstift locker vorzeichnen. Dabei auf die Proportionen achten, das Modell immer wieder genau studieren und die Skizze korrigieren, bis die Haltung überzeugend aussieht.

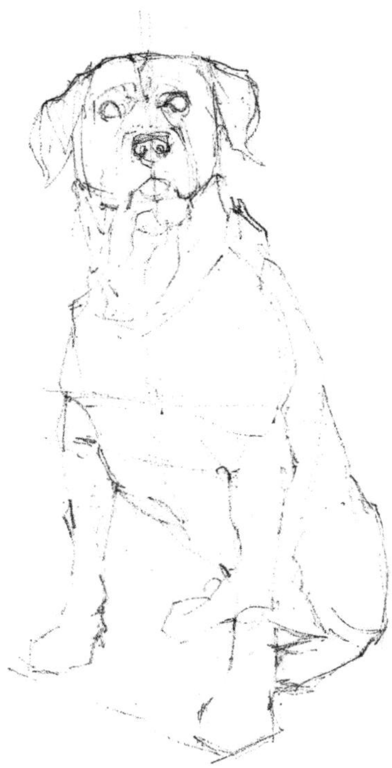

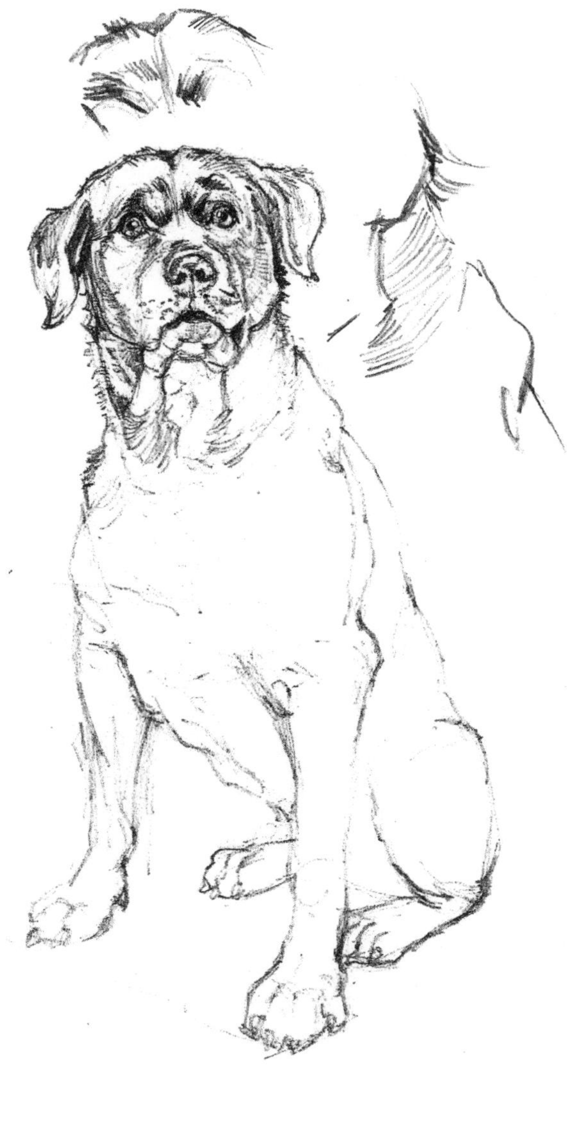

## Schritt 2

Ich beginne gern mit den Augen. Andere Künstler zeichnen sie zum Schluss, wieder andere meinen, man solle von unten nach oben arbeiten. Mir ist wichtig, dass zuerst die Augen stimmen.

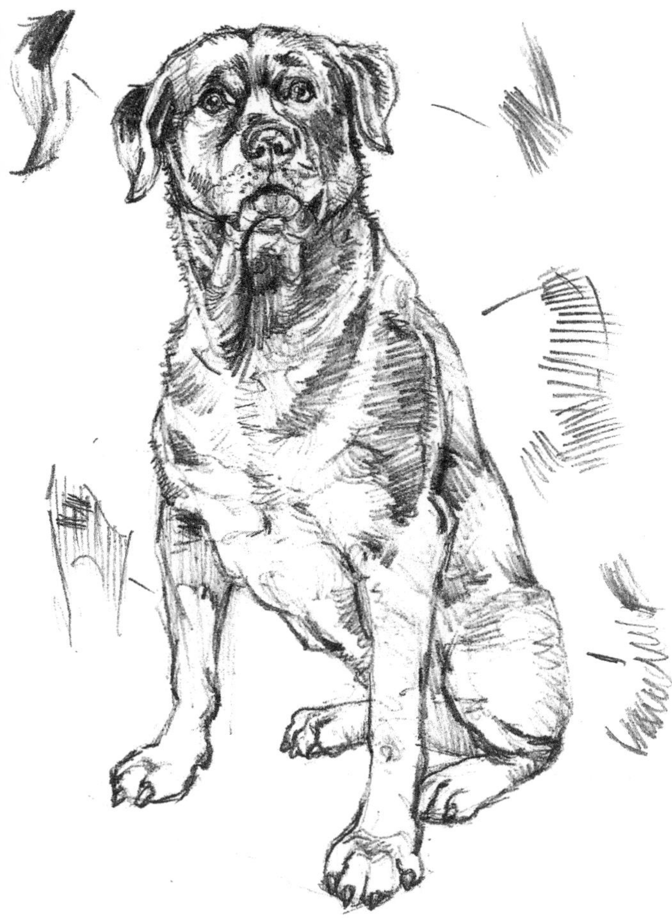

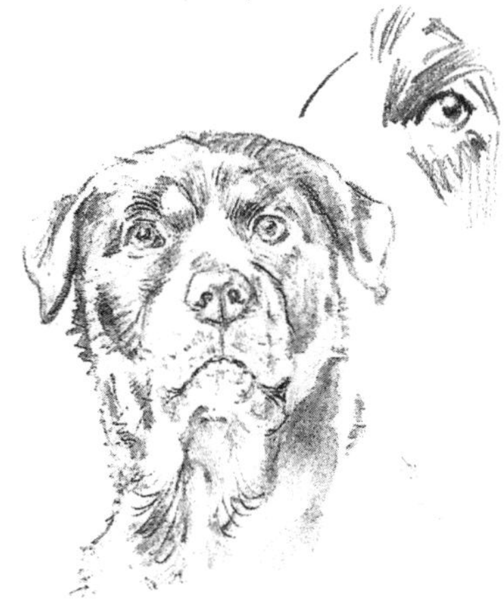

## Schritt 3

Jetzt wird das Fell mit einer Kombination aus Konturlinien, Schraffuren und Kreuzschraffuren weiter ausgearbeitet. Es ist wichtig, ab und zu zurückzutreten und das Bild zu begutachten, denn wenn man allzu konzentriert arbeitet, übersieht man leicht Fehler. Ich fand die Ohren zu groß, also habe ich das Radiergummi zur Hand genommen, sie verkleinert und auch den Winkel des Kopfes etwas verändert. Beim Radieren wird man oft unsicher: Der nächste Versuch könnte ja misslingen. Aber wenn etwas falsch aussieht, radieren Sie ruhig. Sie haben das Motiv einmal gezeichnet, Sie werden es auch ein zweites Mal schaffen.

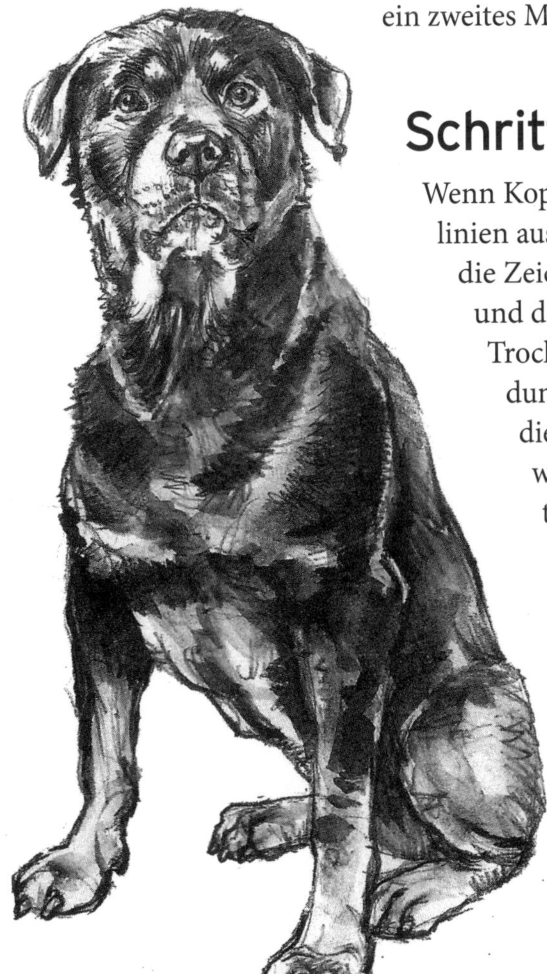

## Schritt 4

Wenn Kopf und Ohren überzeugen, können einige Hilfslinien ausradiert werden. Mit einem feuchten Pinsel über die Zeichnung streichen, um die Striche zu verwischen und das Fell gleichmäßiger einzutönen. Nach dem Trocknen mit einem weniger feuchten Pinsel die dunkleren Tonwerte nochmals überstreichen. Wenn die verlaufende Farbe zu dunkel oder zu flüssig wird, kann sie einfach mit Küchenpapier abgetupft werden. Bereiche, die zu hell sind, mit dem Grafitstift nochmals leicht schraffieren und mit Wasser verwischen.

# Dicke Katze Schritt für Schritt

**Das Zeichnen dieser Katze macht Spaß. Weil das Fell so dicht ist, sind Formen fast nur im Gesicht zu erkennen.**

**Material**

- Bleistifte 3B, 4B und 5B
- Zeichenpapier 220 g/m²
- Knetradiergummi
- Anspitzer

## Schritt 1

Als Kopf genügt ein abgeflachter Kreis, der längs und quer geteilt wird, um die Positionen für Nase und Maul zu finden. Eine zweite Linie oberhalb der waagerechten Mittellinie gibt die Position der Augen vor, ein kleiner Punkt darunter die des Mauls. Vom Punkt für das Maul führen zwei leicht gekrümmte Linien schräg nach unten.

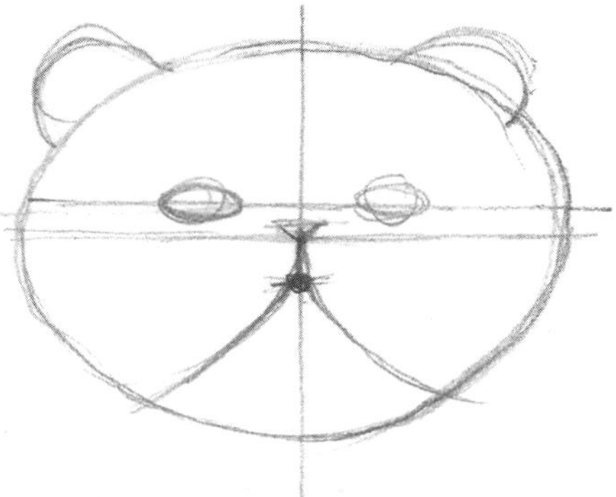

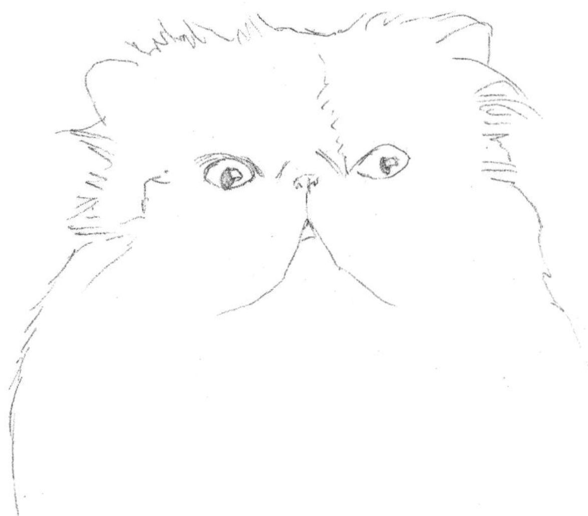

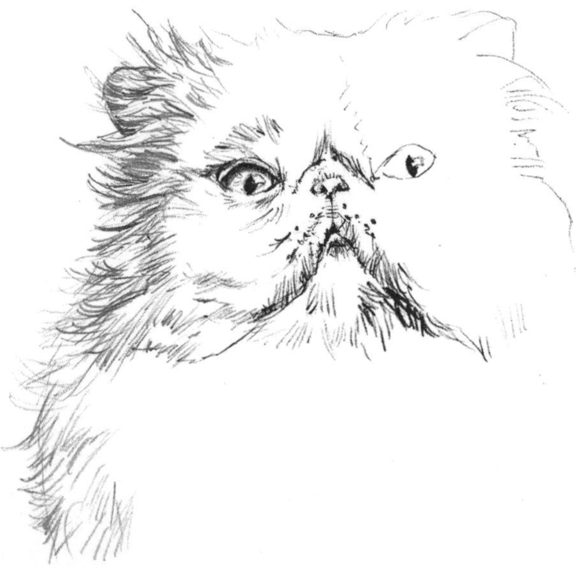

## Schritt 2

Damit ist die Grundform des Katzenkopfs fertig. Nun die Augen einzeichnen und die Kopfkontur andeuten, dann die ersten Hilfslinien ausradieren.

## Schritt 3

Jetzt werden von links nach rechts Details der Augen, Wangen und Ohren weiter ausgearbeitet. So vermeiden Sie (sofern Sie rechtshändig zeichnen), dass Sie bei der weiteren Arbeit die Striche verwischen. Ich habe mir Struktur und Verlauf des Fells auf Fotos angesehen, wollte aber keine exakte Kopie zeichnen. Darum habe ich mich zwar daran orientiert, aber mit leichter Hand gezeichnet.

## Schritt 4

Jetzt wird allmählich auch die andere Seite ausgearbeitet, zuerst Schatten an Kinn und Wangen. Ich habe kurz überlegt, hier aufzuhören, weil die Zeichnung aussieht, als würde die Katze von rechts angestrahlt.

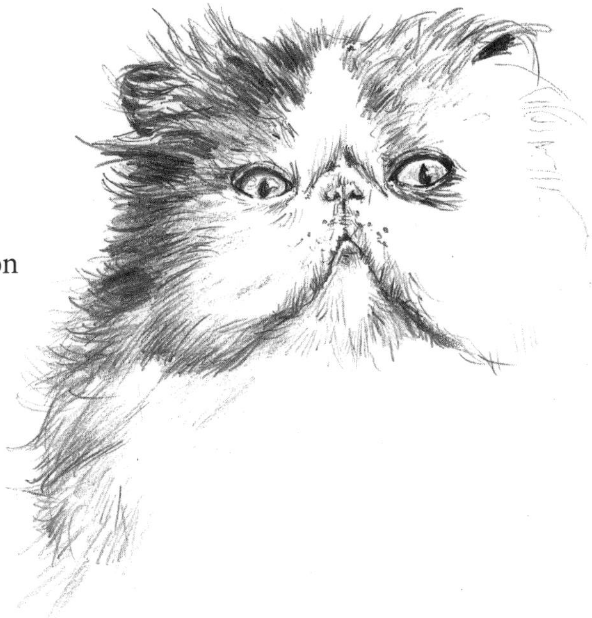

## Schritt 5

Die rechte Seite ist fertig, aber insgesamt heller, weil das Licht von dieser Seite kommt. Zum Schluss können noch einige wirr abstehende Haare eingezeichnet werden, um der Katze mehr Charakter zu verleihen.

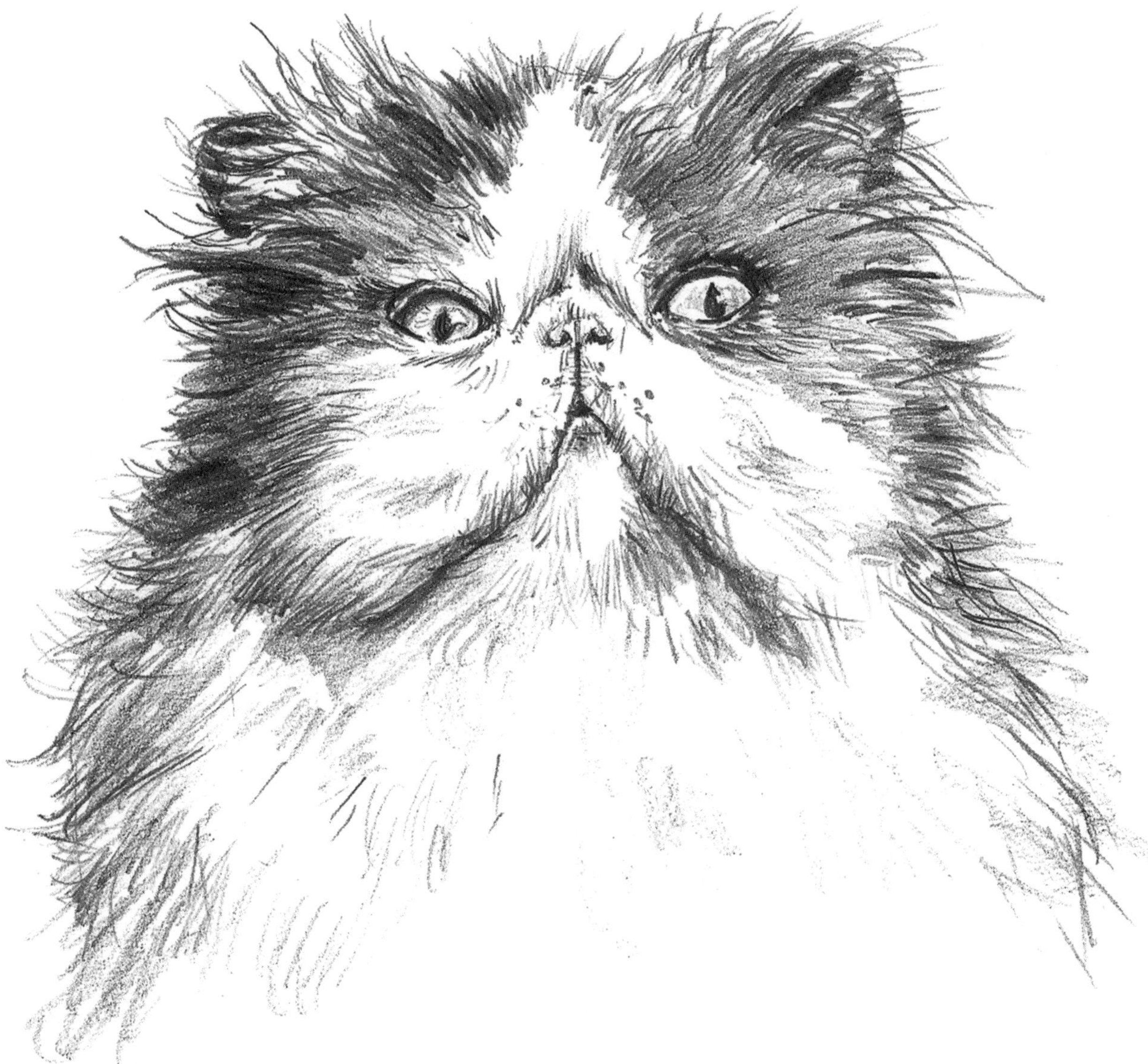

# Dackel Schritt für Schritt

**Diese kleinen Hunde sehen witzig aus: kurze Beine, muskulöser Körper, lange Schnauze und große Pfoten, und doch passt alles irgendwie zusammen. Die kleine Skizze mit dem vereinfachten Skelett ist bei dieser Übung eine gute Hilfe.**

**Material**

- Bleistifte 3B und 5B
- Zeichenpapier 220 g/m²
- Knetradiergummi
- Anspitzer

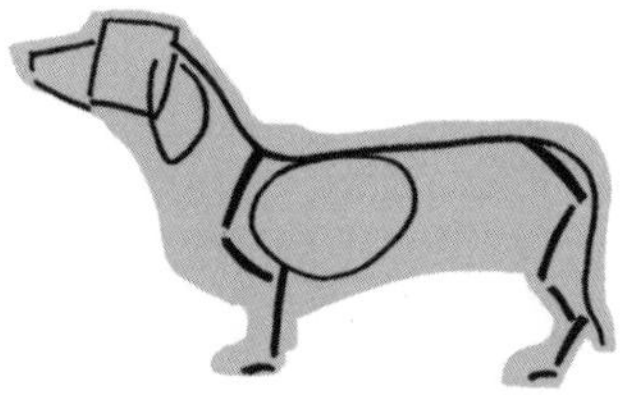

## Schritt 1

Zuerst die Umrisse des Hundes mit geringem Druck mit dem Bleistift 3B zeichnen und dabei gut auf die Proportionen des langen Körpers achten. Auge und Nase einzeichnen und Schulter und Brustkorb mit lockeren Bögen andeuten.

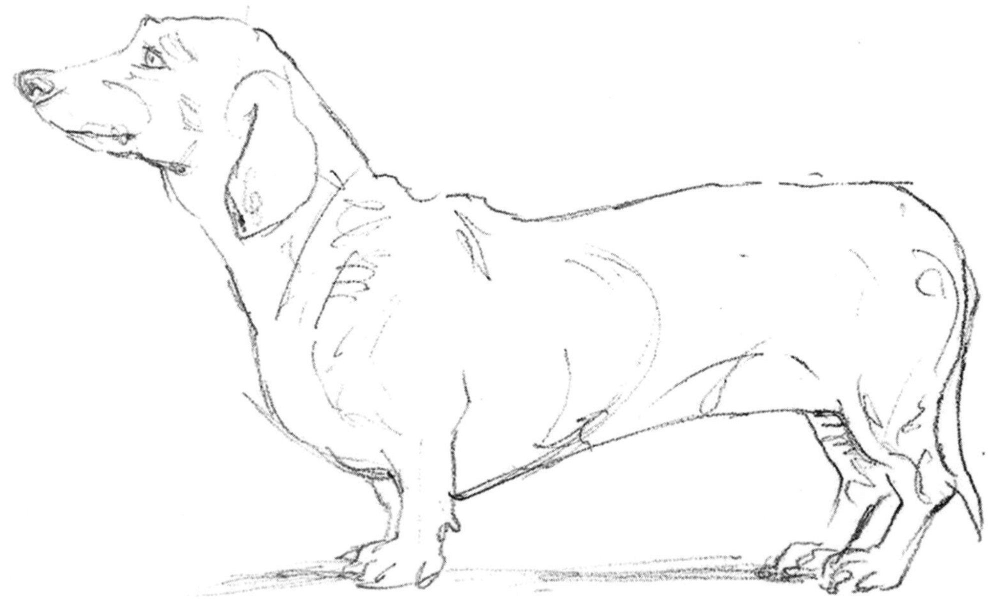

**Tipp** Wenn Sie nicht sicher sind, wie Sie weiterarbeiten sollen, legen Sie eine Pause ein. Kochen Sie sich einen Tee, denken Sie an etwas anderes. In neun von zehn Fällen werden Sie nach einer Pause sehen, wie Sie fortfahren müssen.

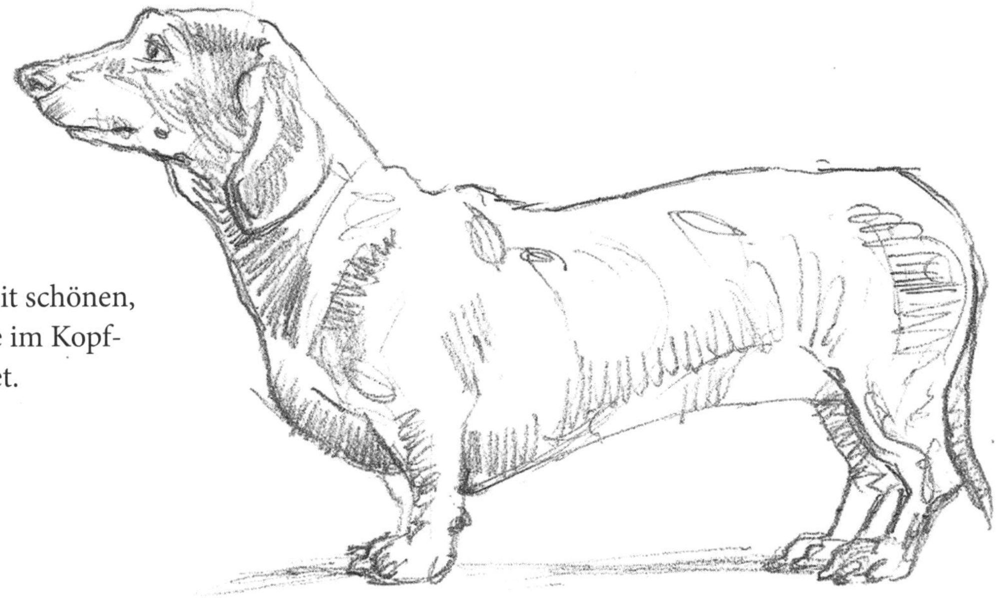

## Schritt 2

Mit dem Bleistift 5B werden mit schönen, dunklen Strichen die Tonwerte im Kopf- und Brustbereich eingezeichnet.

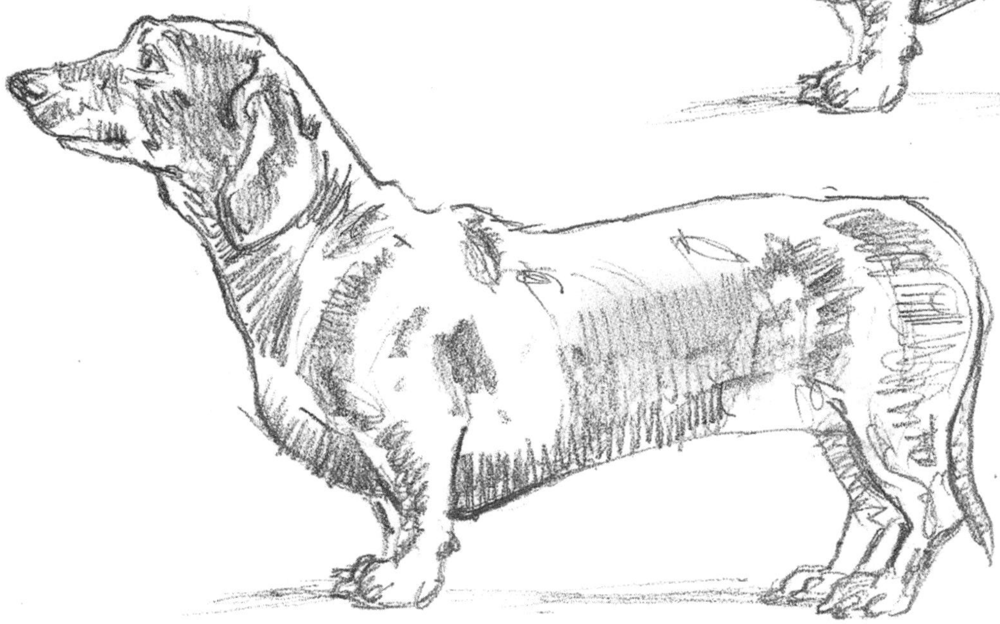

## Schritt 3

Mit weiteren Schraffuren und Tonwerten nun den Rumpf und die Hinterbeine ausarbeiten. Dabei bleiben größere Flächen weiß – sie zeigen, wo Licht auf das Fell trifft. Für den Schatten am seitlichen Bauch die Schraffuren teilweise verwischen.

## Schritt 4

Jetzt werden allmählich die dunklen Tonwerte weiter ausgearbeitet. Falls nötig, die Partien um Auge und Ohr mit dem Knetradiergummi wieder etwas aufhellen. Die Striche am Bauch verwischen, sodass ein weicher Hell-Dunkel-Verlauf entsteht. Durch gezielt platzierte Striche nun langsam das glänzende Fell des Hundes ganz ausarbeiten. Dann beschloss ich aufzuhören – zu viel des Guten kann einer Zeichnung schaden.

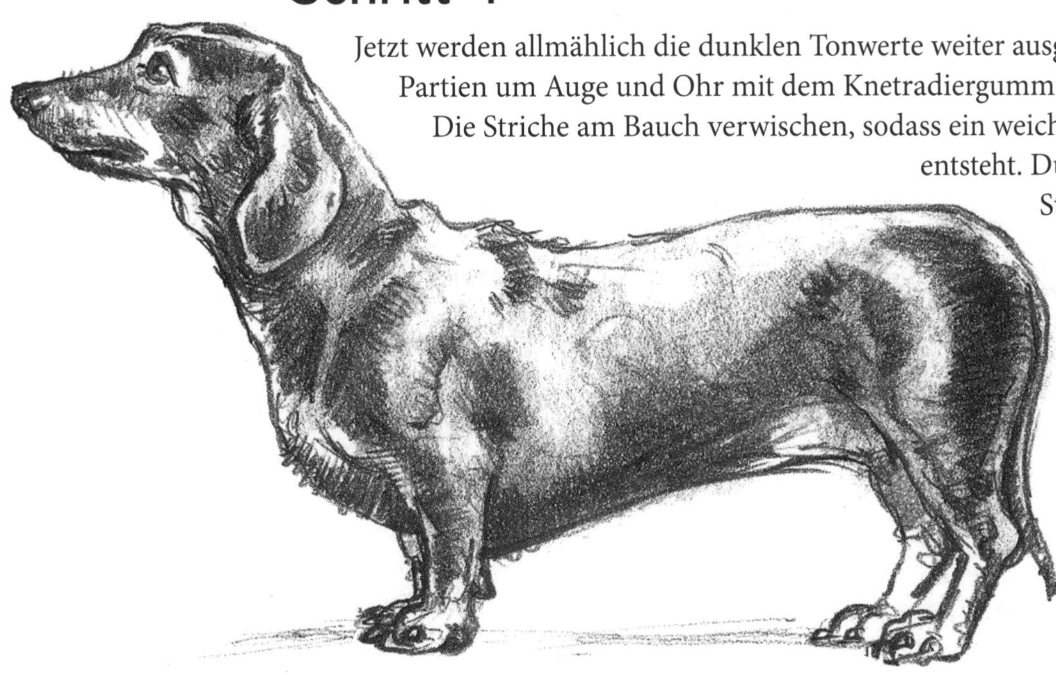

# Papagei Schritt für Schritt

**Ich entdeckte ein Foto eines Papageien und bekam Lust, ihn zu zeichnen. Diese Vögel haben viel Charakter, darum spielt das Auge hier eine besonders wichtige Rolle.**

**Material**

- Bleistift 2B
- Zeichenpapier 130 g/m²
- Knetradiergummi
- Wasserlöslicher Pinselstift
- Aquarellrundpinsel Nr. 8

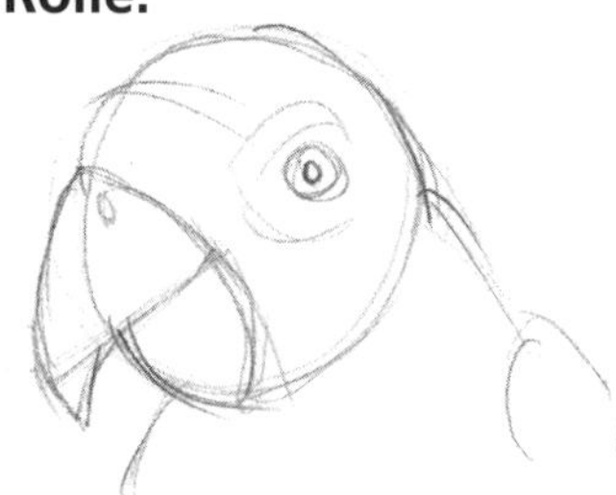

## Schritt 1

Die Grundformen des Kopfes bestehen aus Ovalen und Kreisen. Wenn der Vogel gut zu erkennen ist, können die Hilfslinien wieder ausradiert werden. Nun wird das Auge abgedunkelt, behält aber Glanzpunkte, damit es lebendig wirkt. Die Federn an Brust und Kopf und die Rillen in seinem Schnabel werden mit lockeren Strichen angedeutet. Damit ist die Arbeit mit dem Bleistift erledigt und der Pinselstift kommt zum Einsatz.

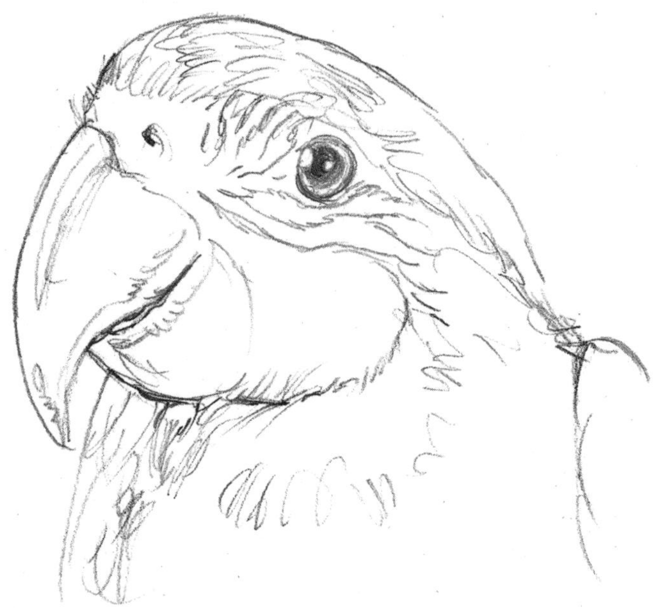

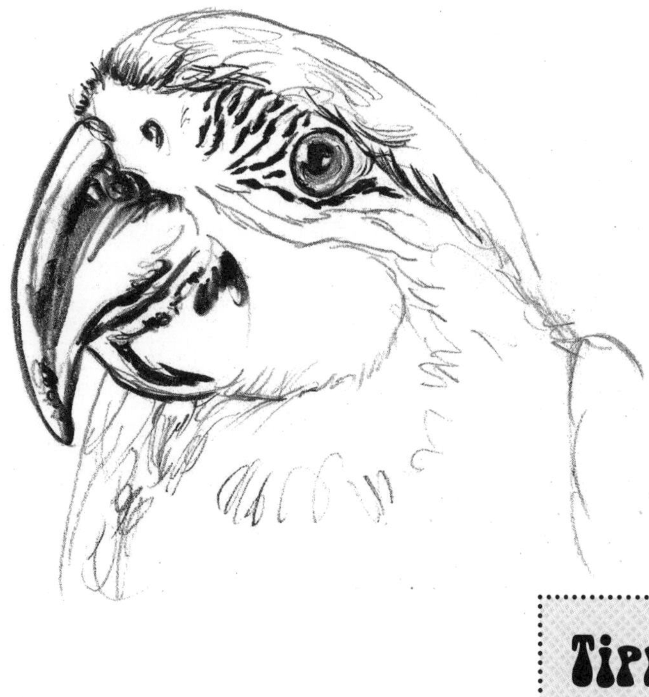

## Schritt 2

Die Bleistiftlinien werden mit dem Pinselstift nachgezeichnet. Danach sieht der Vogel wie eine Tuschezeichnung aus. Einige Details von Schnabel und Kinn einfügen.

**Tipp** Lassen Sie immer reichlich weißes Papier frei. Es gibt den Bildern Glanz und vermittelt einen Eindruck des Lichts.

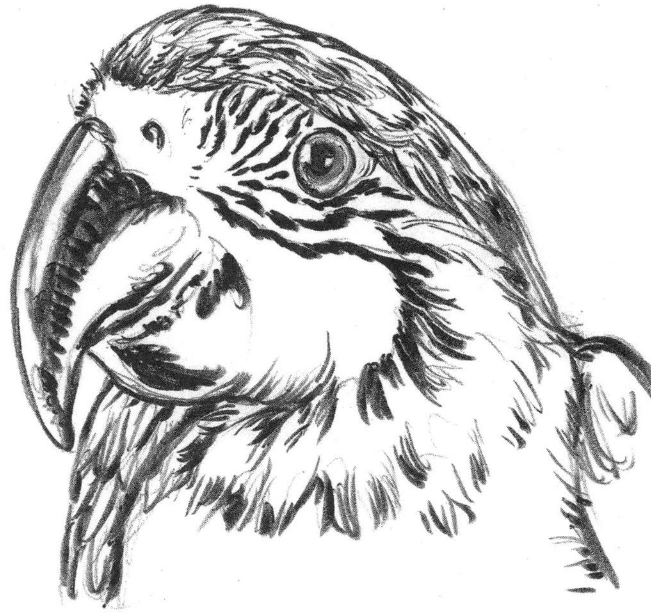

## Schritt 3

Dunklere Tonwerte werden dort eingezeichnet, wo später Lasureffekte erzielt werden sollen. Der Schnabel erfordert besondere Sorgfalt, damit er einen schönen Verlauf bekommt.

## Schritt 4

Den Pinselstift beiseitelegen und mit einem feuchten Pinsel fortfahren. Den Schnabel unter dem Lichtreflex befeuchten, bis die Striche verlaufen sind. Ein Stück Küchenpapier bereit legen, um Tropfen oder zu nasse Farbe abzutupfen. Nach dem Lasieren den Pinsel sofort mit Küchenpapier abtrocknen und einen Teil der Farbe wieder abtupfen. Sie kann später bei Bedarf nachgedunkelt werden, es ist aber schwieriger, sie aufzuhellen, wenn die Farbe erst trocken ist. Für den oberen Rand des Schnabels den Pinsel nur schwach anfeuchten und entlang der Kontur die Farbe leicht nach unten ziehen. Mit einem feuchten Pinsel die Textur der Federn unter dem Hals, seitlich der Wange und oberhalb des Schnabels andeuten. Dann den ganzen Kopf mit ganz wenig Wasser bestreichen. Beim Nachmalen des Auges mit dem feuchten Pinsel das Glanzlicht sorgfältig aussparen. Das Muster der kleinen Federn ums Auge mit einem möglichst trockenen Pinsel ausarbeiten, damit diese sehr dunkel bleiben. Zum Schluss das Gefieder unter dem Kinn mit lockeren Strichen andeuten.

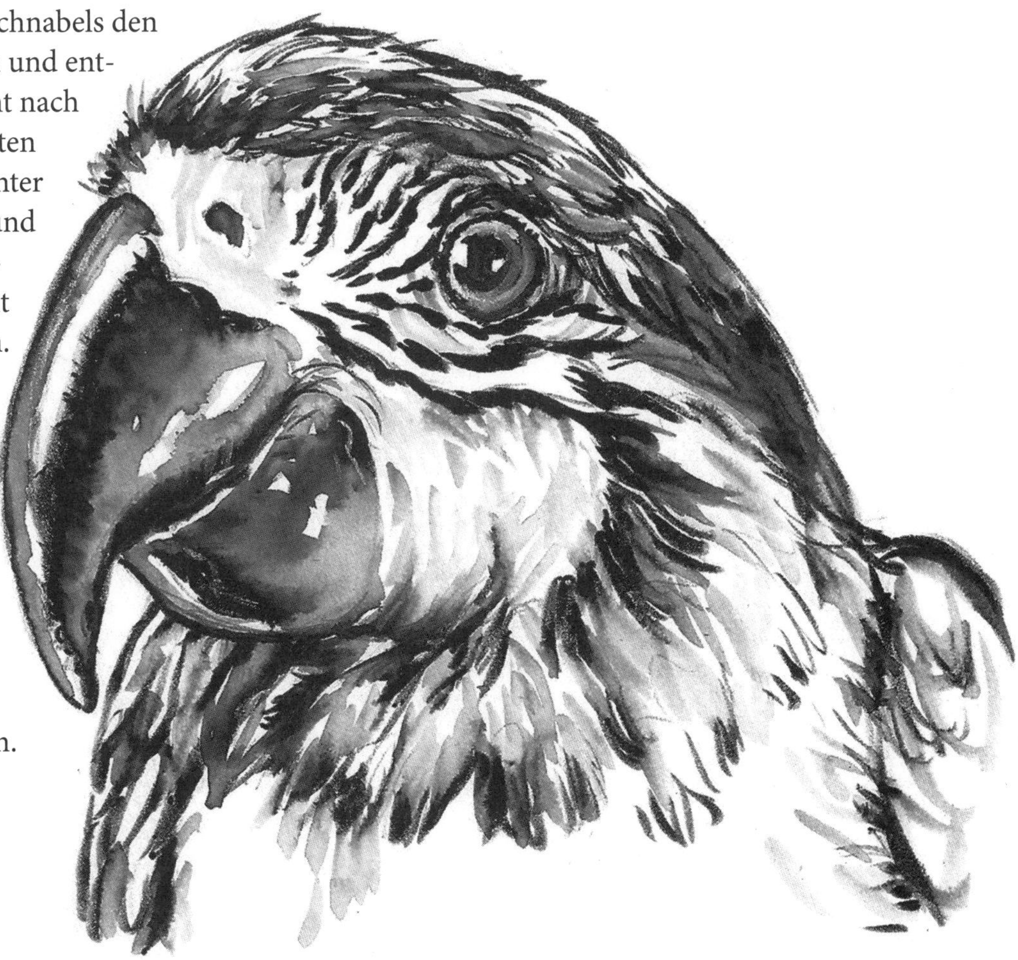

# Pferd Schritt für Schritt

**Dieses Motiv entdeckte ich bei einem Besuch in der Reitschule am Ort – übrigens eine gute Adresse, um Fotos zu machen, die später als Vorlagen dienen können. Ich schoss einige Fotos und zeichnete eine schnelle Skizze.**

**Material**

- Wasserlöslicher Grafitstift 4B
- Zeichenpapier 220 g/m$^2$
- Knetradiergummi
- Aquarellrundpinsel Nr. 12
- Anspitzer

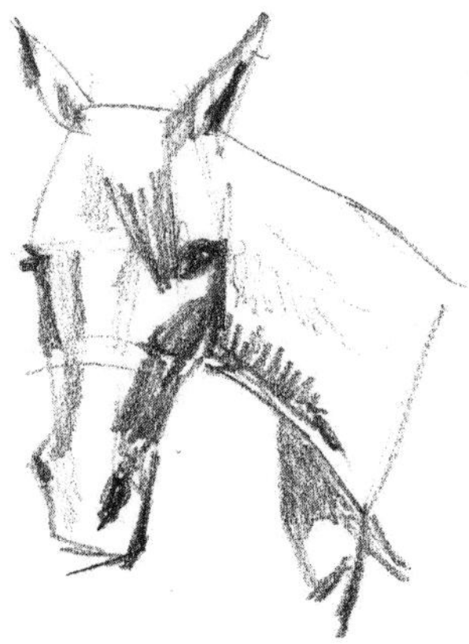

## Schritt 1

Zuerst wird mit dem Grafitstift der Umriss von Kopf und Hals sowie der vor der Brust erkennbaren Pferdedecke grob vorgezeichnet. Um die Proportionen des Gesichts richtig aufzuteilen, wird es in drei Abschnitte gegliedert. Ich habe mir Zeit genommen, die Proportionen der Gesichtsteile einzuzeichnen, und die Zeichnung häufig mit der Fotovorlage verglichen.

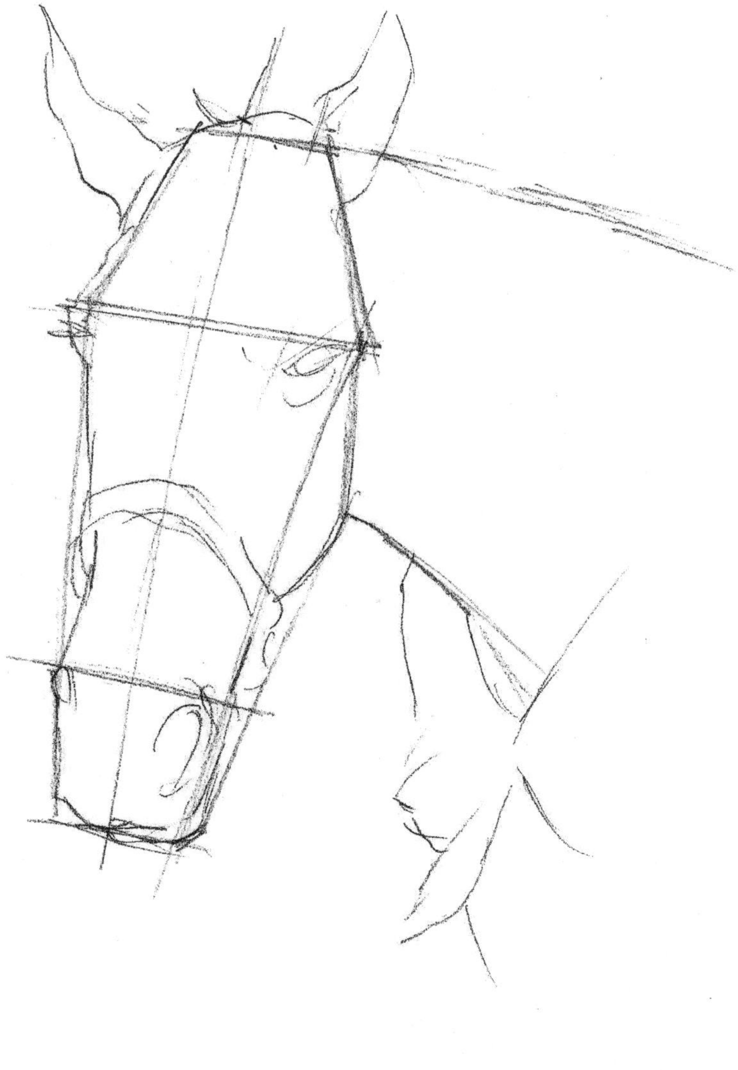

## Schritt 2

Augen und Nase nun etwas genauer ausarbeiten. Falls Veränderungen nötig sind, etwa eine Vergrößerung der Nüstern, darf auch radiert werden. Den Mund deutlicher zeichnen, die Unterlippe andeuten und die Hilfslinien ausradieren. Danach werden die Ohren und einige lockere Strähnen der Stirnlocke eingezeichnet.

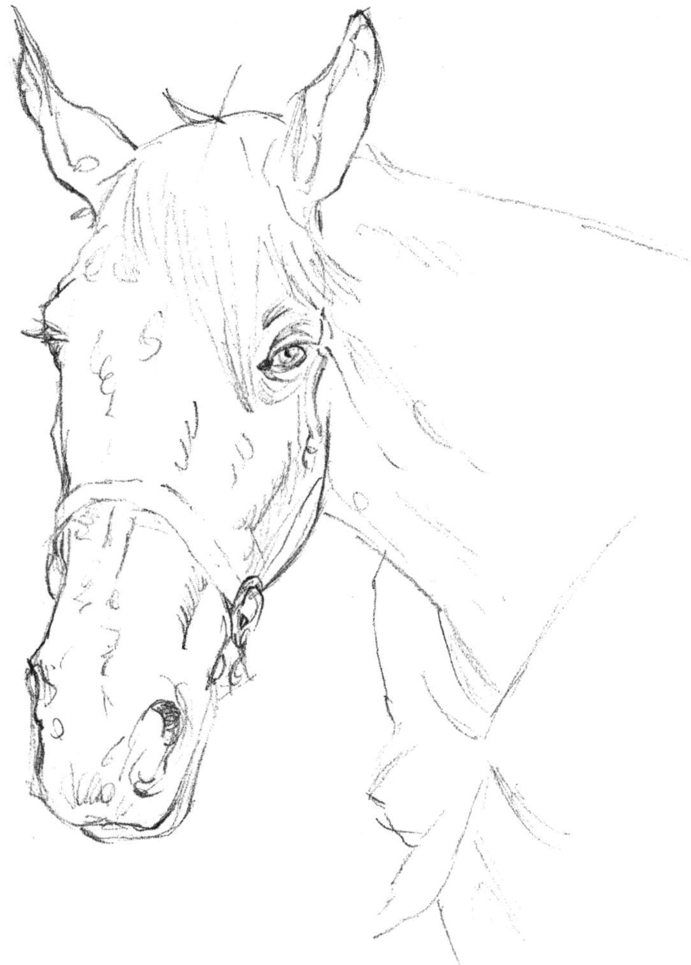

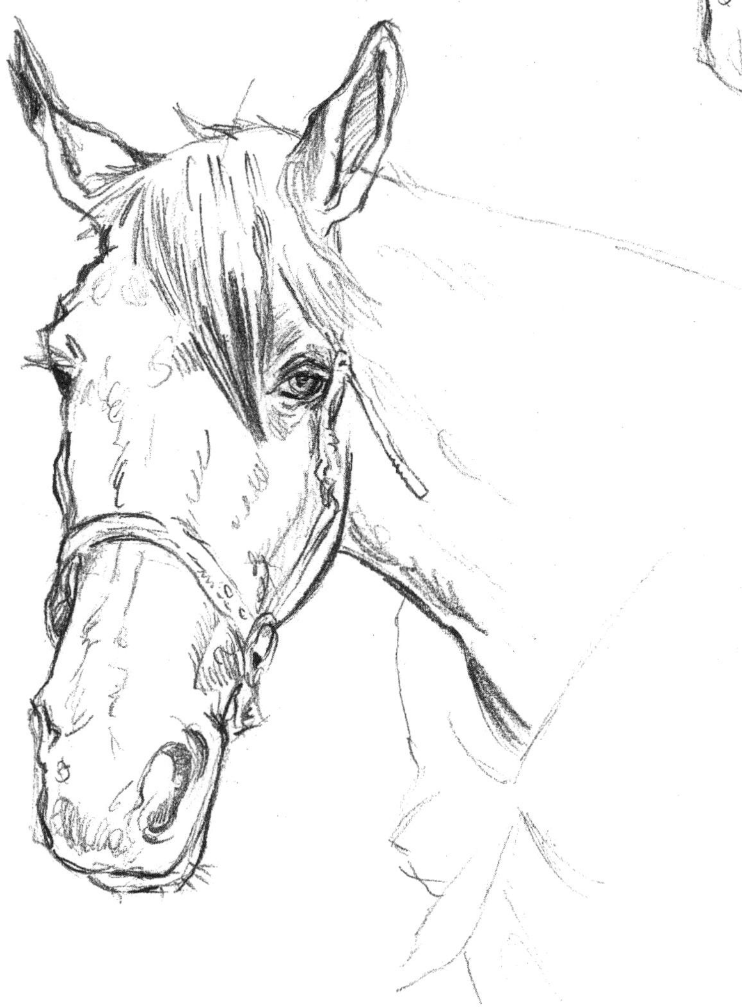

## Schritt 3

Nun folgen weitere Einzelheiten. Durch unterschiedlich starke Striche werden Licht und räumliche Wirkung herausgearbeitet. Bereiche wie die Augen, die Haare und den unteren Lippenrand abdunkeln, um die Dreidimensionalität des Kopfes zu verstärken. Das Zaumzeug deutlicher zeichnen und einige Schatten über den Nüstern und der Kieferkontur einfügen.

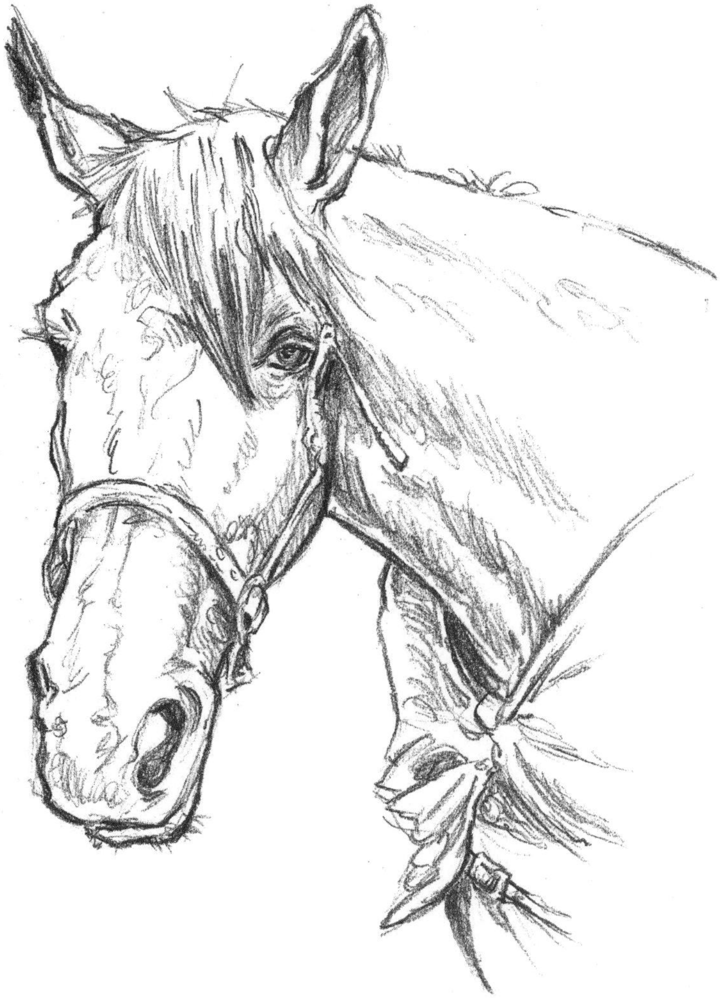

## Schritt 4

Jetzt mit dem Bleistift die dunkelsten Teile der Zeichnung nochmals ausarbeiten und Schatten unter den Augen, dem Kiefer und dem Maul einfügen. Details der Stirnlocke einfügen, aber zwischen den Haaren das weiße Papier durchscheinen lassen, um Lichtreflexe zu erhalten. Nase, Ohren, Zaumzeug und Decke werden ebenfalls detaillierter ausgearbeitet. Zum Schluss durch einige feine Haare die Mähne andeuten und einzelne Härchen ans Kinn zeichnen. Nun ist es Zeit, zurückzutreten und das Bild aus etwas Abstand zu beurteilen. Gelungen? Dann kann lasiert werden.

## Schritt 5 (rechts)

Der Reiz an wasservermalbaren Stiften besteht darin, dass sich leicht und schnell Lasureffekte gestalten lassen, die der Malerei ähneln. Die dunkleren Tonwerte der Zeichnung mit einem großen Aquarellpinsel befeuchten, um das Schwarz zu vertiefen. Zum Verwischen der Mitteltöne den Pinsel stärker anfeuchten. Vorsichtig etwas Wasser um die Augen und unter dem Kinn und Hals auftragen, um den Kopf plastisch herauszuarbeiten. Bereiche, in denen das Papier weiß bleibt, stehen für das Licht, das auf das Pferd fällt. Stirnlocke und Decke werden mit lockeren Pinselstrichen zart verwischt. Die Zeichnung soll nicht wie ein Foto aussehen, darum ist es unnötig, jede einzelne Wimper und jedes Haar abzubilden. Wichtiger ist der Gesamteindruck des Tiers – und der Spaß bei der Arbeit.

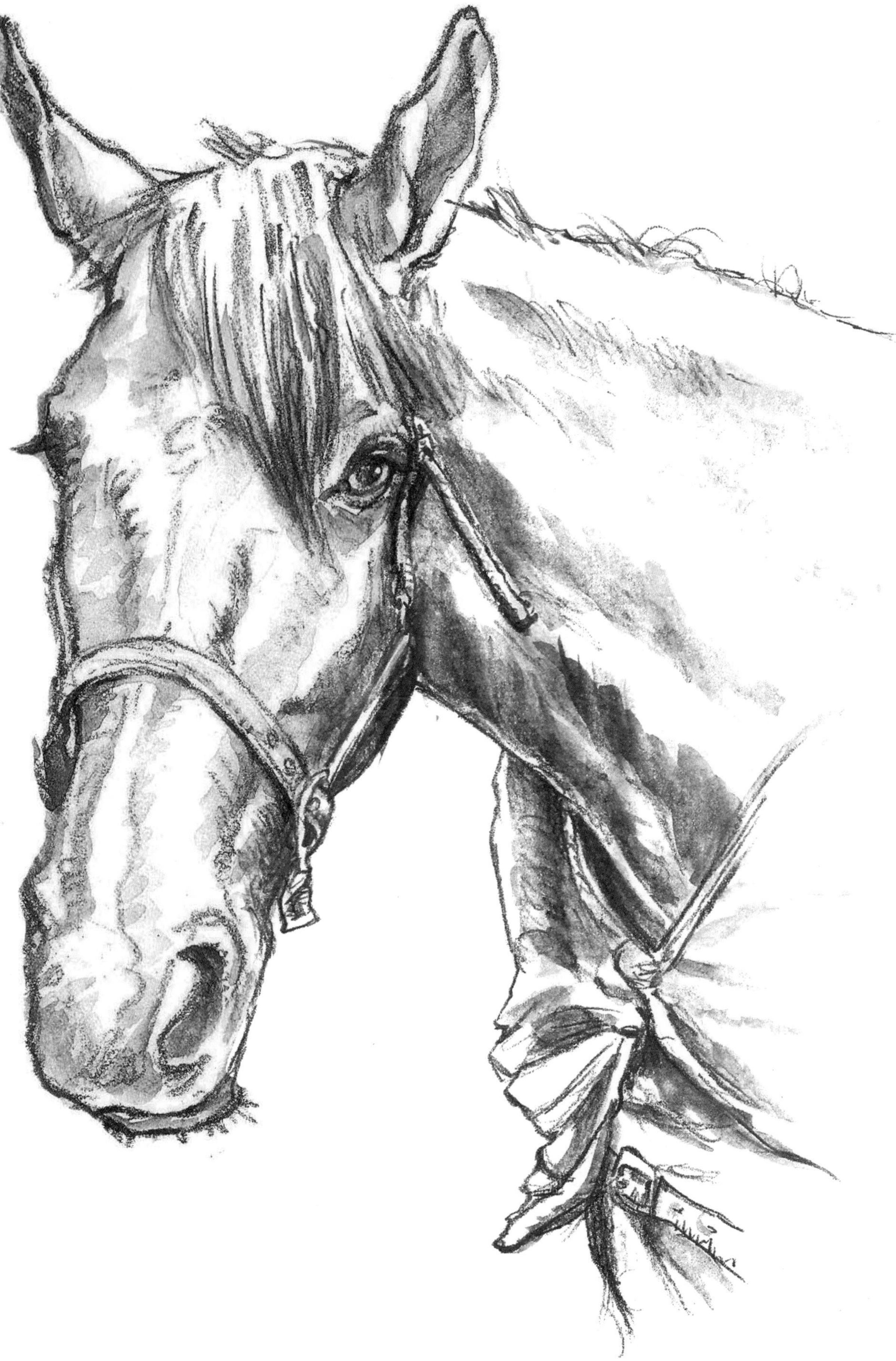

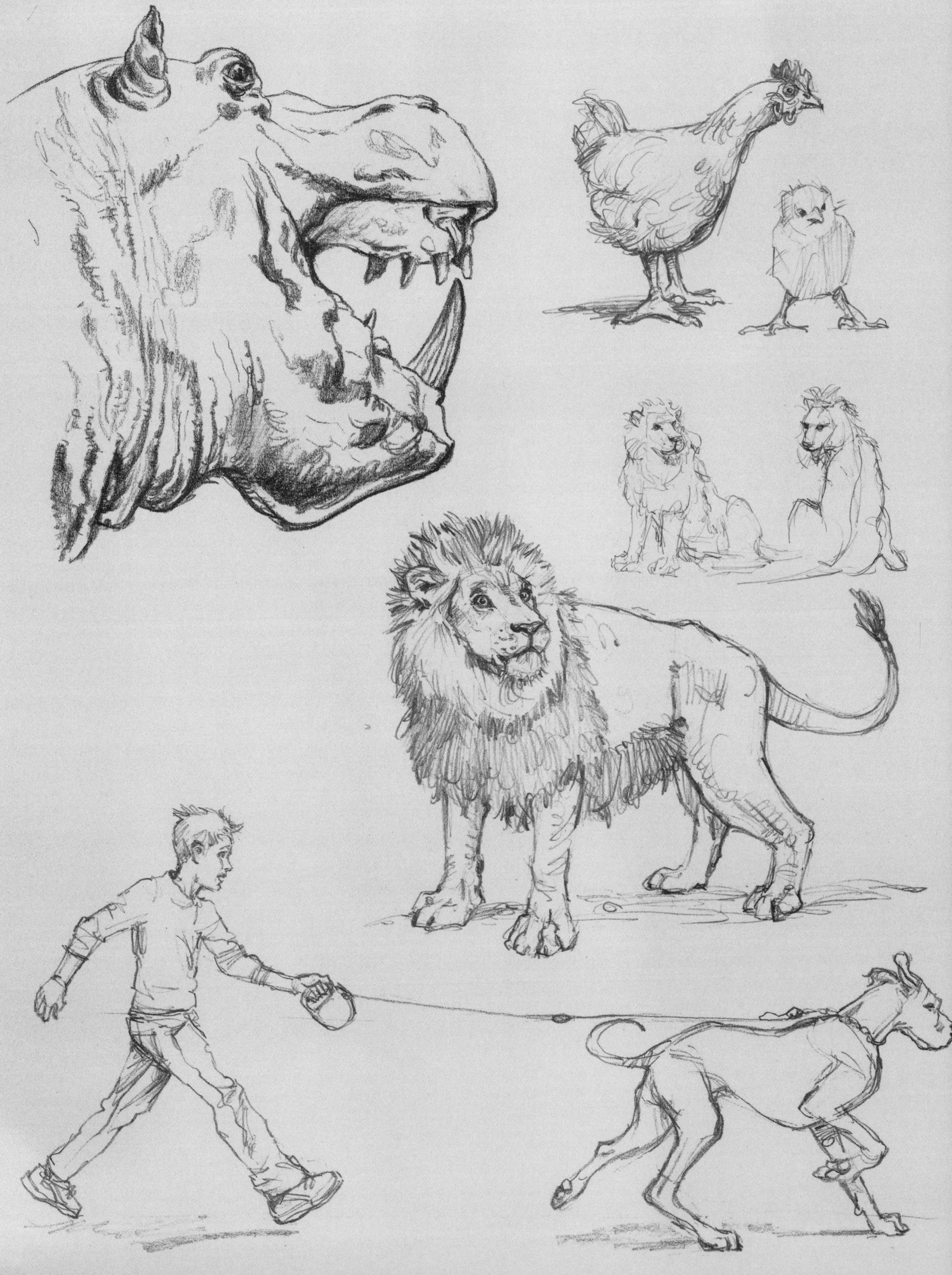

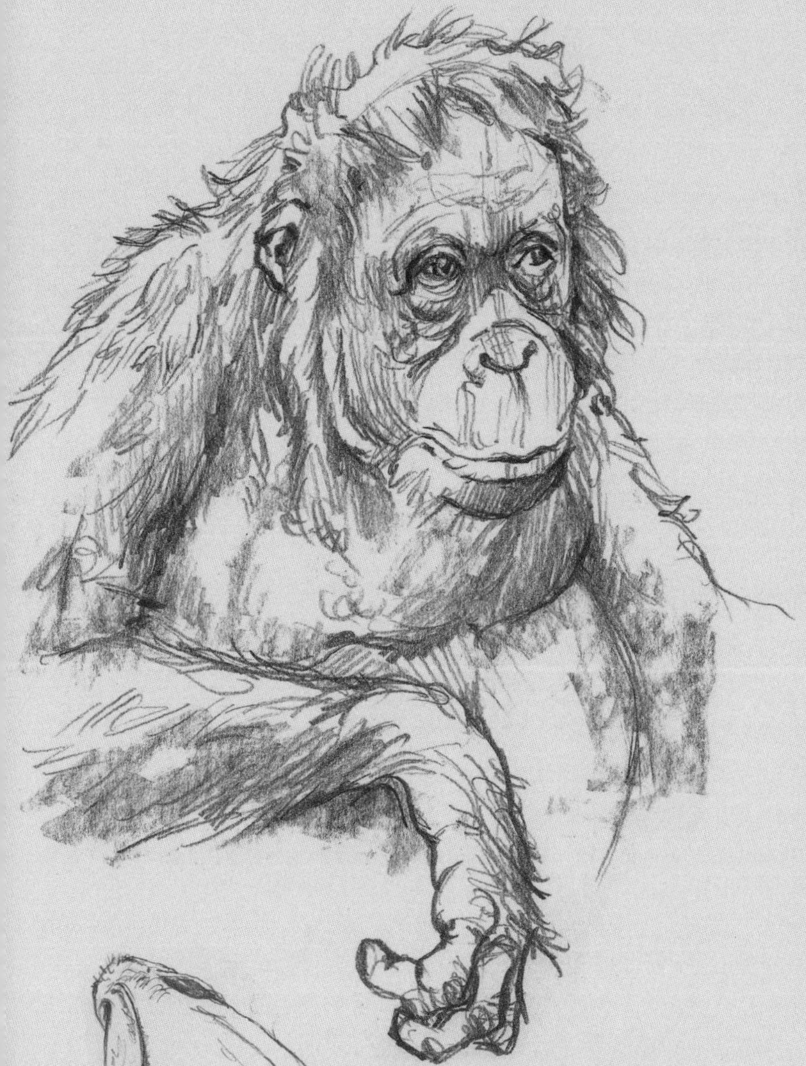

# Kapitel 3
# Lebende Modelle

Jetzt verlassen wir das Atelier und sehen uns verschiedene Tiere, die für Zeichner reizvoll sind, aus der Nähe an. Sie werden feststellen, dass Skizzenbücher, Fotos und Museen für Naturgeschichte bei der Beschäftigung mit Erscheinungsformen und Merkmalen von Tieren ebenfalls sehr hilfreich sind.

Packen Sie für den Zeichenausflug Stifte, ein Knetradiergummi, einen Anspitzer, ein Skizzenbuch und eine handliche Kamera ein. Auch ein Klappstuhl kann nützlich sein. Sie finden so viel Gepäck unhandlich? Dann denken Sie einmal an Künstler wie van Gogh. Er zog mitten in der Nacht los, um bei Mondschein zu malen, schwer bepackt mit Staffelei, Ölfarben, Leinwand, Pinseln, Zeichenkohle, Verdünnern, Essen, Stuhl und einem großen Strohhut, auf dem er Kerzen befestigt hatte, um seine Leinwand überhaupt sehen zu können. Das ist wahre Hingabe.

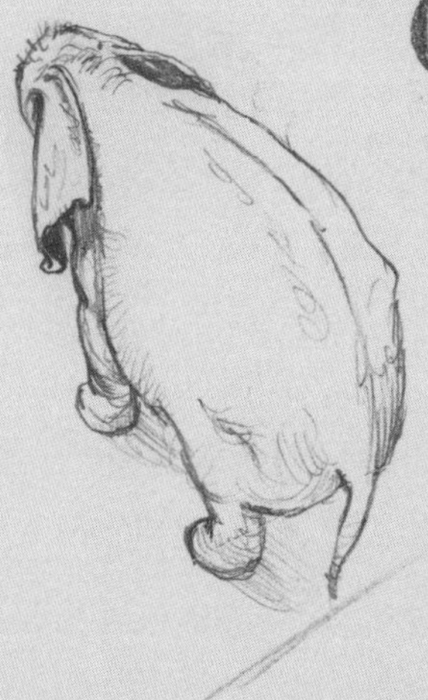

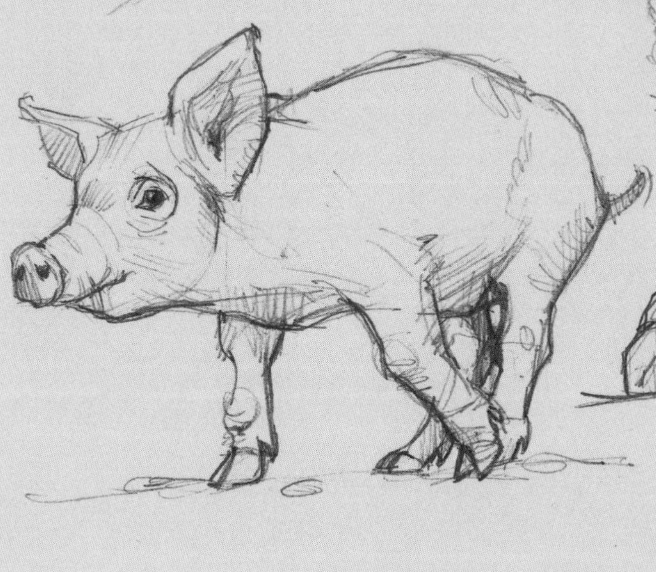

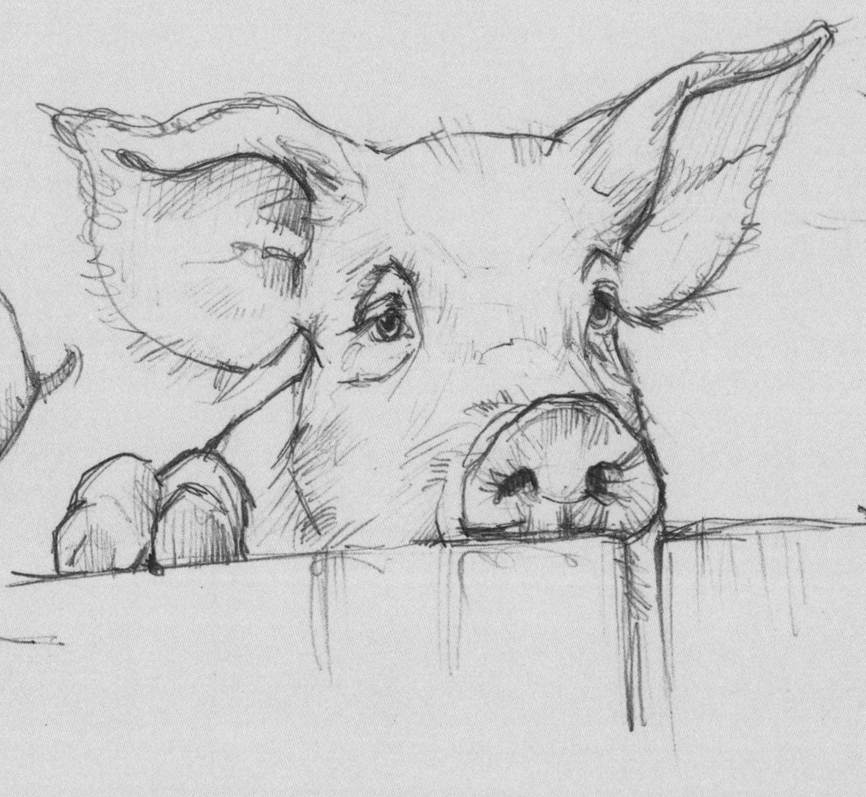

# Das Skizzenbuch

**Skizzenbücher gibt es in verschiedenen Formaten von A6 bis A1, mit festem und flexiblem Einband, mit Spiralbindung und konventioneller Bindung oder Leimung. Ich verwende Skizzenbücher im Format A4 nicht nur für Zeichnungen, sondern auch für Notizen. Nutzen Sie Ihres für Skizzen, Ideen, Kritzeleien oder ausgearbeitete Zeichnungen – wichtig ist nur, es regelmäßig zu verwenden. Wer jeden Tag zeichnet, verfeinert nicht nur seine Technik und entwickelt einen Stil, sondern schult auch seine Beobachtungsgabe.**

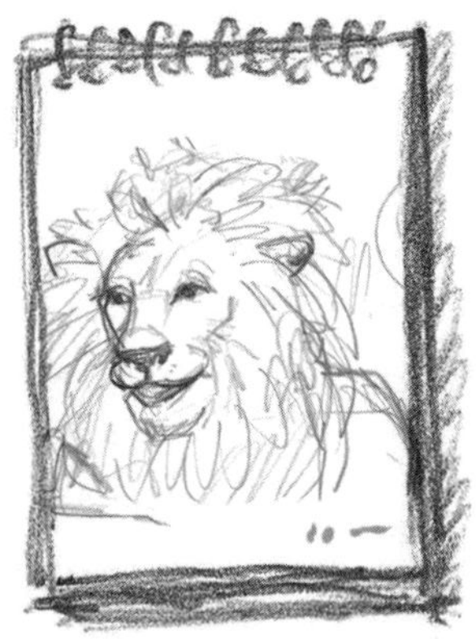

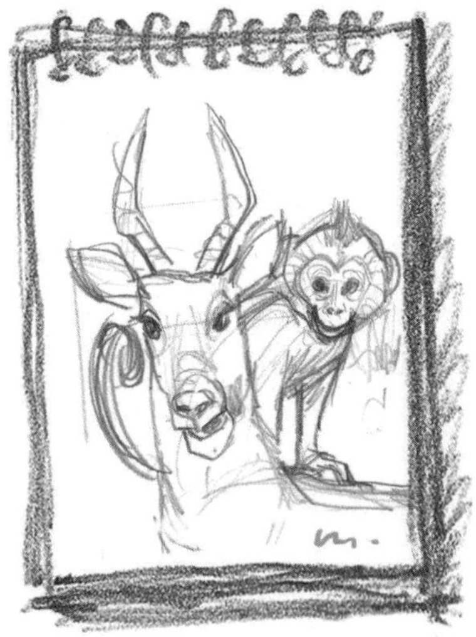

## Fortschritte dokumentieren

Gewöhnen Sie sich an, jede fertige Skizze mit einem Datum zu versehen. Auf diese Weise können Sie die Fortschritte, die Sie in der Zeit seit der ersten Seite gemacht haben, am besten nachvollziehen. Sie werden staunen, wie schnell sich ihre Technik verbessert, wenn Sie täglich üben.

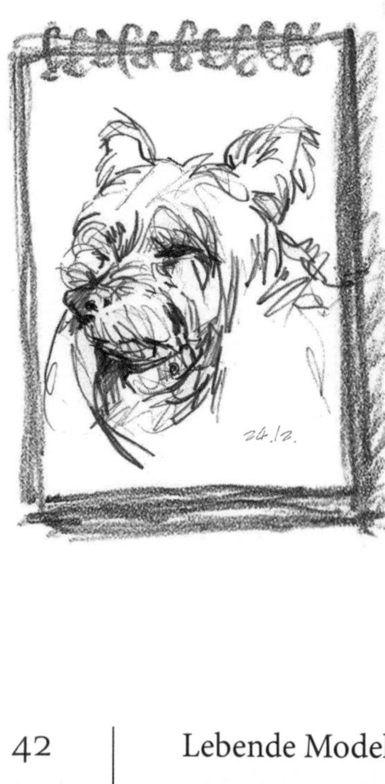


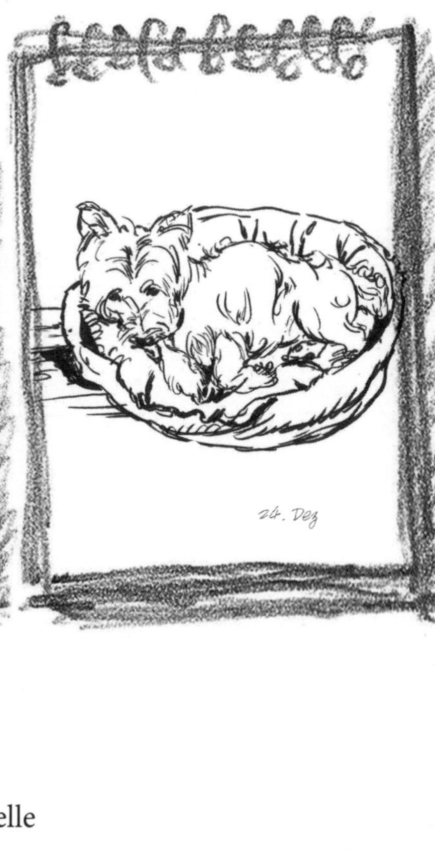


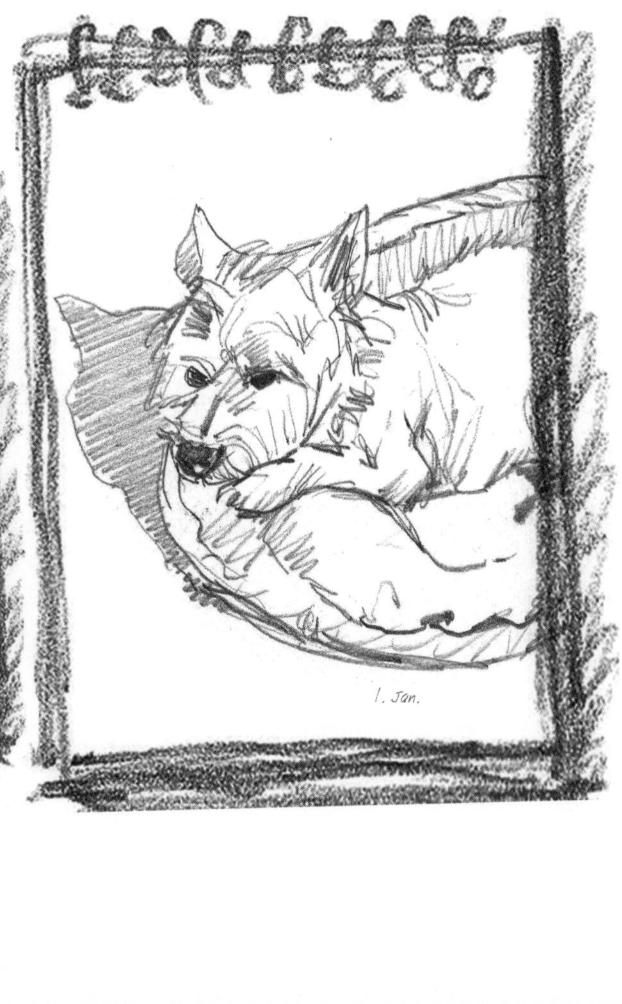

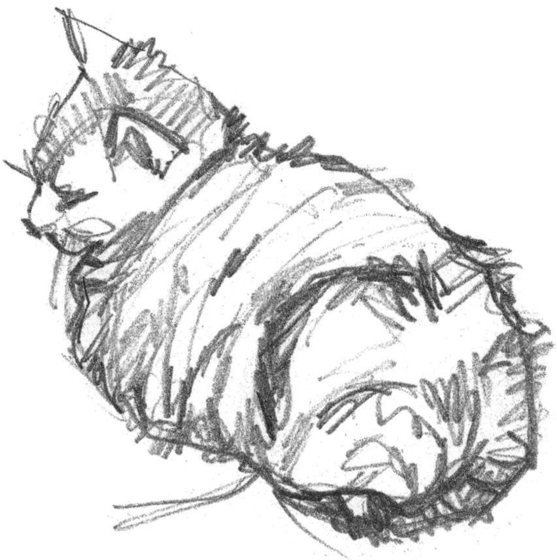

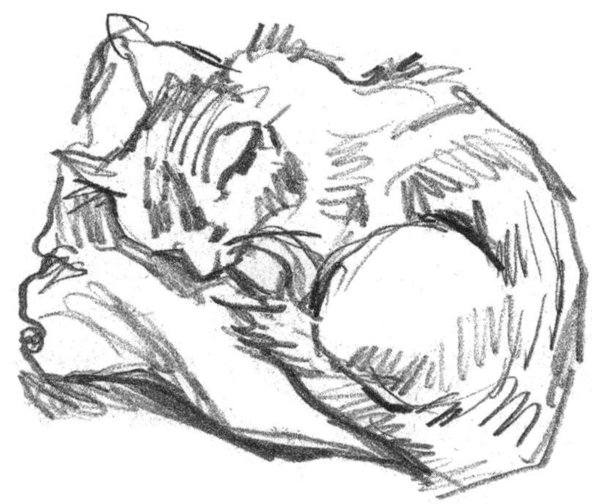

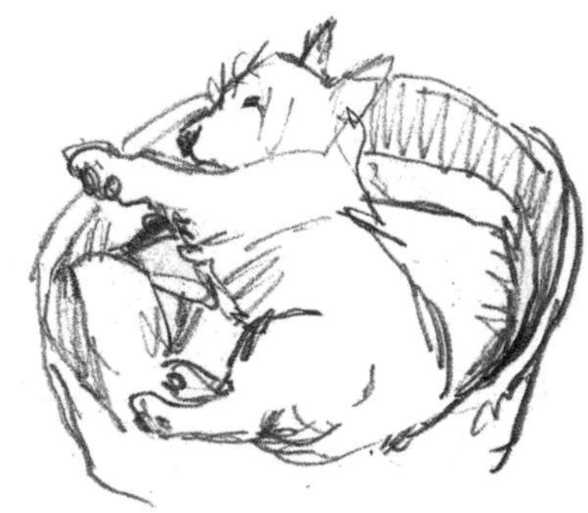

## Schnelle Skizzen

Viele Neulinge machen den Fehler, alles festhalten zu wollen, was sie sehen. Das ist sehr viel verlangt, führt oft zu Frustration und bewirkt, dass der Bleistift in die Ecke geworfen wird. Das Schöne am schnellen Skizzieren ist, dass Sie nur das wirklich Wesentliche einfangen müssen. Im Fall von Tieren sind das die Haltung, die Formen und der Ausdruck. Wenn Sie möchten, können Sie die Zeichnung später immer noch detaillierter ausarbeiten.

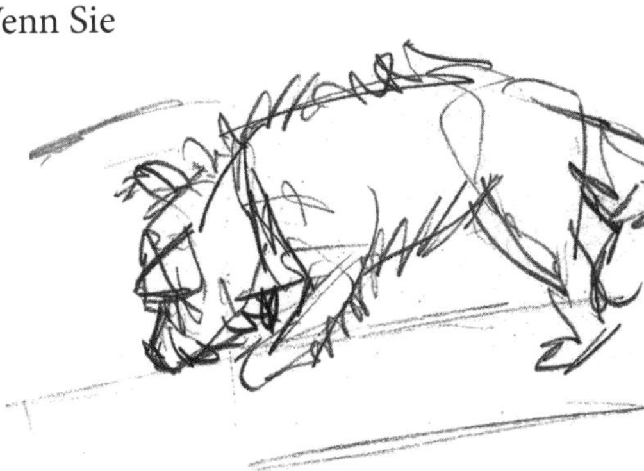

Ein Problem beim Zeichnen nach dem lebenden Modell besteht darin, dass Tiere nicht lange still stehen. Schnelles Zeichnen ist Ihre einzige Chance – aber auch eine Herausforderung. Sie müssen locker und entschlossen zeichnen. Wer sich mehr Zeit lassen will, könnte ein schlafendes Tier als Modell wählen.

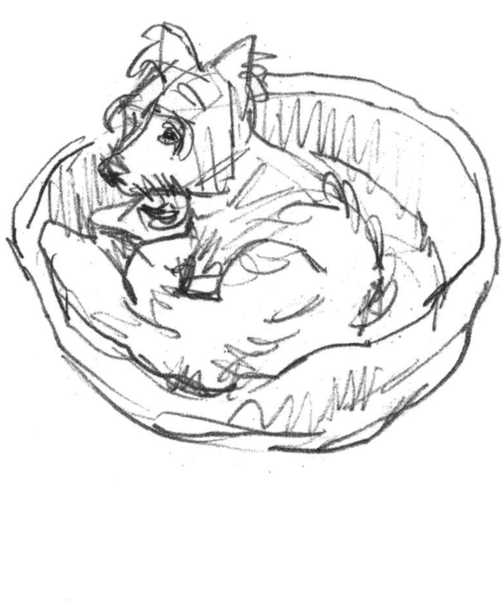

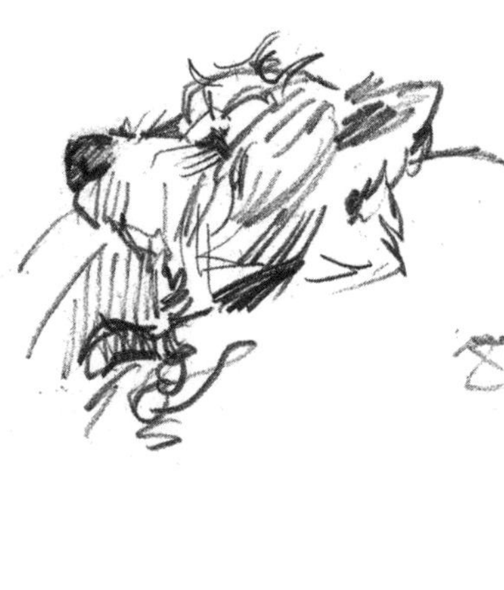

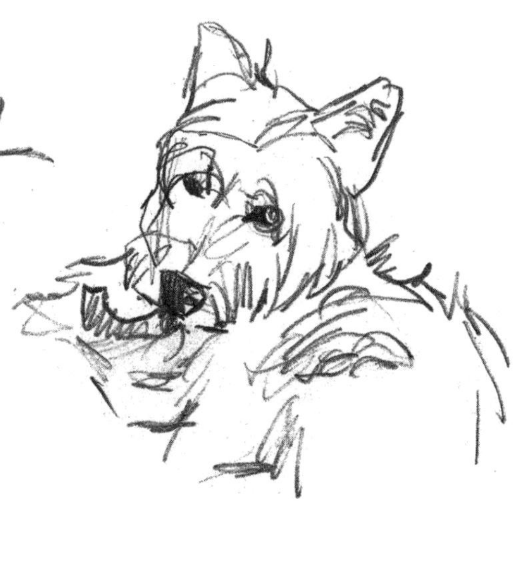

# Bauernhof

**Tiere ganz verschiedener Gestalt und Größe gibt es auf Bauernhöfen zu sehen. Einige habe ich für diese Seite gezeichnet. Wer auf dem Land lebt, wird kaum Probleme haben, einen Hof zu finden. Stadtbewohner könnten im Internet suchen – manchmal können vielleicht auch Markt- oder Biohändler Auskunft geben.**

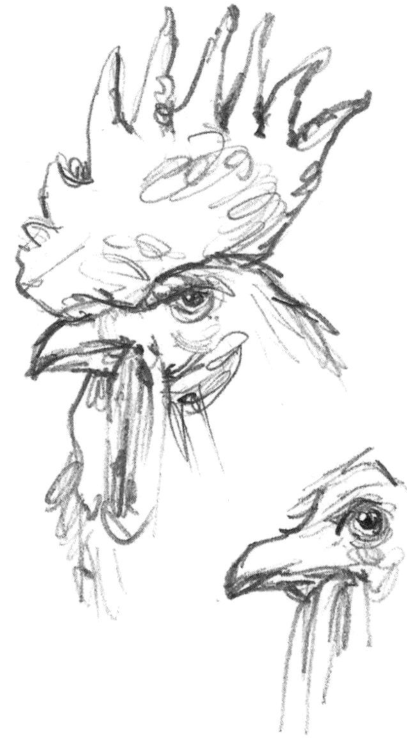

Auch hier geht es nicht darum, eine detailliert ausgearbeitete Zeichnung anzufertigen. Sie lernen das Skizzieren mit schnellen, lockeren Strichen. Wenn Sie ein ruhendes Tier finden, können Sie sich mehr Zeit lassen, aber das kommt nicht so häufig vor. Wichtig ist vor allem, dass Ihnen das Zeichnen im Freien Spaß macht.

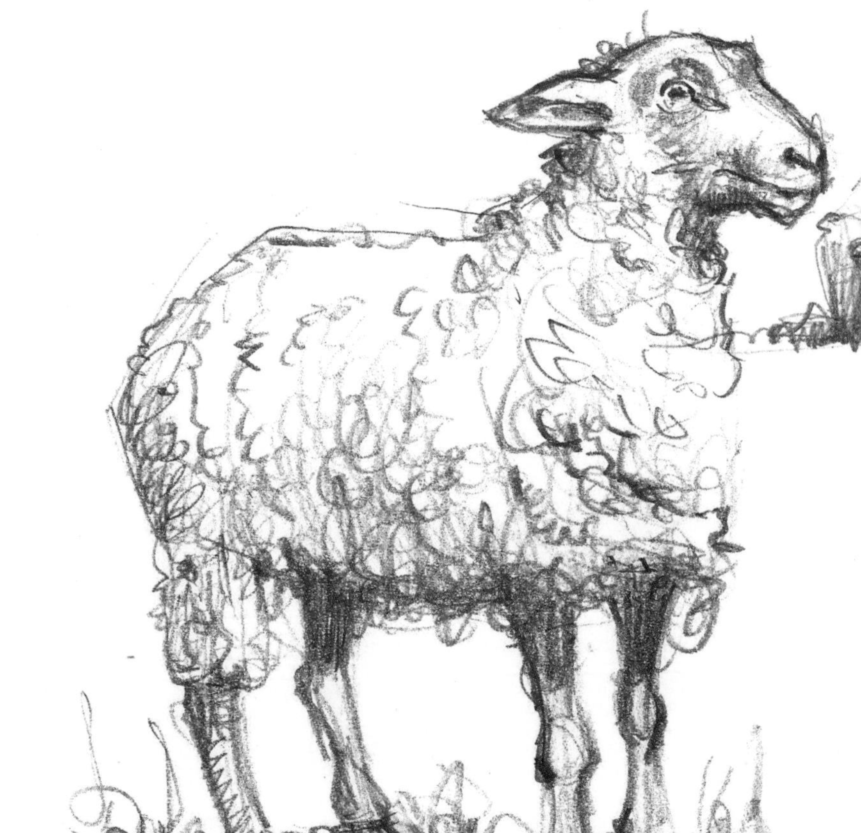

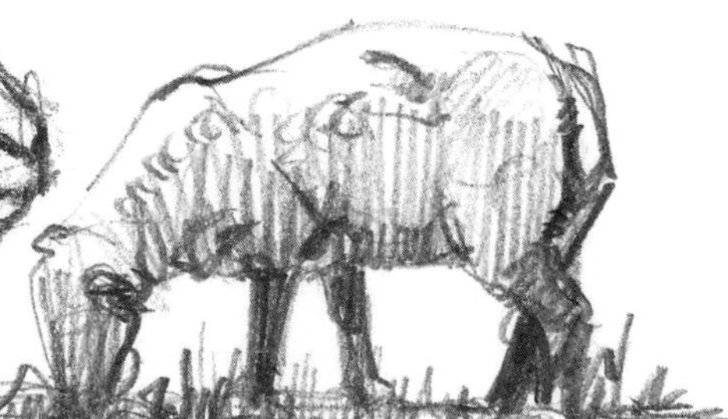

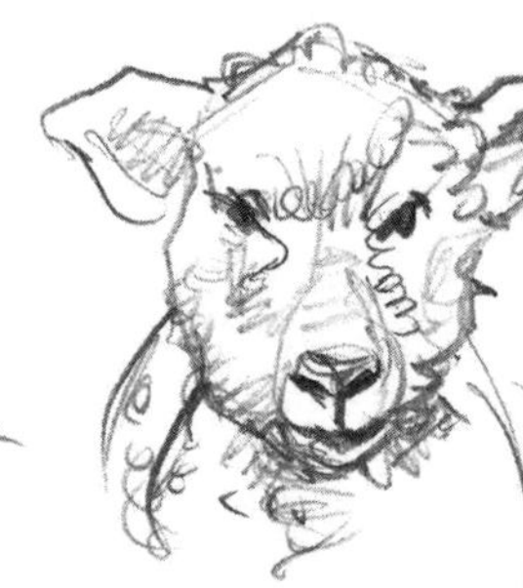

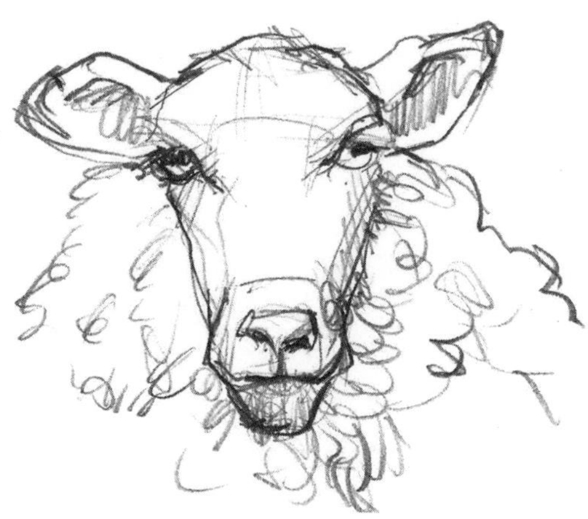

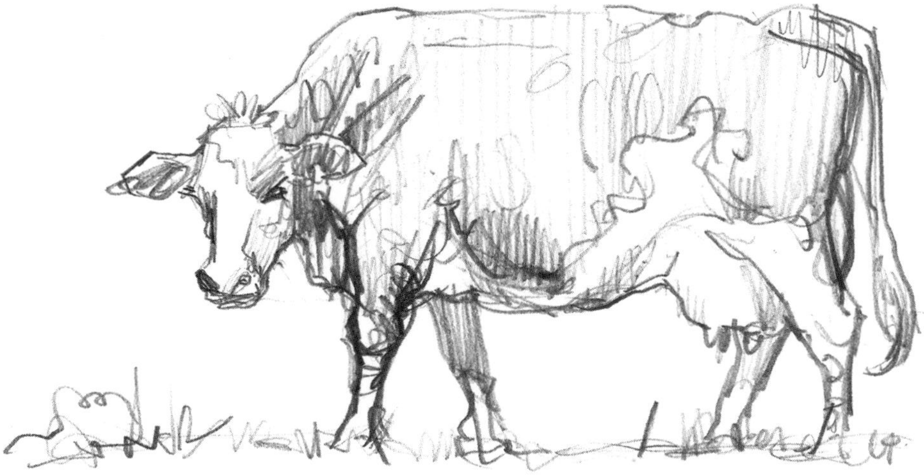

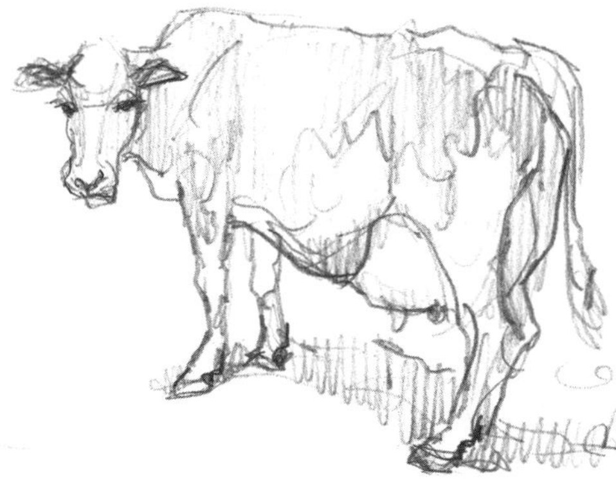

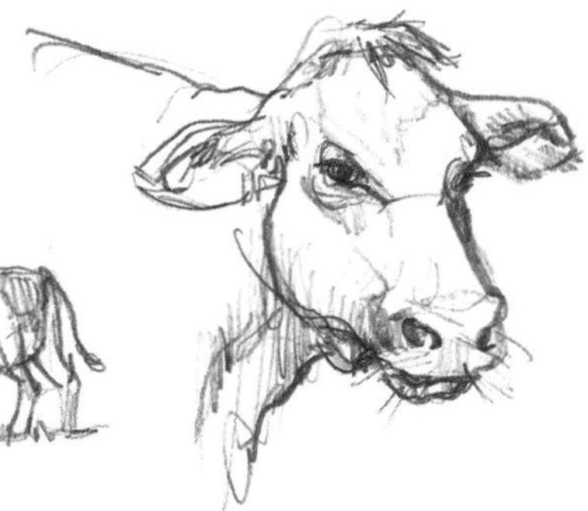

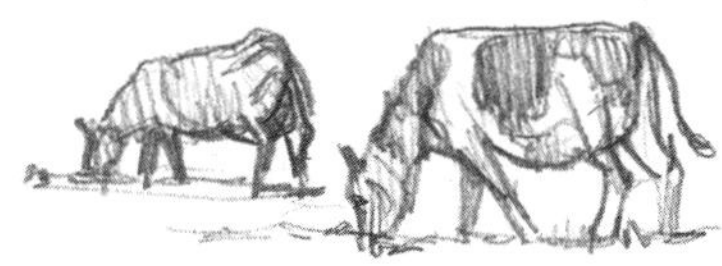

Suchen Sie sich ein Motiv aus, das Sie interessant finden, und zeichnen Sie mehrere Skizzen auf eine Seite. So können Sie, wenn sich das Tier bewegt, einfach eine neue Skizze beginnen. Sie werden feststellen, dass eine ganze Seite voller Skizzen sehr befriedigend ist. Fotografieren Sie die Tiere auch, damit Sie zu Hause die Zeichnungen mithilfe der Fotos genauer ausarbeiten können.

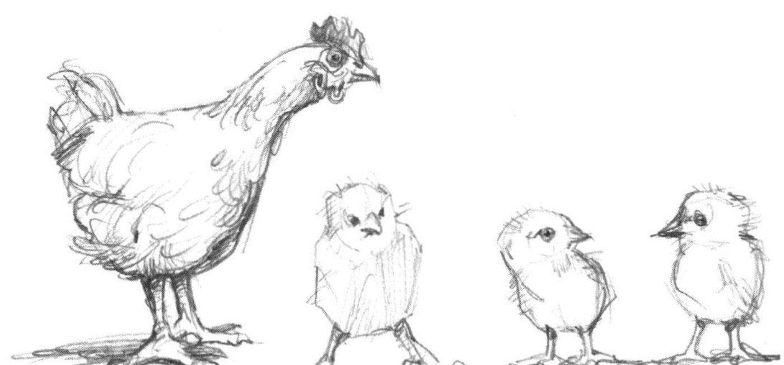

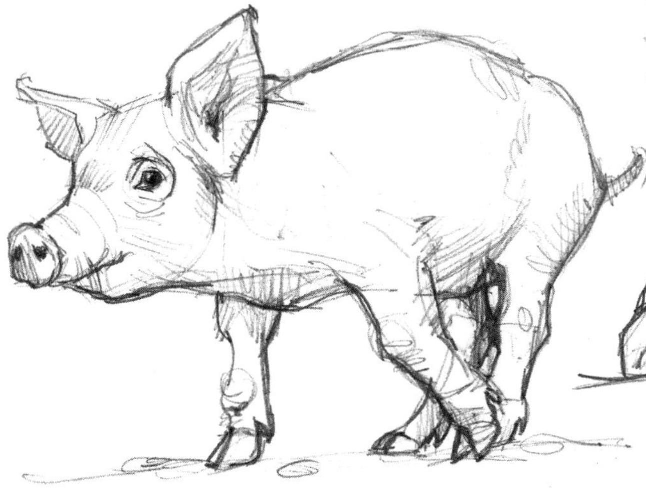

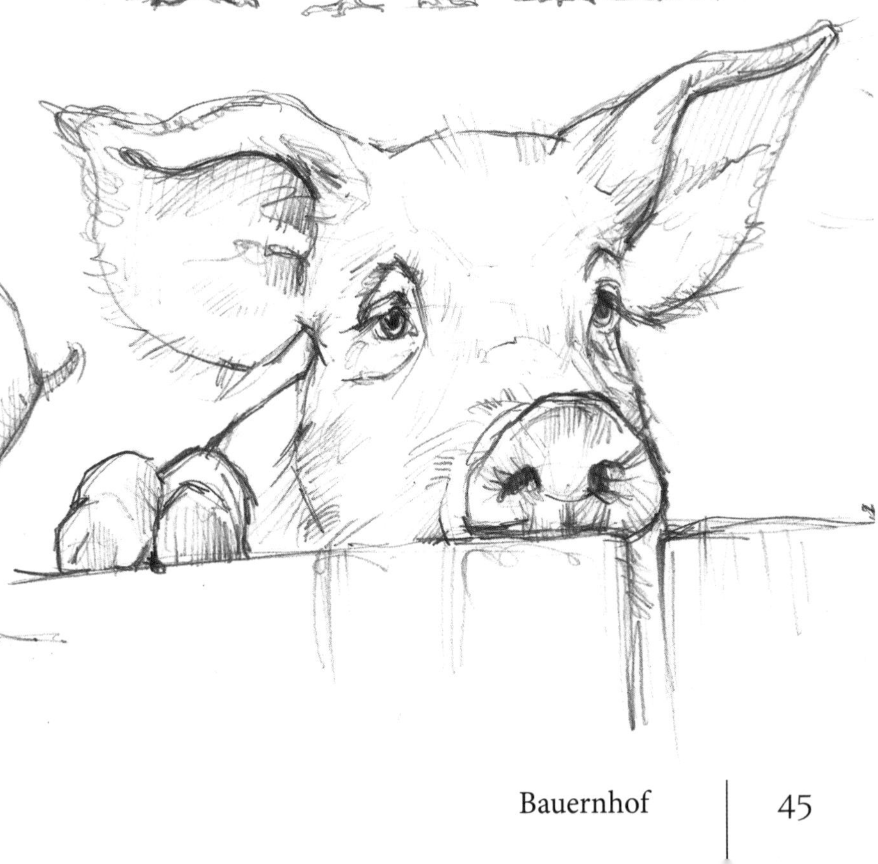

# Hundespaziergang

**Ich gehe gern mit den Hunden in den Park, damit sie morgens Bewegung bekommen. Und es macht mir enormen Spaß, die verschiedenen Typen von Hundebesitzern zu beobachten.**

Auf einer Parkbank kann man wunderbar zeichnen. Manchmal bleiben sogar Leute stehen und spielen »Modell«, wenn man mit ihnen ins Gespräch kommt. Andere haben es eiliger, und Sie müssen einen blitzschnellen Stift haben, um sie aufs Papier zu bannen. Die meisten Hundebesitzer schlendern aber gemächlich umher. Trotzdem nehme ich immer die Kamera mit, um flüchtige Momente festzuhalten.

Zu Hause können Sie die Skizzen in Ihrem eigenen Tempo ausarbeiten. Es werden keine perfekten Zeichnungen werden – es sind Übungen zur Verbesserung der Technik und um sich ans Arbeiten außerhalb der häuslichen Komfortzone zu gewöhnen.

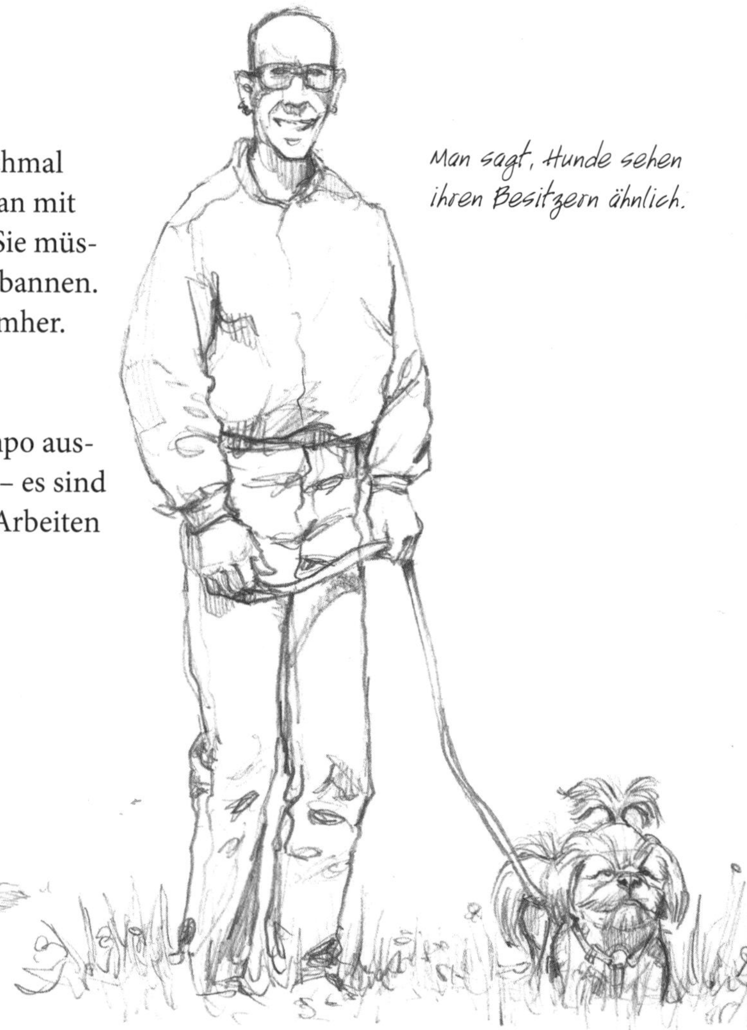

Man sagt, Hunde sehen ihren Besitzern ähnlich.

Schatz, ich habe keine Zeit, darauf zu achten, was mein Hund so abwirft. Und ich sammle es bestimmt nicht auf.

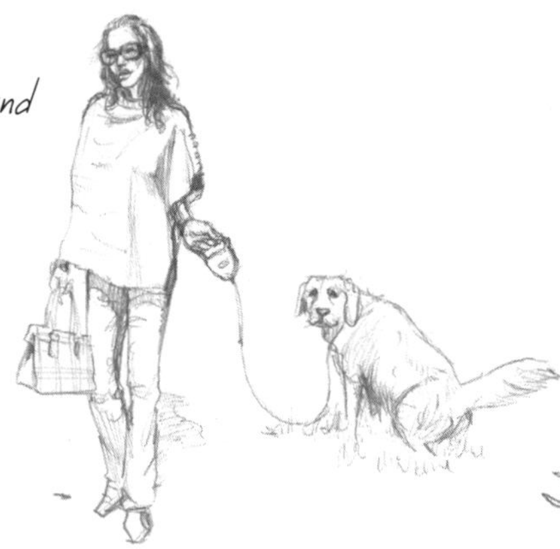

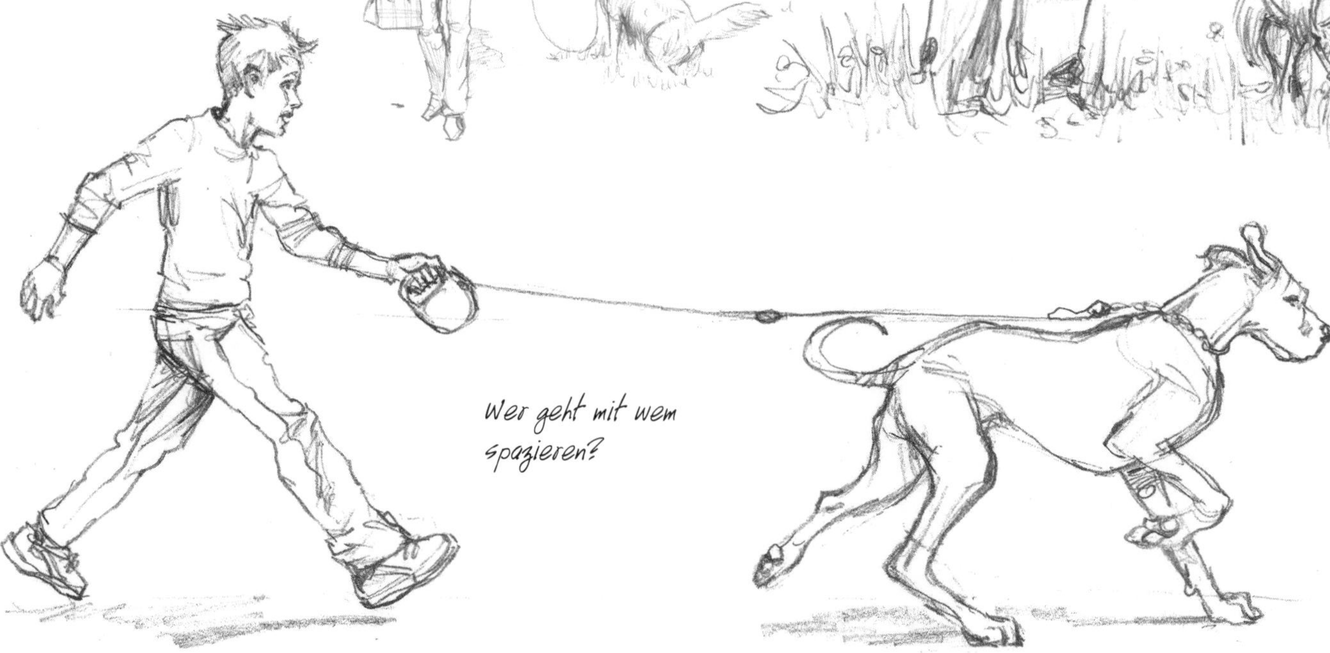

Wer geht mit wem spazieren?

Vielleicht können Sie nicht alle regelmäßigen Spaziergänger bei einem Besuch skizzieren, aber wenn Sie häufiger in den Park gehen, wird sich das Skizzenbuch allmählich mit amüsanten Zeichnungen von Hunden und ihren Haltern füllen.

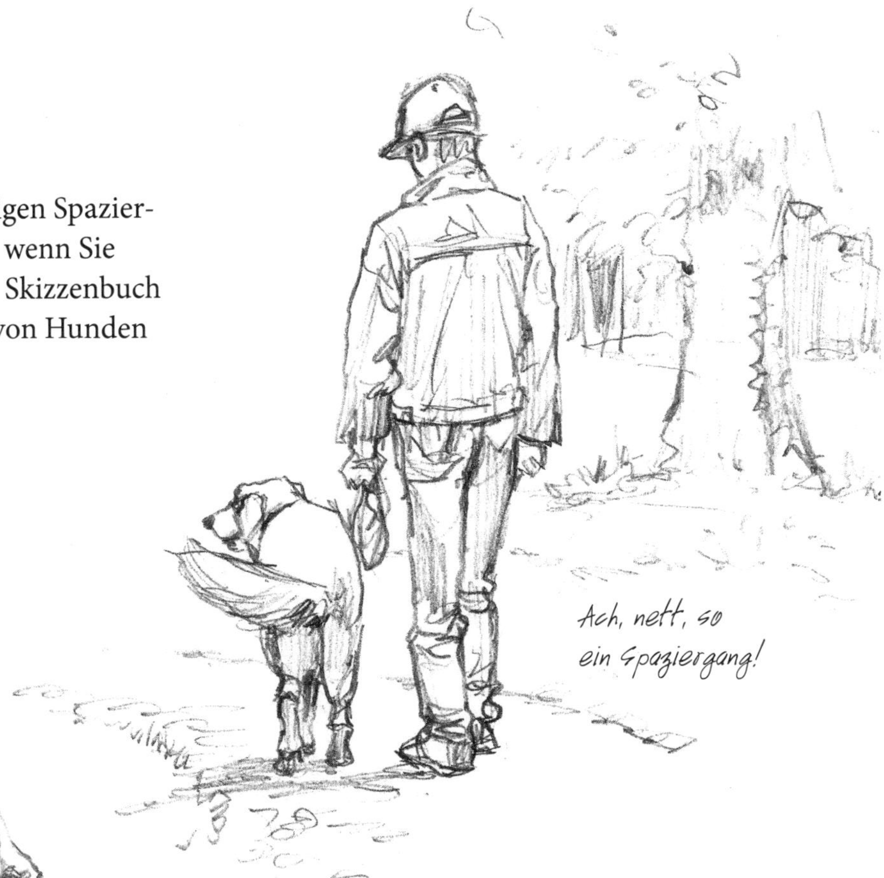


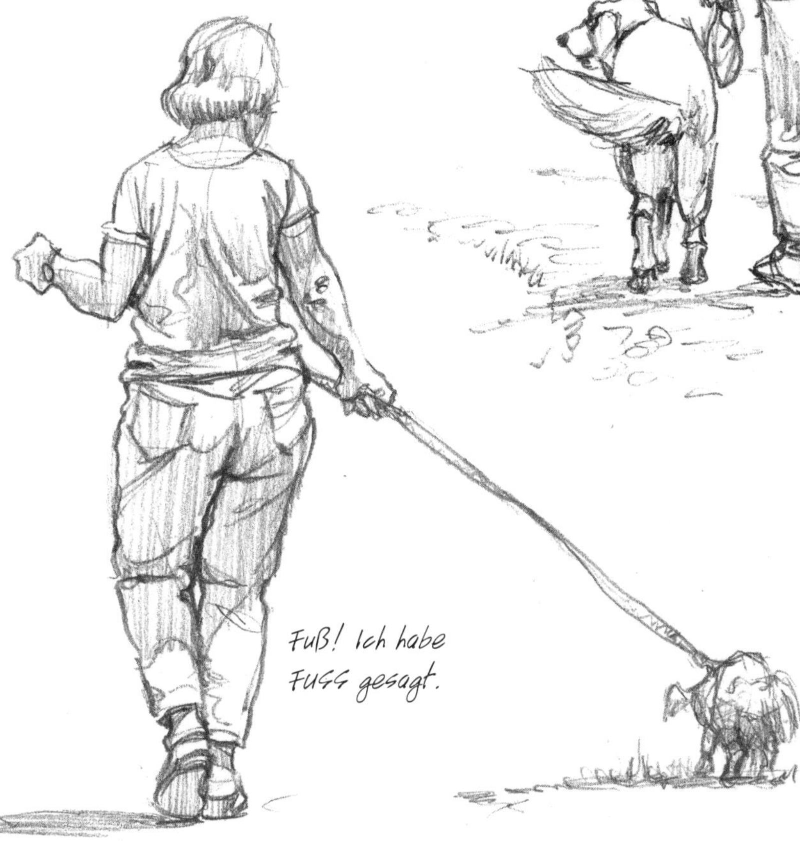


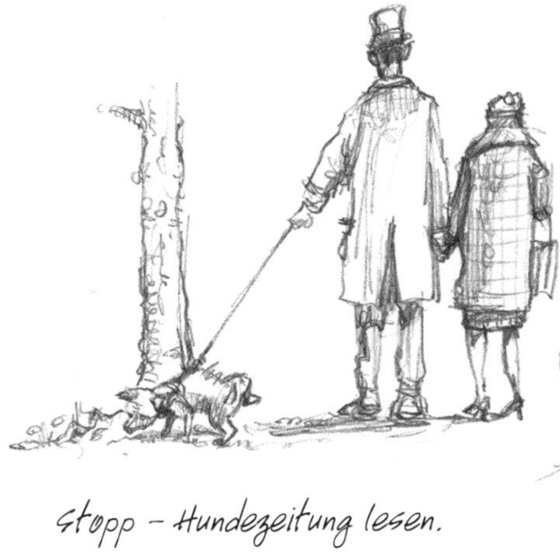


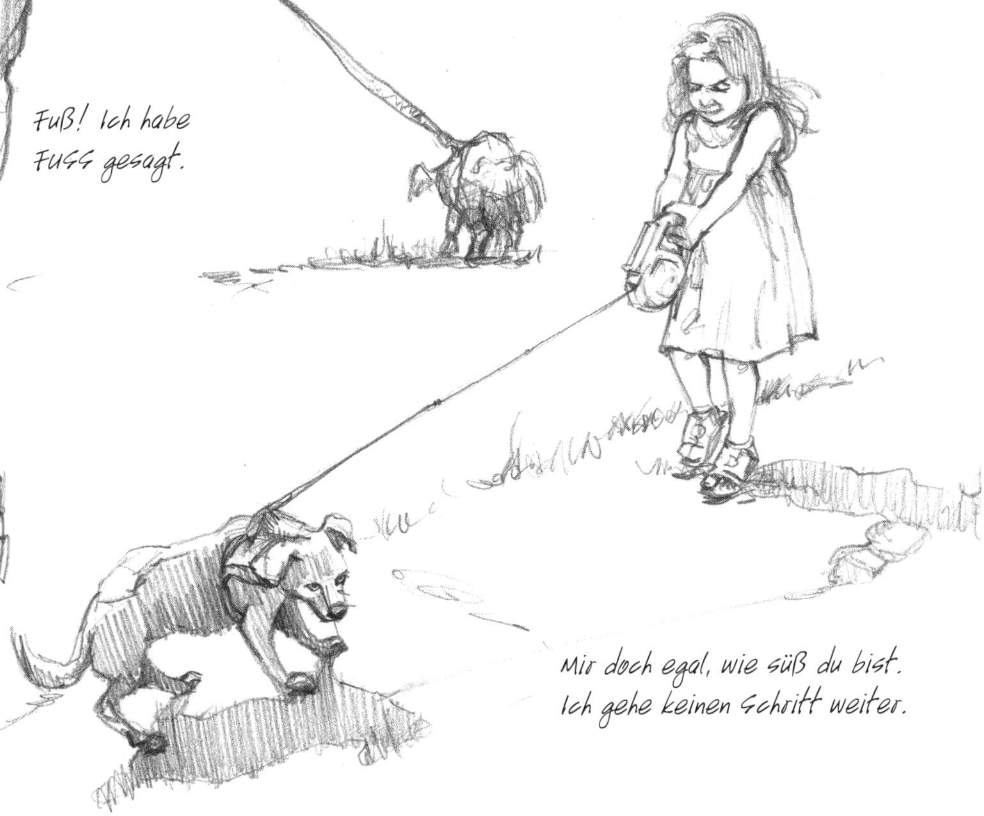

# Ein Besuch im Zoo

**Es ist großartig, wilde Tiere einmal ganz aus der Nähe zu sehen. Fernsehen ist kein Ersatz. Allein die Begegnung mit Affen, Löwen, Elefanten, Flusspferden und anderen Tieren ist schon aufregend, und die Chancen, die sich einem Zeichner hier bieten, sind unbezahlbar.**

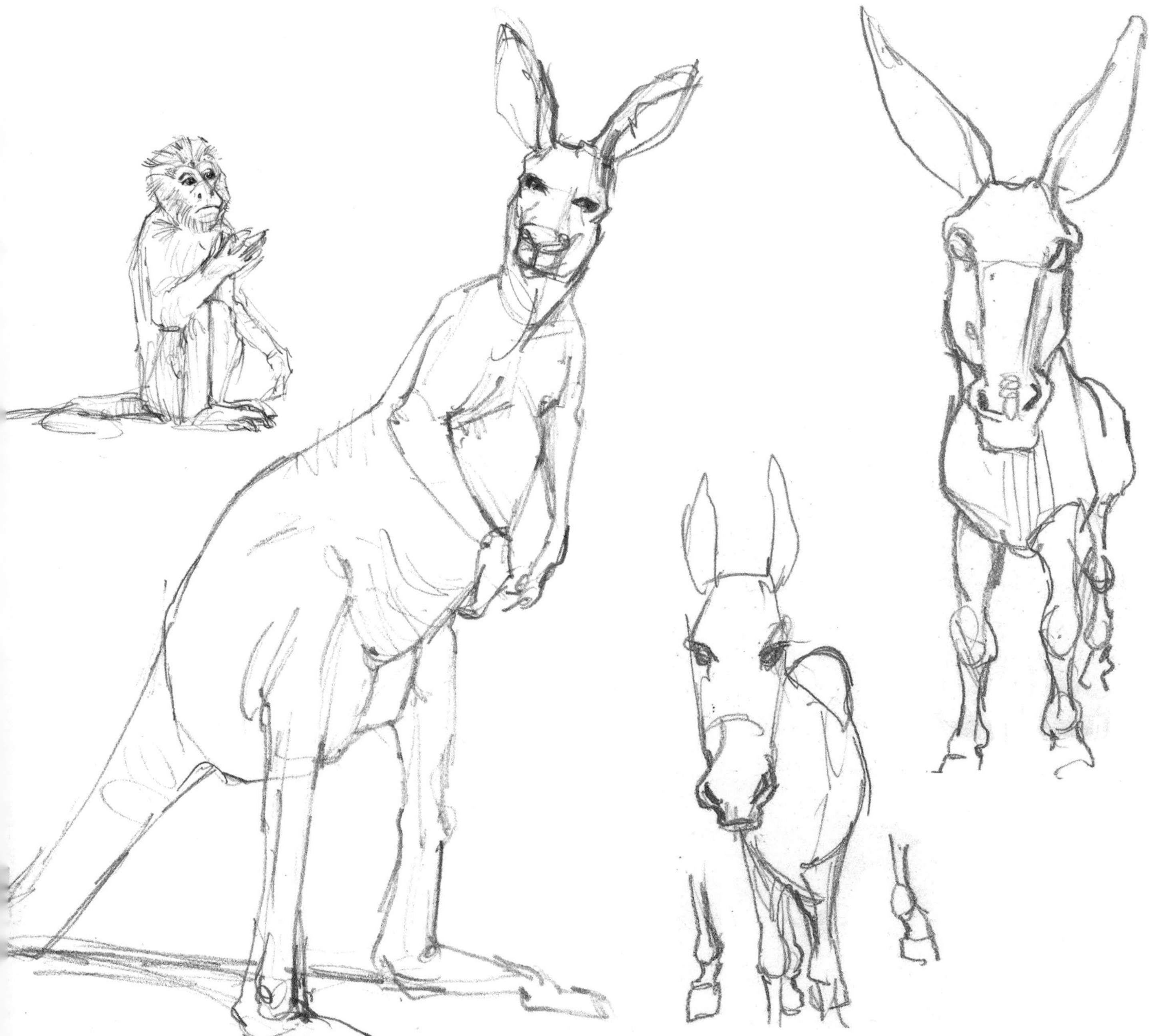

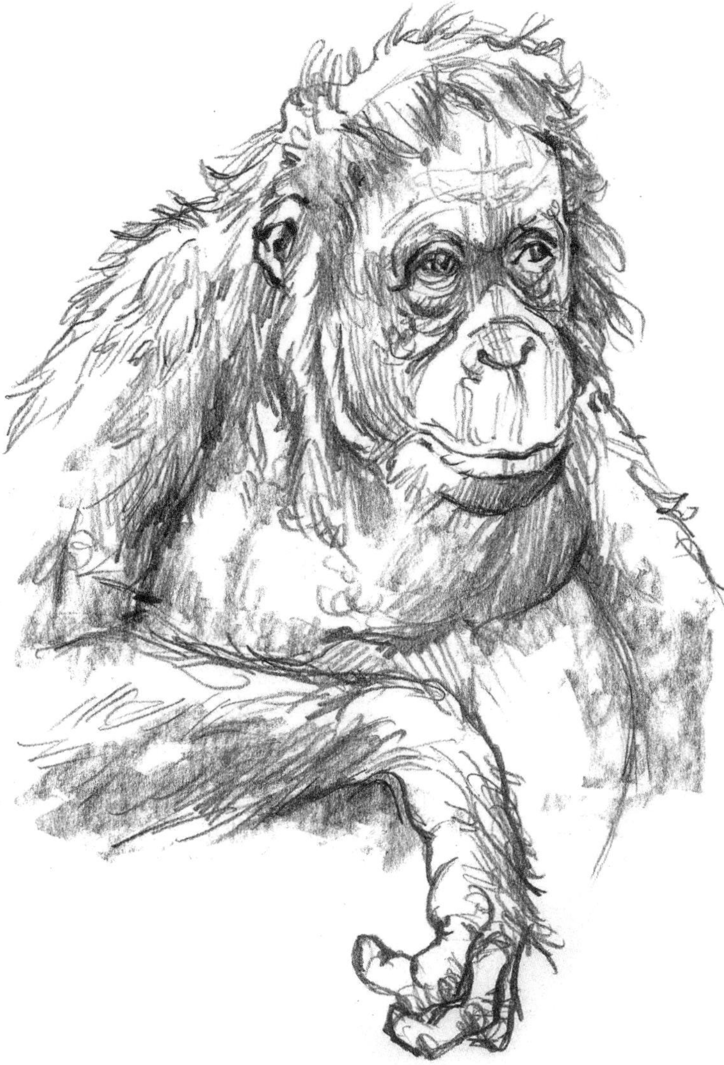

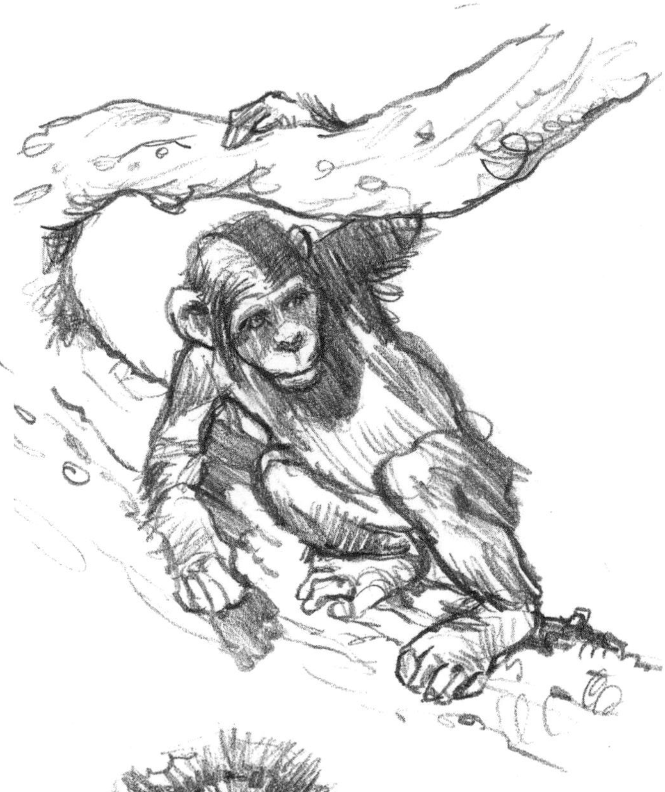

Zeichnen Sie die Tiere in Bewegung und denken Sie daran, dass auch Sie sich bewegen können, um den besten Blickwinkel zu finden. Es passiert allzu leicht, dass man sich einen Platz zum Zeichnen sucht und dort verharrt, statt sich nach günstigeren Standpunkten umzusehen.

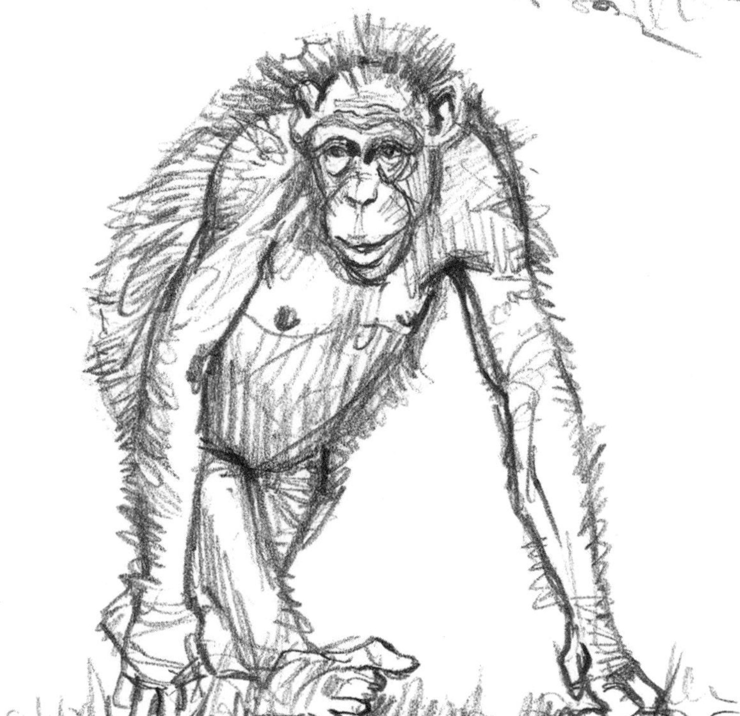

# Ein Besuch im Zoo (Fortsetzung)

Hier sehen Sie einige meiner Zeichnungen von Zoobewohnern. Sie brauchen Ihre Skizzen nicht so detailliert auszuarbeiten. Arbeiten Sie zügig und mit lockerer Hand. Nur wenn Sie zufällig ein Tier entdecken, das fest schläft, können Sie sich mehr Zeit für eine detaillierte Studie nehmen.

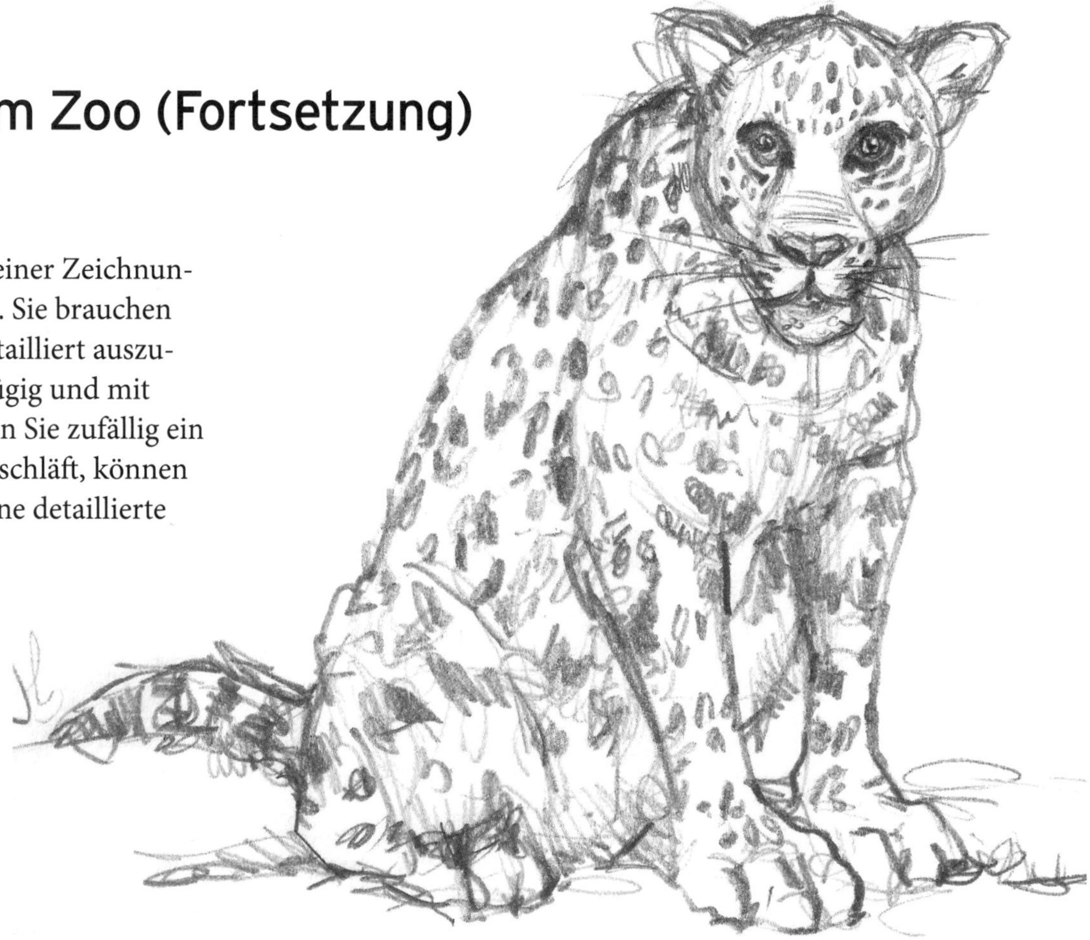

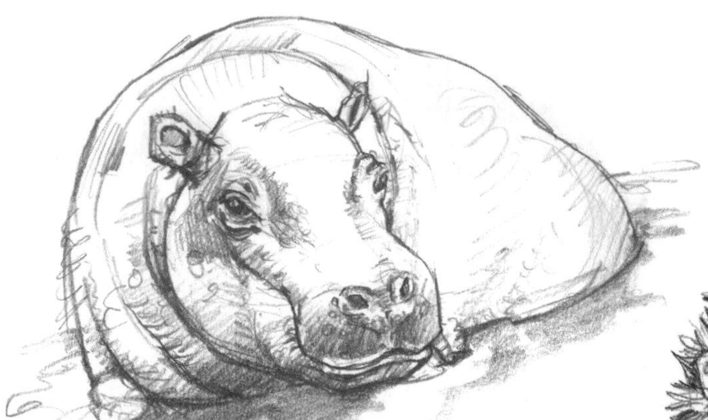

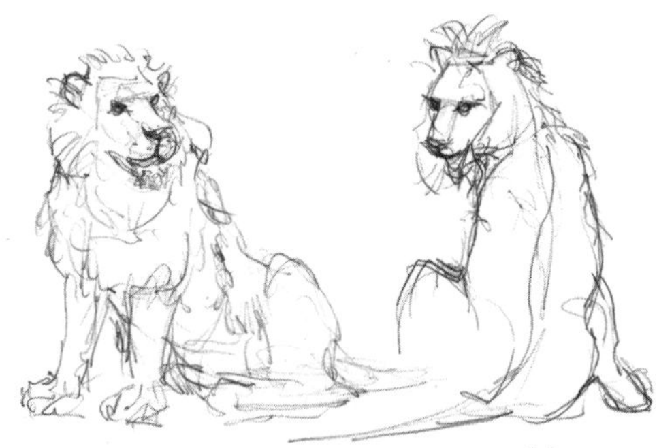

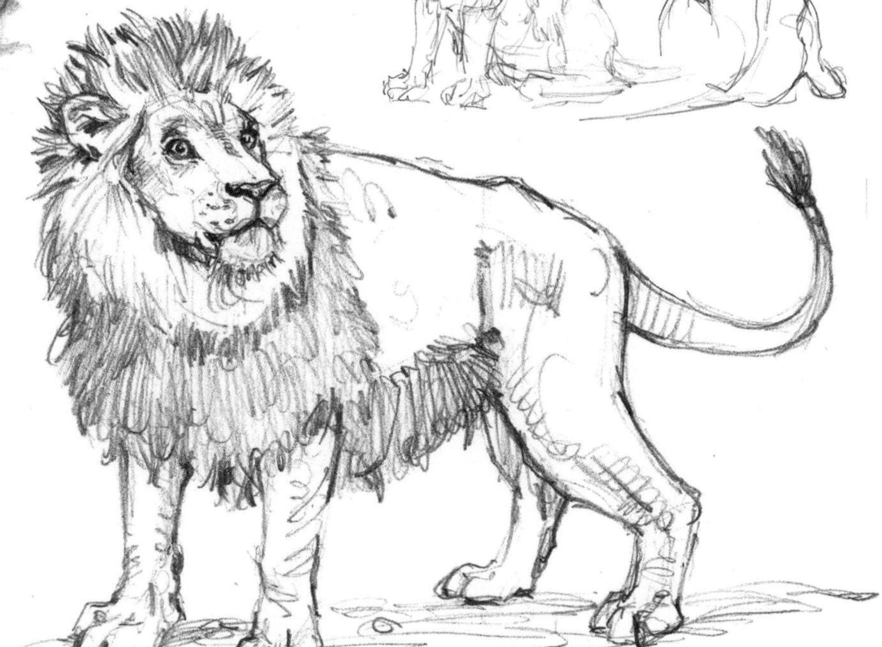

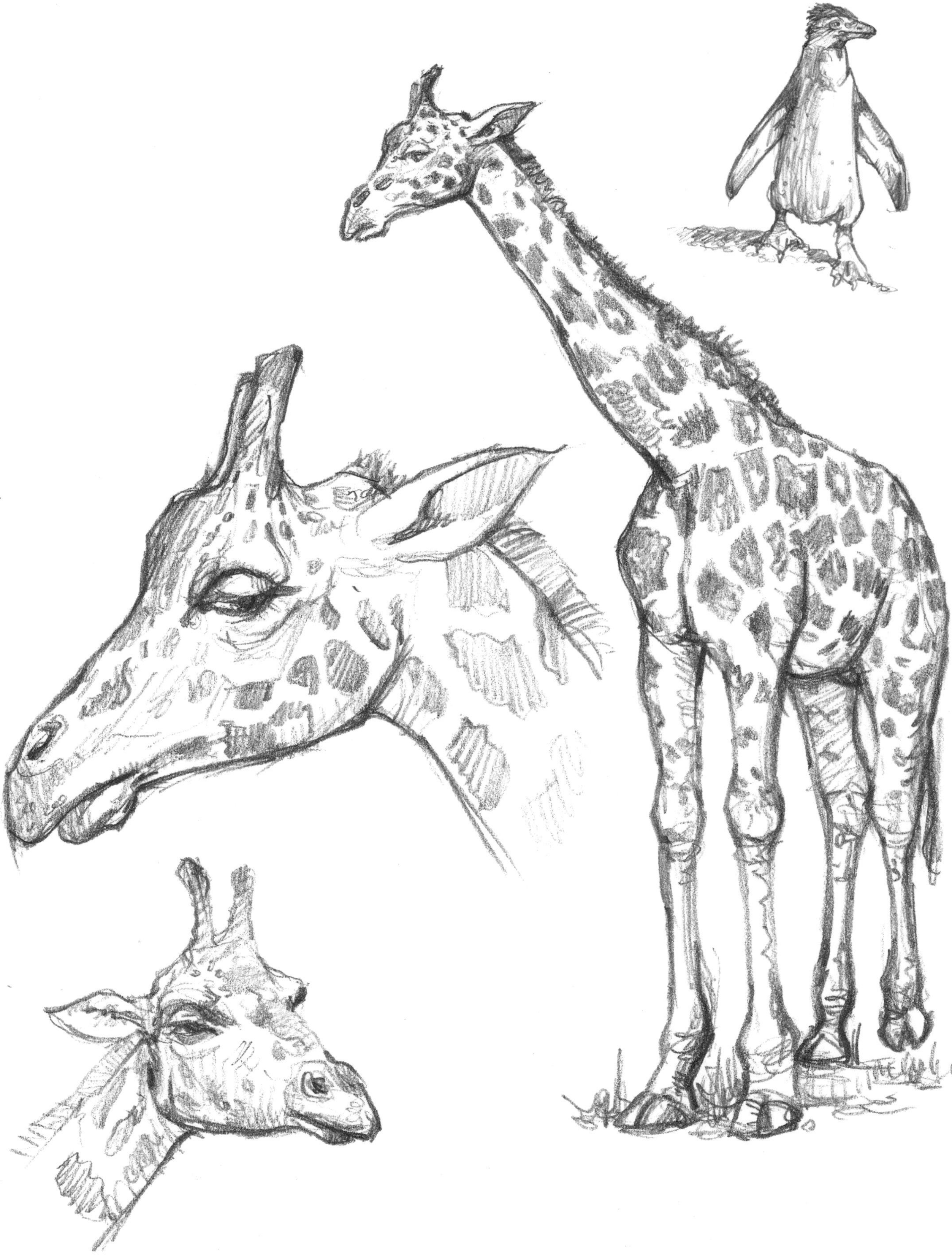

# Museen

**Wer ein Modell sucht, kann auf einen Bauernhof gehen, in den Zoo oder den Park, er kann versuchen, sein Haustier zum Stillsitzen zu überreden – oder einen Museumsbesuch planen.**

Ausstellungsstücke in Museen sind ebenso unbeweglich wie Fotos, haben aber den Vorteil, dass sie dreidimensional sind. Man kann um sie herumgehen, sie von allen Seiten betrachten und ein Gefühl für die Größe und das Volumen bekommen. Solche Eindrücke sind für die Zeichnung hilfreich. Außerdem ist es möglich, ungewöhnliche Blickwinkel zu suchen, um besondere Details festzuhalten.

Skizzen, wie Sie sie auf dieser Seite sehen, können auch Sie in einem naturkundlichen Museum anfertigen. Es muss kein Riesenmuseum sein – einige einheimische Vögel und Säugetiere genügen schon als faszinierende Modelle.

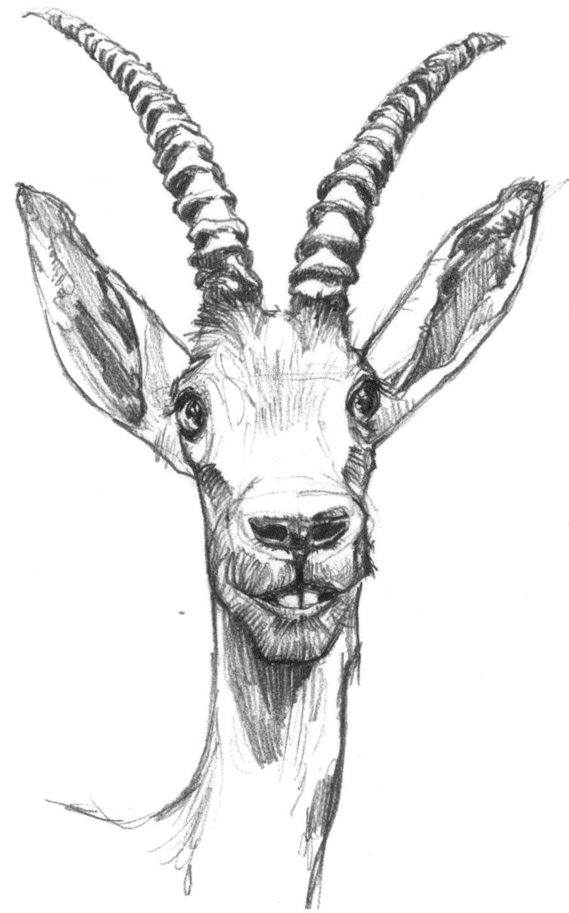

Diese afrikanische Antilope musste ich einfach zeichnen, weil ich ihren Gesichtsausdruck so witzig fand. Die Wuchsrichtung des Fells habe ich mit zarten Bleistiftstrichen angedeutet, weißes Papier vermittelt den Eindruck von Licht. Ich habe einen Bleistift 4B verwendet, mit dem sich recht viele Tonwerte gestalten lassen.

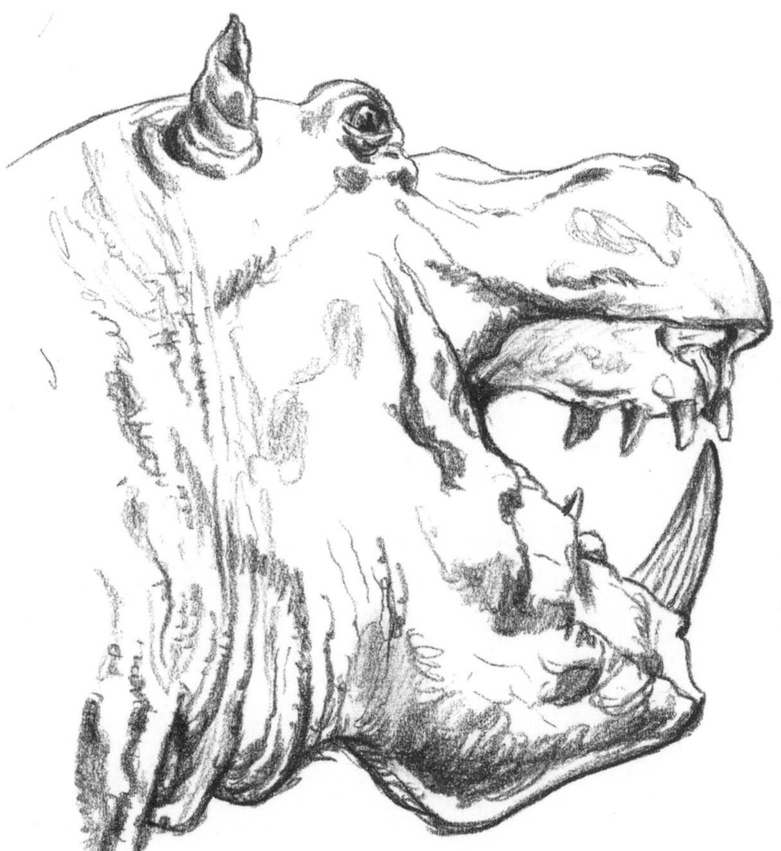

Ein Flusspferd mit diesem Gesichtsausdruck bekommt man im Zoo selten zu sehen – im Museum dagegen kann man es in Ruhe zeichnen. Ich habe die Grautöne mit einem dunklen Kohlestift angedeutet und insgesamt mit leichtem Druck und lockerer Hand gezeichnet. Nach 10–15 Minuten war die Zeichnung fertig.

Solche Blickwinkel sind faszinierend – man fühlt sich fast wie auf dem Meeresgrund. Der Wal hing an der Decke und ich habe diesen Blickwinkel gewählt, damit die Zeichnung aussah, als würde er direkt über mir schwimmen. Für diese Zeichnung habe ich mir 40 bis 50 Minuten Zeit genommen, um die Perspektive gut zu treffen. Gezeichnet wurde sie mit einem Bleistift 4B, die Lichter an Schwanz und Seiten wurden mit dem Knetradiergummi aufgehellt.

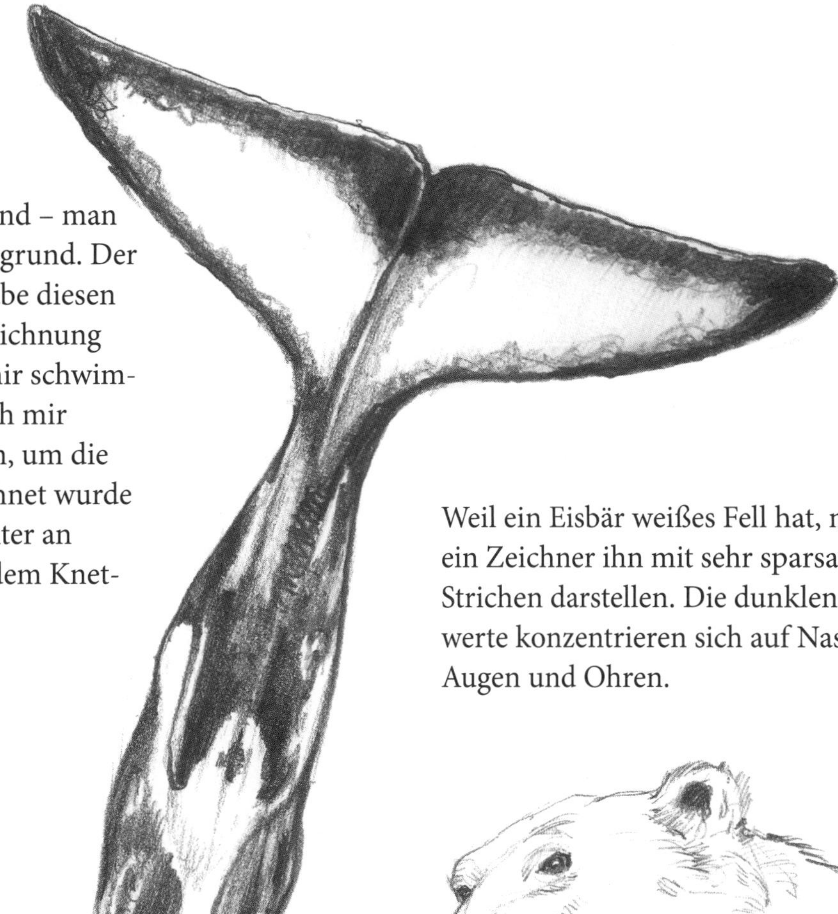

Weil ein Eisbär weißes Fell hat, muss ein Zeichner ihn mit sehr sparsamen Strichen darstellen. Die dunklen Tonwerte konzentrieren sich auf Nase, Maul, Augen und Ohren.

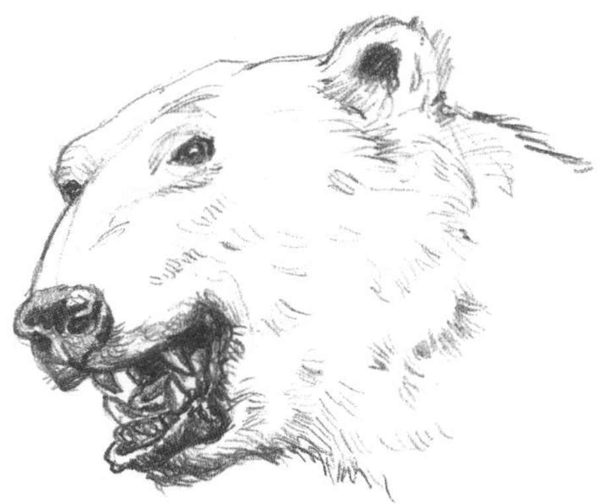

Die geradezu kokette Halsdrehung der Giraffe gefiel mir, und ich habe mich im Schattieren der Muster verloren. Später erfuhr ich, dass nicht alle Giraffen dasselbe Muster haben, aber diese trug die bekannte Fleckenzeichnung.

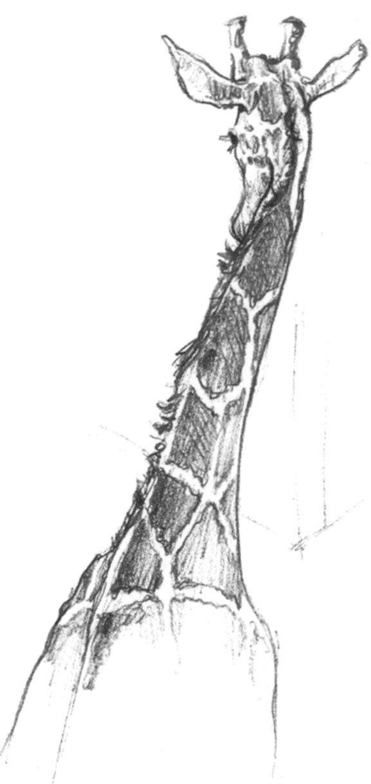

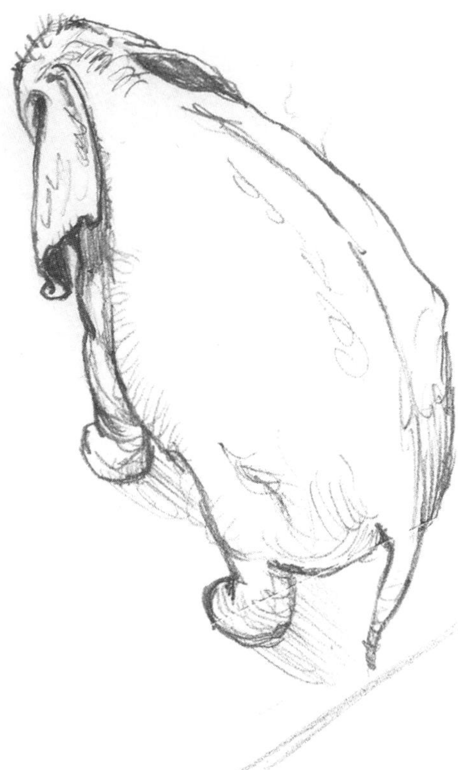

Von der Galerie des Museums fiel mein Blick hinab auf einen Elefanten. Aus diesem Blickwinkel bekommt man die Tiere normalerweise nicht zu sehen, darum habe ich ihn schnell – in nur zehn Minuten– skizziert.

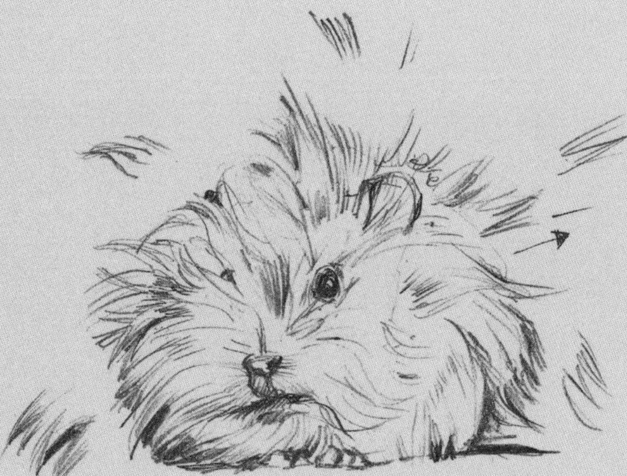

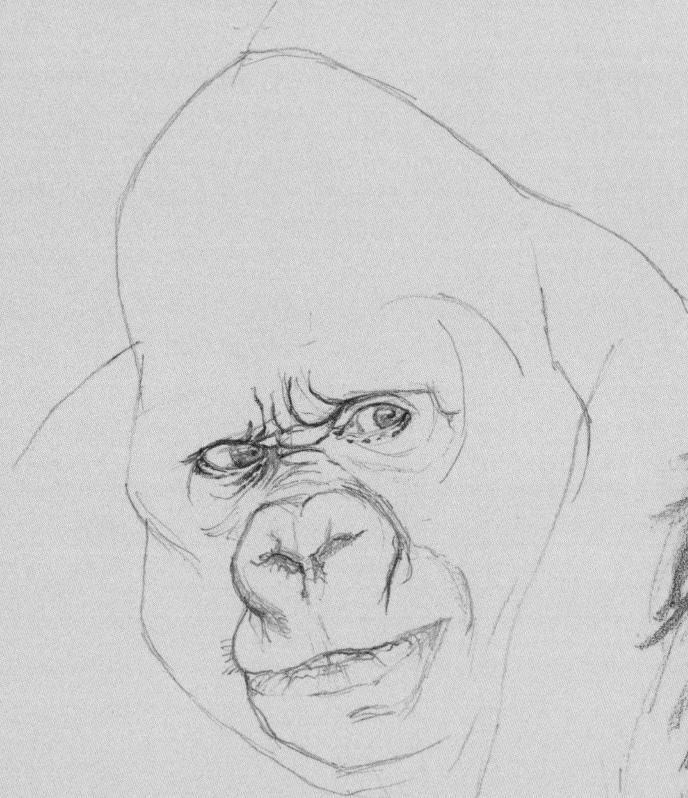

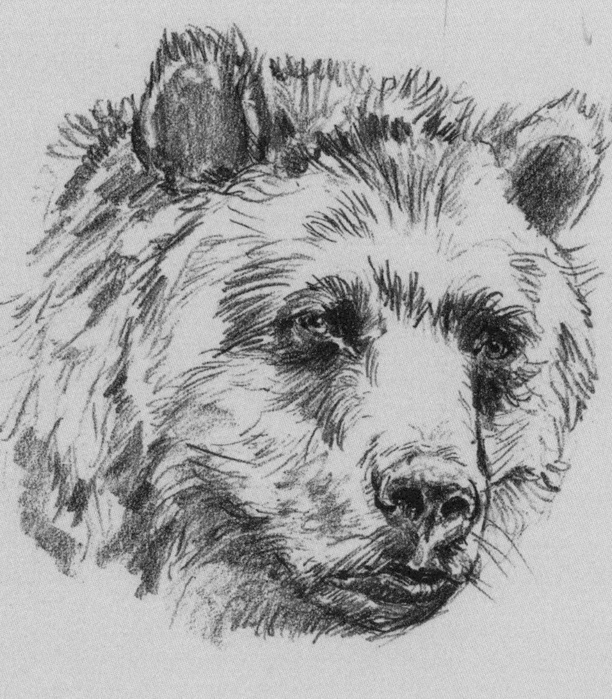

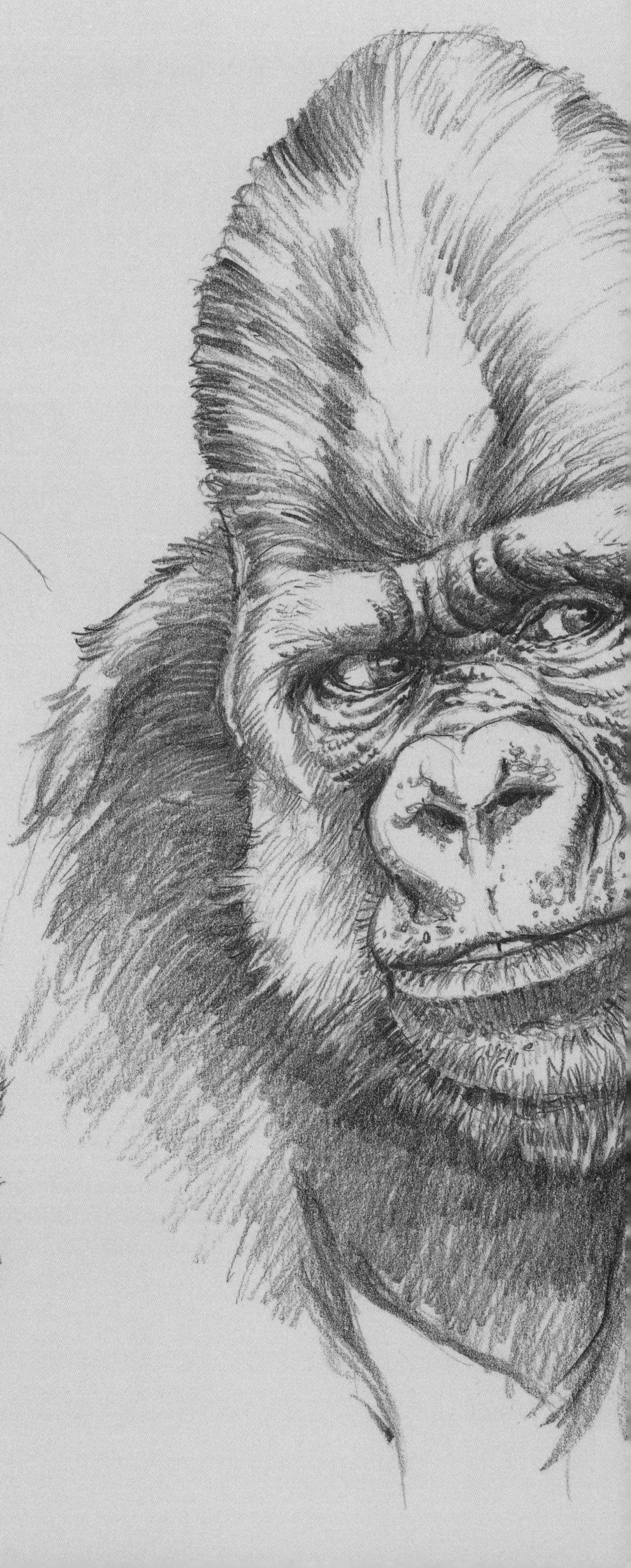

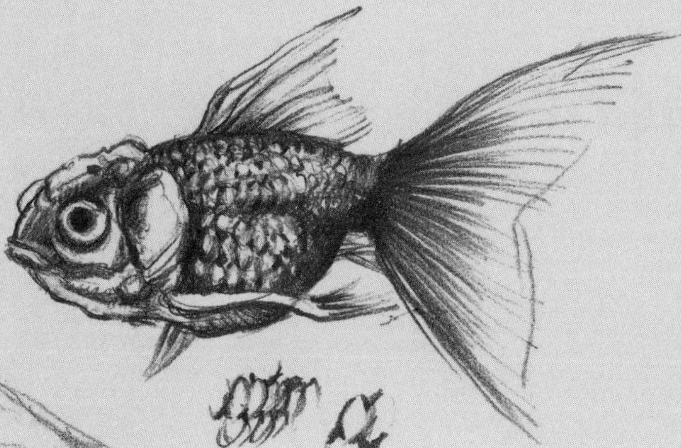

# Kapitel 4
# Texturen

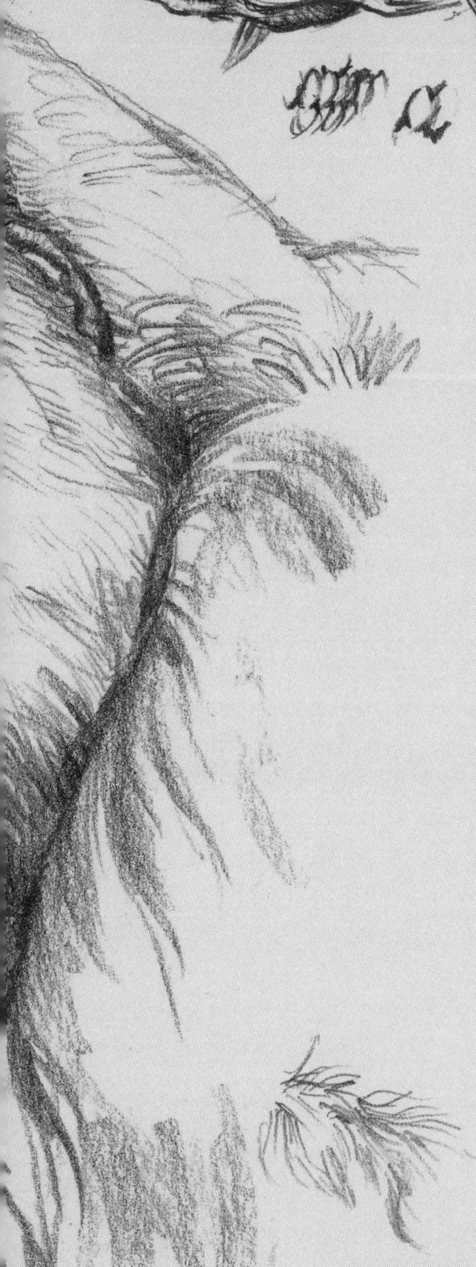

Ob die Körperoberfläche eines Tiers aus Fell, Schuppen oder Federn besteht: Wer sie zeichnen will, muss sich Zeit lassen und genau hinschauen. Sie folgt dem Verlauf der darunterliegenden Muskeln und Knochen, ändert dabei oft das Muster und lässt dadurch Form und Körperbau des Tiers erkennbar werden. Beobachten Sie die Unterschiede von Bereichen, die im Licht und im Schatten liegen, und überlegen Sie, wie diese sich auf dem Papier darstellen lassen.

Auf den nächsten Seiten zeige ich Ihnen einige Techniken und Tipps zum Zeichnen verschiedener Tierfelle und -häute. Zeichnen Sie die Beispiele zuerst ab. Danach können Sie sie in den Schritt-für-Schritt-Projekten ausprobieren.

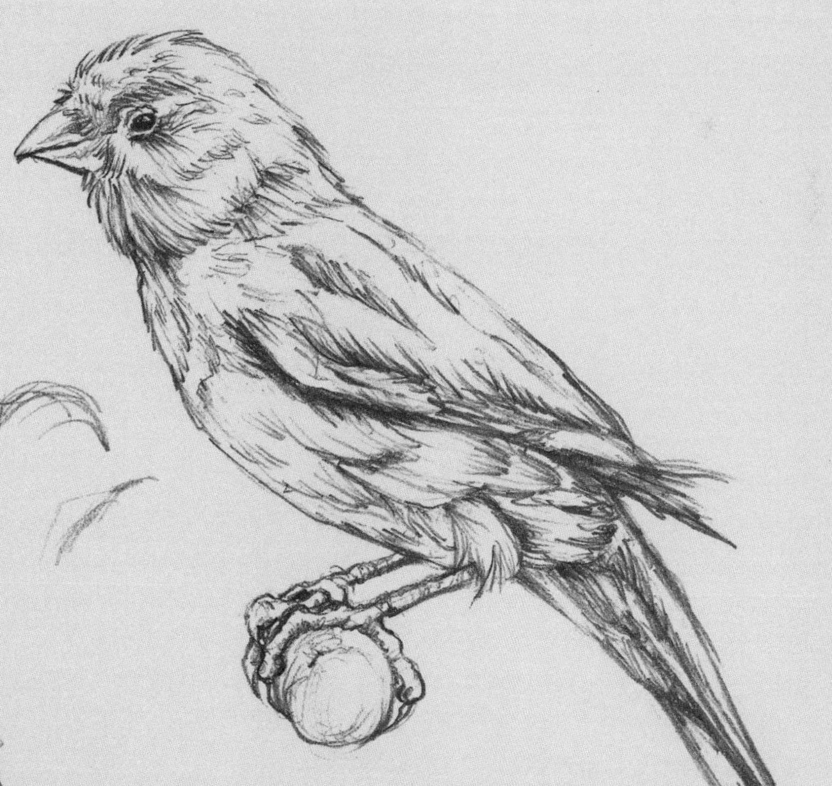

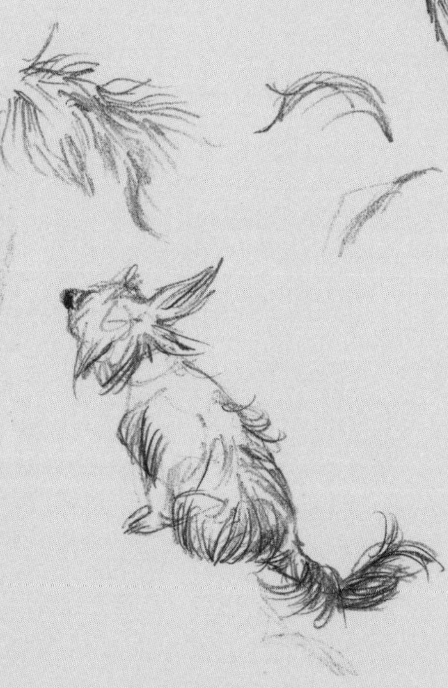

# Angorameerschweinchen

**Die ist eine gute Übung für Einsteiger, denn das Hauptmerkmal dieses Tiers ist sein extrem langes Fell. Von der Körperform ist nahezu nichts zu erkennen.**

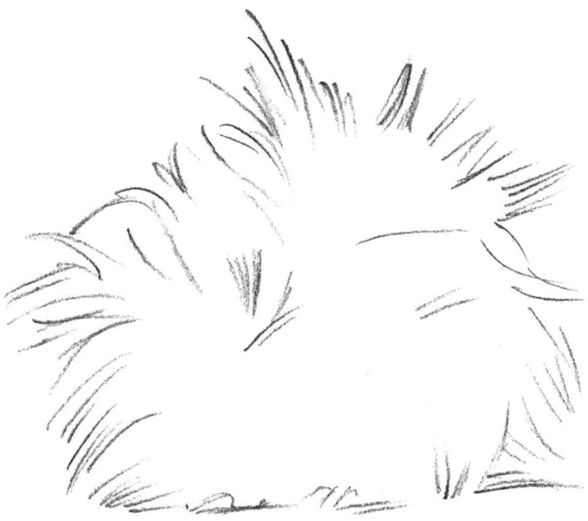

## Schritt 1

Zuerst wird mit sehr lockeren Strichen eine flauschige Kugel gezeichnet.

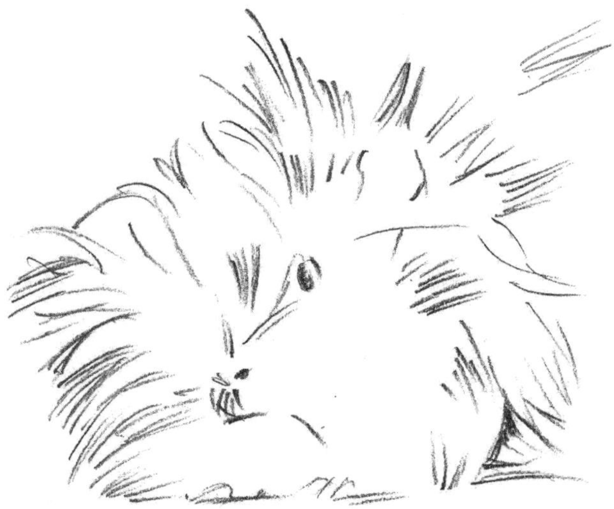

## Schritt 2

Dann in der Mitte weitere, strahlenförmig angeordnete Striche einzeichnen und eine Form andeuten, die ungefähr einer Nase ähnelt.

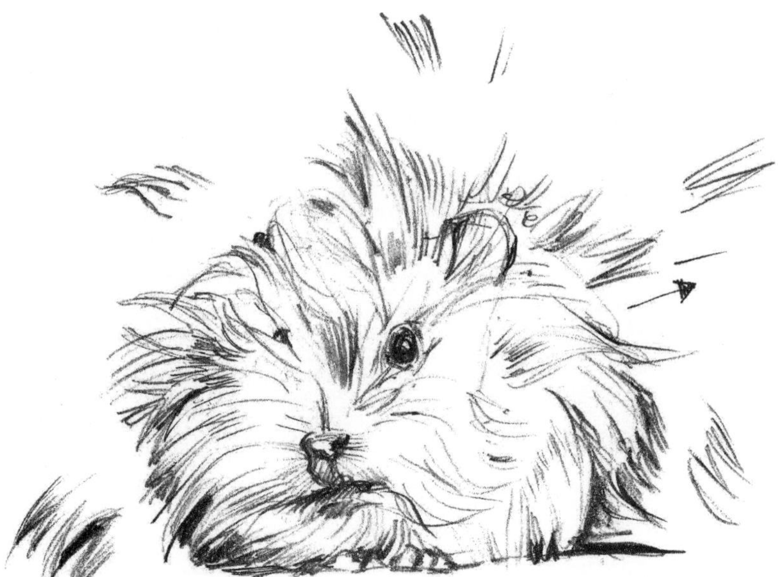

## Schritt 3

Das Auge abdunkeln, ein Ohr und das zweite halb versteckte Ohr einzeichnen. Danach das Fell weiter verdichten, aber dabei die anfänglich vorgegebene Form beibehalten. Zum Schluss die Nase genauer ausarbeiten, Maul und Bart einzeichnen und die Zehen andeuten. Rings um die Zeichnung sind die verschiedenen Strichtypen und -richtungen zu sehen, die dabei zum Einsatz kommen.

# Verschiedene Texturen

**Vielleicht denken Sie, dass es sehr schwierig ist, so unterschiedliche Texturen wie Schuppen oder dichtes Fell darzustellen. Tatsächlich müssen Sie dafür aber nur einige verschiedene Strichtypen beherrschen und sehr genau beobachten, wie das Licht auf der Oberfläche spielt.**

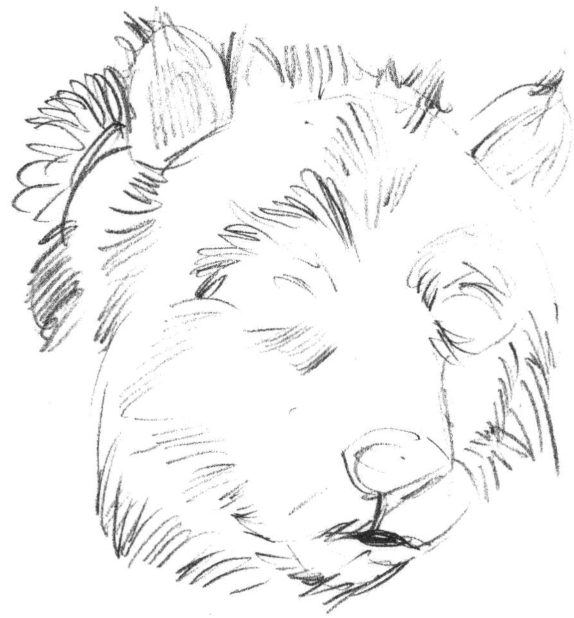

Im ersten Schritt der Zeichnung dieses Bärenkopfs wird nur die grobe Form festgelegt. Augen, Nase und Maul werden mit sparsamen Strichen angedeutet.

Für die endgültige Zeichnung werden nur die Augen, die Nase und das Maul genauer ausgearbeitet. Das Fell ist lediglich eine Fortführung der ersten Skizze: Es wurden weitere Konturlinien eingezeichnet und die Tonwerte um Nase und Augen abgedunkelt. Auch die fertige Zeichnung ist nicht außerordentlich detailliert, aber oft ist weniger ja mehr. Große Teile des Papiers sind weiß geblieben und stehen für die Lichtreflexe auf dem Fell. Dadurch treten die dunklen Bereiche stärker hervor und der Bärenkopf wirkt dreidimensional.

Entscheiden Sie bei jedem Motiv, welche Details wirklich relevant sind, und verzichten Sie darauf, unbedingt alle Einzelheiten erfassen zu wollen. Wenn Sie mehr Zutrauen zu Ihren Zeichenfähigkeiten gefasst haben und dabei sind, einen eigenen Stil zu entwickeln, sollten Sie auch einmal einen lockeren, eher impressionistischen Zeichenstil ausprobieren.

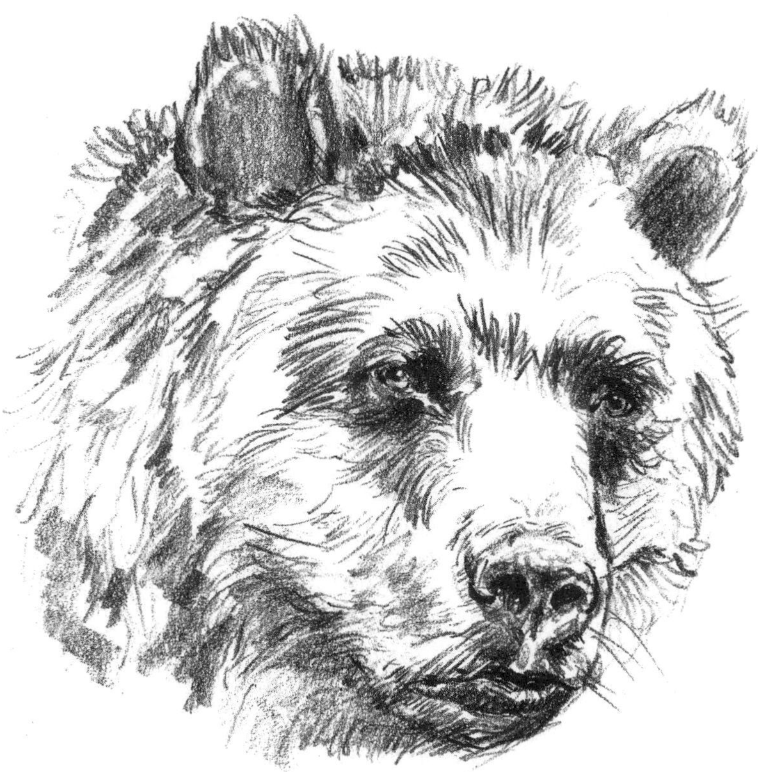

# Verschiedene Texturen (Fortsetzung)

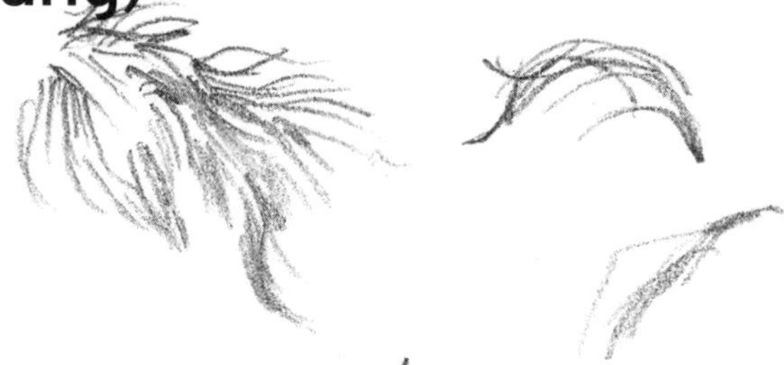

Für diese Skizze des Schwanzes eines Yorkshireterriers wird die Form allein durch Striche aufgebaut, die der Richtung der Haare folgen.

Hier ist der ganze Hund zu sehen – ebenfalls nur aus lockeren Strichen aufgebaut, die dem Fellwuchs folgen. Auf eine Umrisslinie kann verzichtet werden.

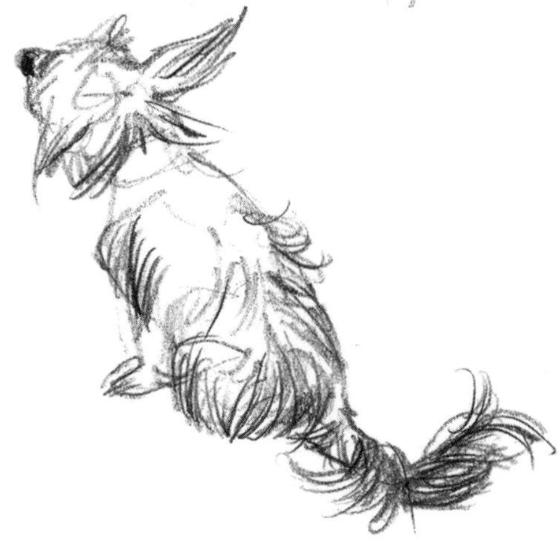

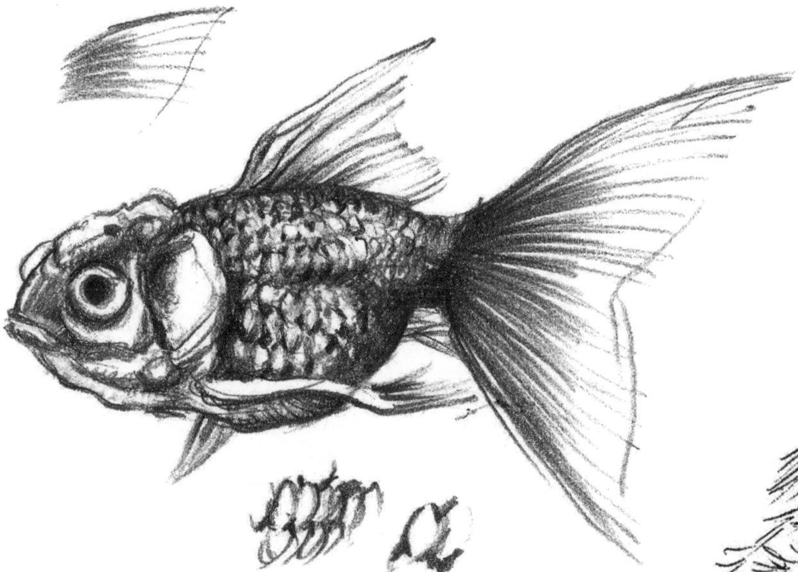

Die Schuppen, die einen großen Teil des Goldfischkörpers bedecken, werden durch kleine, einander überschneidende Ovale aufgebaut. Eine Seite jeder Schuppe mit einem sehr weichen Bleistift abdunkeln. So entstehen Lichtreflexe, durch die die Wölbung des Körpers erkennbar wird. Auf Schwanz und Flossen stellen dunklere Striche die Schatten dar, während die hellen Partien den Eindruck von Licht vermitteln, das durch den Schwanz dringt.

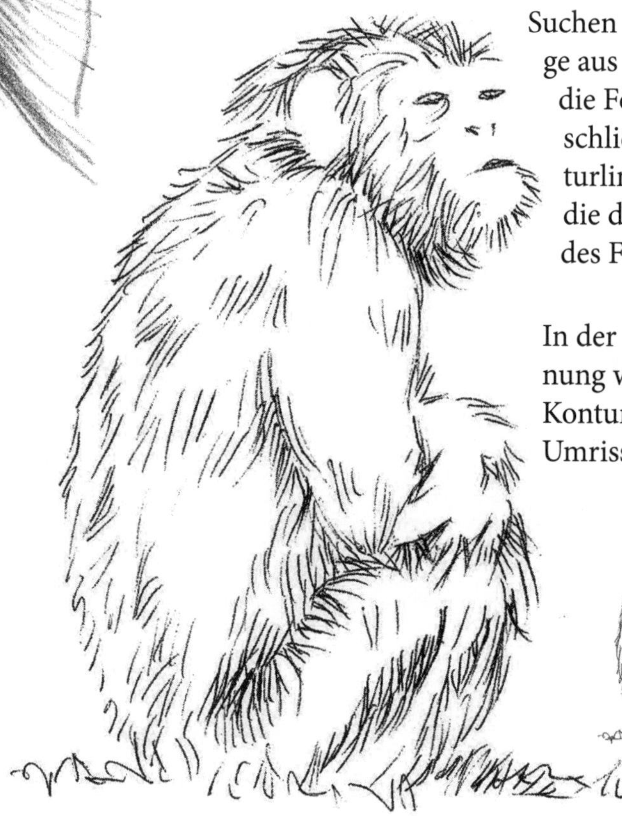

Suchen Sie eine Fotovorlage aus und versuchen Sie, die Form des Tiers ausschließlich durch Konturlinien darzustellen, die der Wuchsrichtung des Fells entsprechen.

In der zweiten Zeichnung wurden diese Konturlinien mit einem Umriss kombiniert.

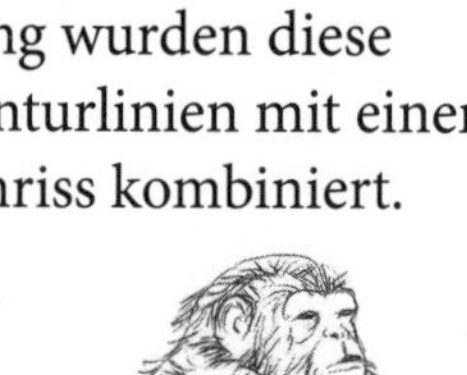

Um die schuppige Haut des Leguans zu verdeutlichen, wurden in einigen Bereichen Einzelheiten eingezeichnet, in anderen aber nur grob angedeutet, denn sonst würde die Zeichnung durch allzu große Detailtreue »angestrengt« wirken. Die Oberfläche der Schulter ist durch Kreuzschraffuren dargestellt. Dunklere Striche stehen für die Schatten und dünnere, hellere Striche deuten Licht an.

Ums Maul herum zieht sich ein Muster, das großen Zähnen ähnelt. Der restliche Kopf ist mit kleineren Rauten und Sechsecken bedeckt, die allmählich unschärfer werden und schließlich nur noch angedeutet sind. Detailliert ausgearbeitet ist nur das Auge, das alle Elemente der Zeichnung zusammenhält.

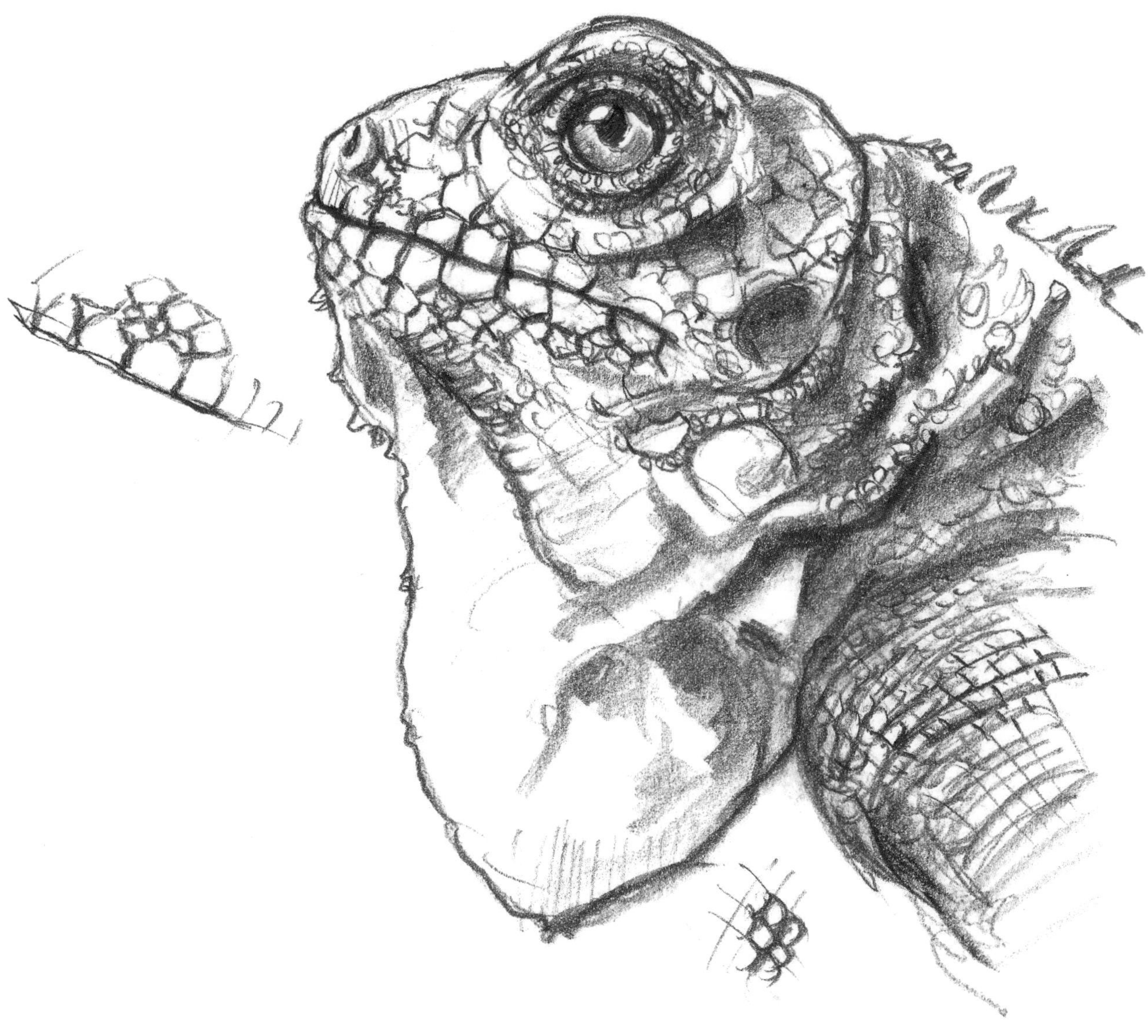

# Kanarienvogel Schritt für Schritt

**Wenn Sie das Gefieder eines Vogels zeichnen können, werden Sie auch mit allen anderen zurechtkommen. Größe und Farbe der Federn variieren, aber die Textur ist bei allen Vogelarten sehr ähnlich.**

**Material**

- Wasserlöslicher Grafitstift 8B
- Zeichenpapier 220 g/m²
- Aquarellrundpinsel Nr. 8
- Knetradiergummi
- Anspitzer

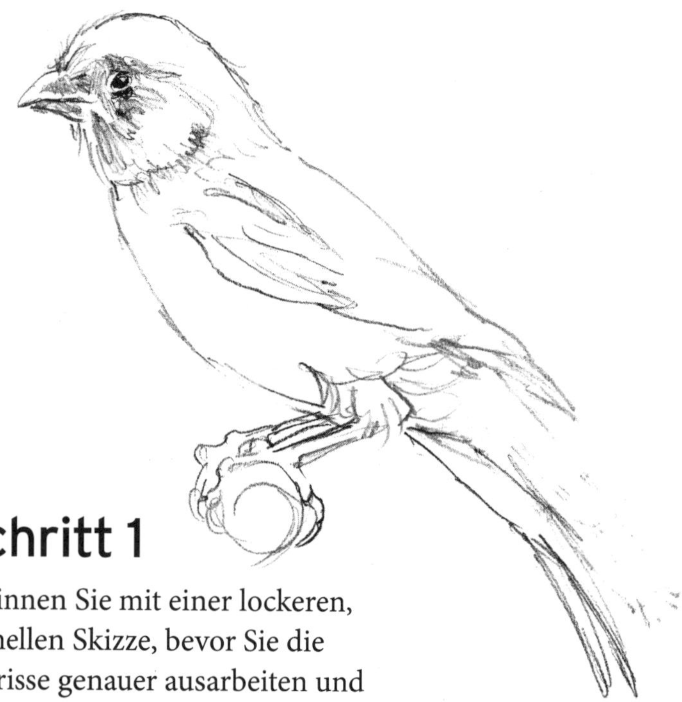

## Schritt 1

Beginnen Sie mit einer lockeren, schnellen Skizze, bevor Sie die Umrisse genauer ausarbeiten und Einzelheiten einzeichnen.

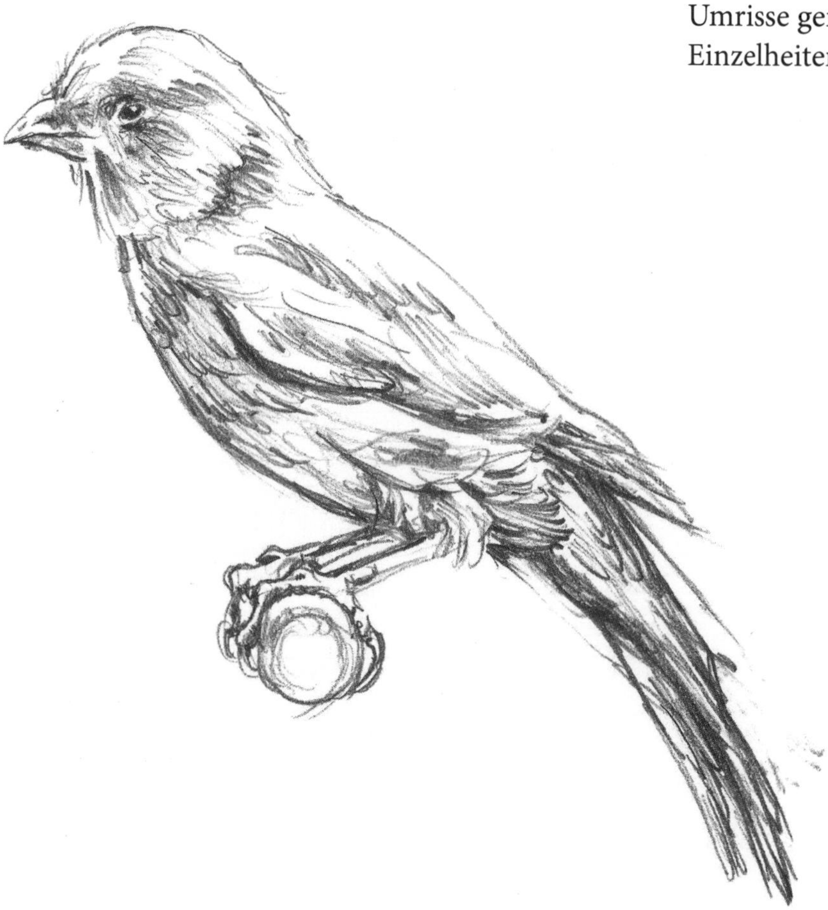

## Schritt 2

Hier wurde der Kopf feiner ausgearbeitet, außerdem sind einige Linien des Gefieders deutlicher nachgezeichnet. Diese Zeichnung wirkt etwas zu detailliert.

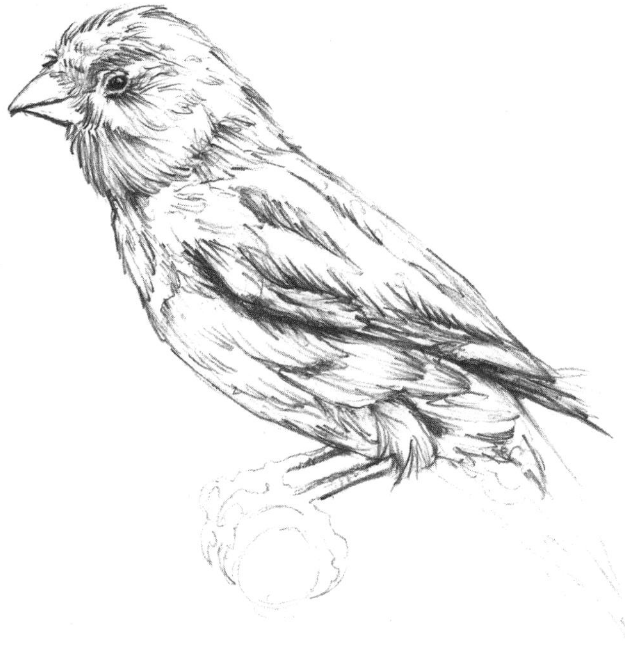

## Schritt 3

Ich fand, dass die erste Zeichnung durch die vielen Einzelheiten zu unruhig wirkte, darum habe ich den unteren Teil einschließlich des Schwanzes ausradiert und im zweiten Versuch die Federn mit einfacheren, zarteren Strichen angedeutet.

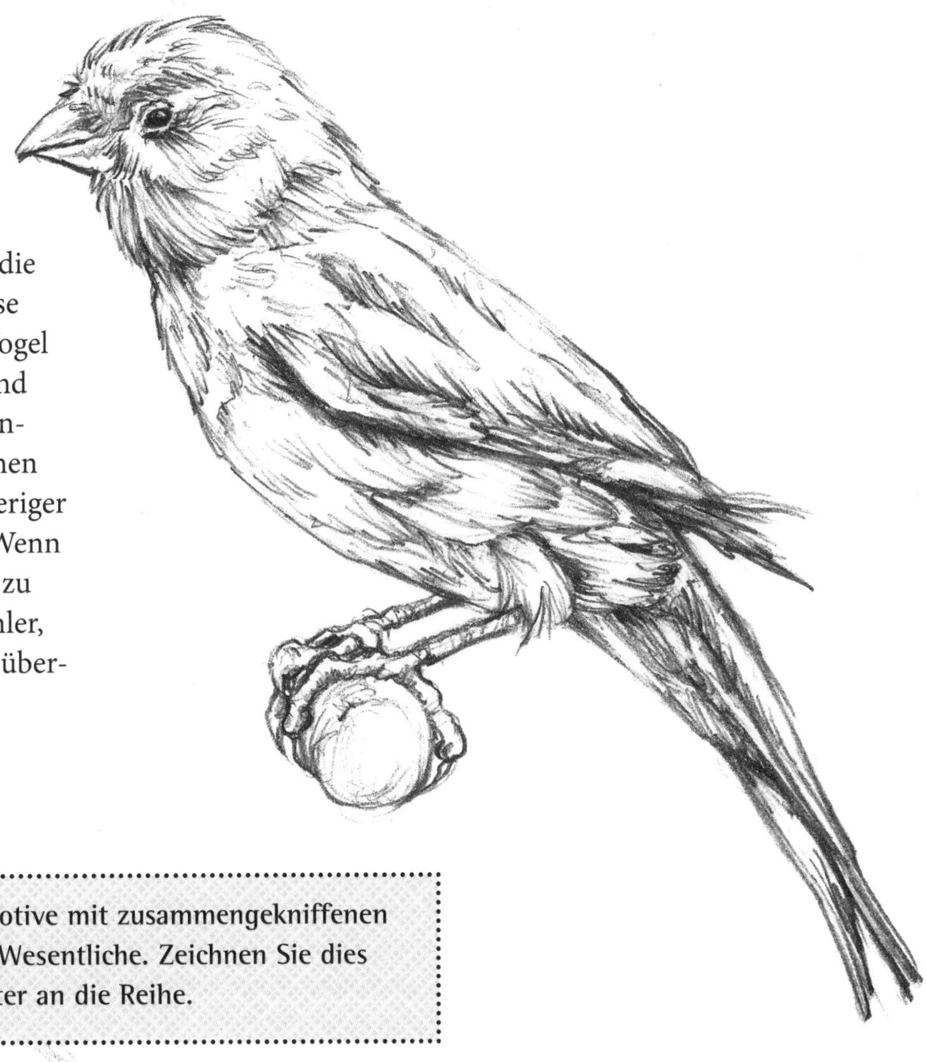

## Schritt 4

Der neu gezeichnete Schwanz beschreibt die Linienführung der Federn, ohne dass diese detailliert gezeichnet sind. So wirkt der Vogel insgesamt harmonischer. Der Schnabel und die Unterseite des Flügels werden abgedunkelt, Beine und Krallen mit raschen Strichen gezeichnet. So ein kleiner Vogel ist schwieriger zu zeichnen, als man vermuten möchte. Wenn man all die feinen Strukturen der Federn zu genau studiert, begeht man leicht den Fehler, eine Zeichnung durch zu viele Details zu überfrachten.

**Tipp** Betrachten Sie detailreiche Motive mit zusammengekniffenen Augen. So sehen Sie nur das Wesentliche. Zeichnen Sie dies zuerst – Details kommen später an die Reihe.

# Gorilla Schritt für Schritt

**Ein Gorilla ist schwieriger zu zeichnen als ein Haustier. Natürlich könnten Sie in den Zoo gehen, aber wenn Sie eine detailgetreue Zeichnung des Gesichts anfertigen wollen, ist es sinnvoller, nach einem Foto zu arbeiten.**

**Material**

- Bleistifte 2B, 4B und 8B
- Zeichenpapier 220 g/m²
- Knetradiergummi
- Anspitzer

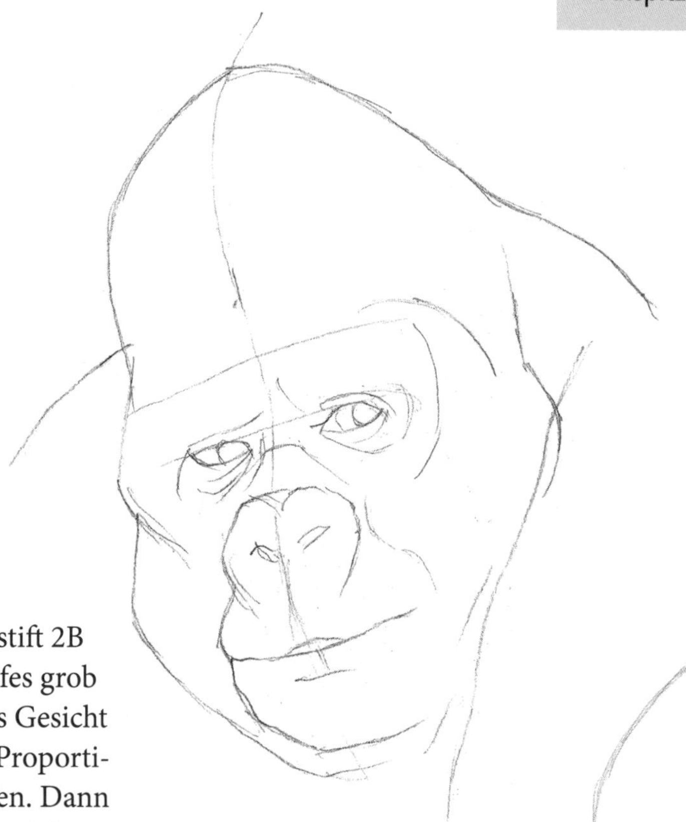

## Schritt 1

Zuerst mit dem Bleistift 2B den Umriss des Kopfes grob vorzeichnen und das Gesicht unterteilen, um die Proportionen richtig zu treffen. Dann die Gesichtszüge einzeichnen. Dabei sollten Sie sich Zeit lassen und Ihr Werk häufig mit dem Foto vergleichen.

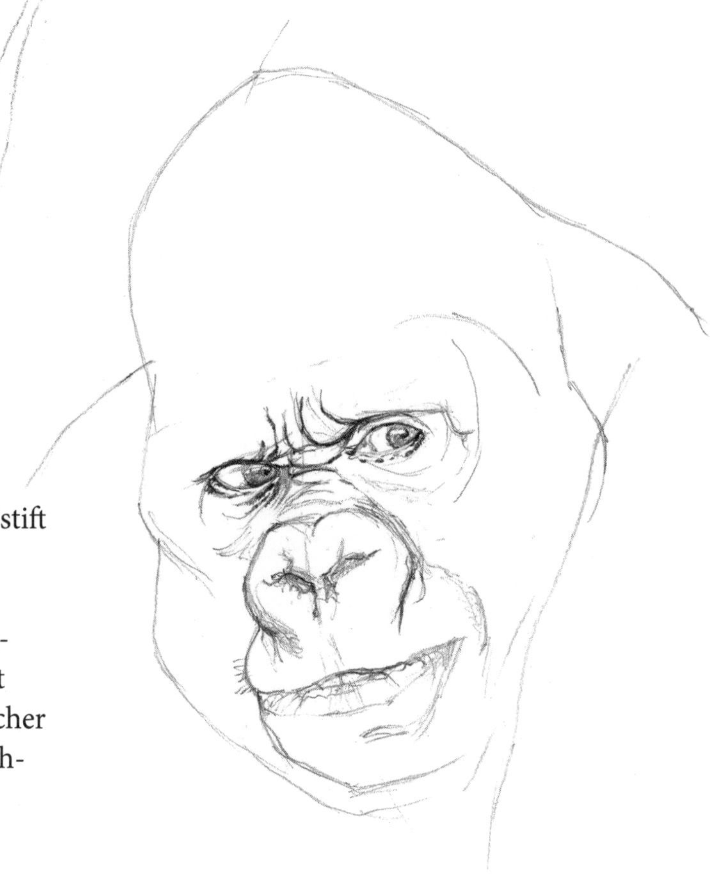

## Schritt 2

Augen und Nase werden mit dem Bleistift 2B weiter ausgearbeitet. Erste Details geben ihnen bereits eine räumliche Wirkung. Falls nötig, kann für Korrekturen der Knetradiergummi eingesetzt werden. Mund und Kinn etwas deutlicher herausarbeiten, die Unterlippe einzeichnen und die Zähne andeuten.

## Schritt 3

Nun mit dem Bleistift 4B durch unterschiedliche Striche das Fell im Gesicht des Gorillas einzeichnen. Die Striche folgen der Gesichtsform. Druck und Abstand der Striche variieren, um einen Eindruck von Räumlichkeit und Licht zu erzielen. Die Augenhöhlen und den Bereich hinter der Wange abdunkeln, sodass Wange und Gesicht optisch in den Vordergrund treten. Details der Nase und Schatten auf der Unterlippe einzeichnen und dabei mit den Bleistiftstrichen der Wölbung des Kinns folgen.

Meine Zeichnung entwickelte sich gut, aber irgendetwas störte mich. Darum habe ich sie aufrecht gestellt und aus der Distanz betrachtet, um das Problem zu erkennen. Ein Vergleich mit der Fotovorlage ergab, dass der Oberkopf zu klein geraten war.

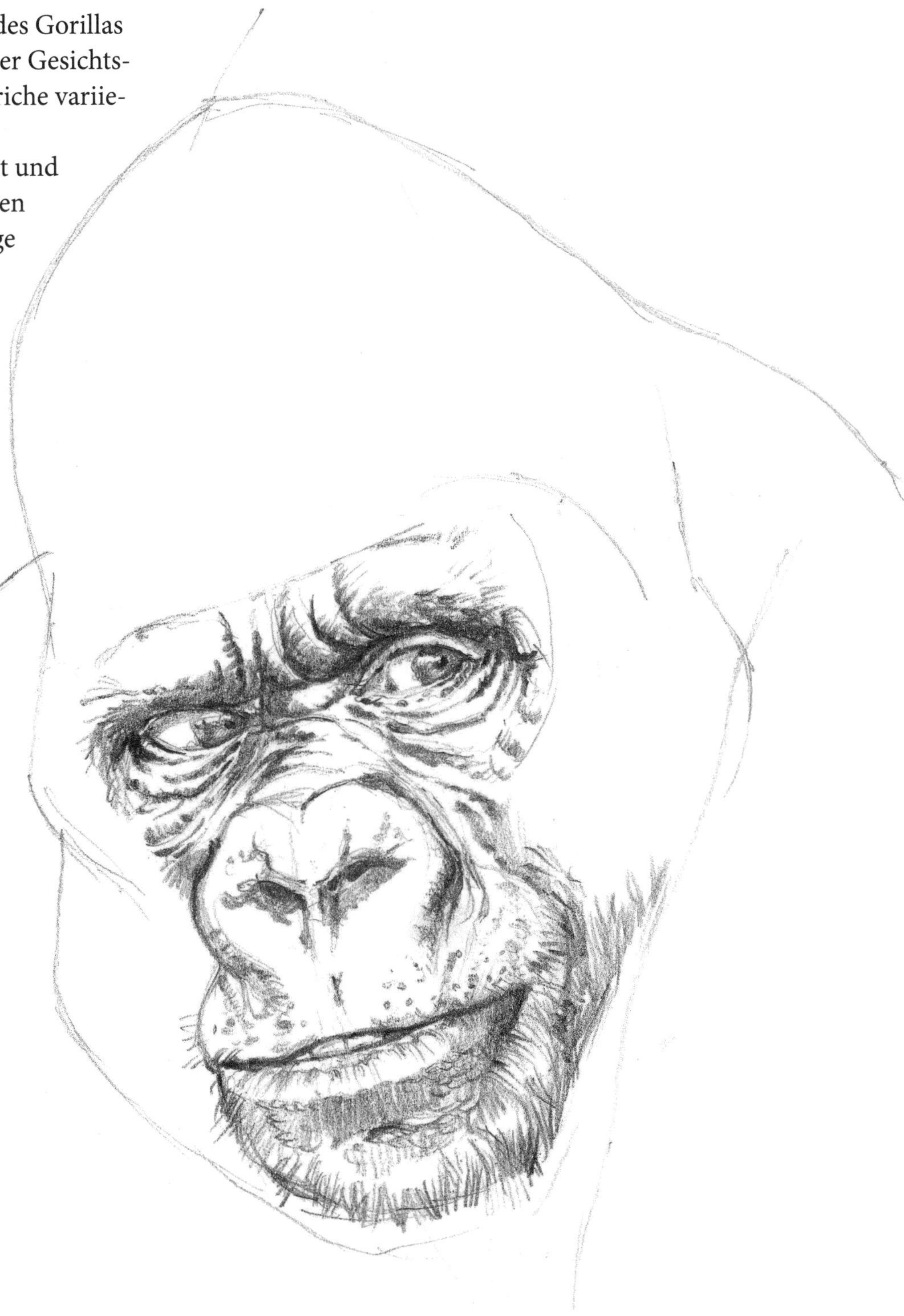

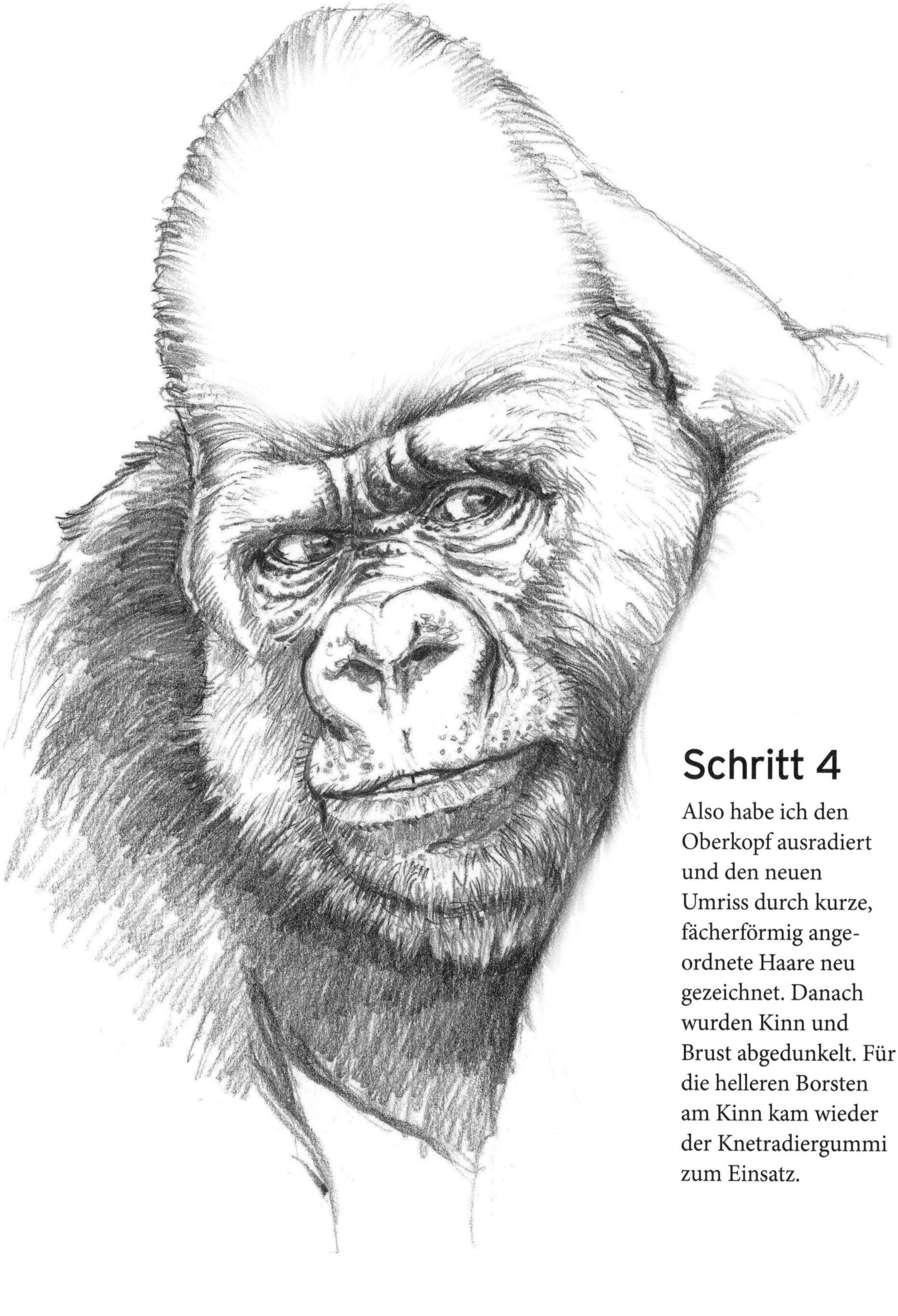

## Schritt 4

Also habe ich den Oberkopf ausradiert und den neuen Umriss durch kurze, fächerförmig angeordnete Haare neu gezeichnet. Danach wurden Kinn und Brust abgedunkelt. Für die helleren Borsten am Kinn kam wieder der Knetradiergummi zum Einsatz.

## Schritt 5

Nun mit dem Bleistift 8B die dunkelsten Teile der Zeichnung betonen und die Schatten unter den Augenbrauen, den Augen und der Nase abdunkeln. Das Fell noch einmal nacharbeiten, dabei aber zwischen den Strichen das weiße Papier durchscheinen lassen, um Lichtreflexe anzudeuten. Einige Details auf Nase und Lippen hinzufügen und die rechte Ecke des Mundes abdunkeln, um seinen Ausdruck zu verstärken. Nacken und Schultern mit lockeren, weichen Strichen mit dem Bleistift 8B andeuten. Zum Schluss noch einmal zurücktreten und das Bild aus etwas Abstand begutachten.

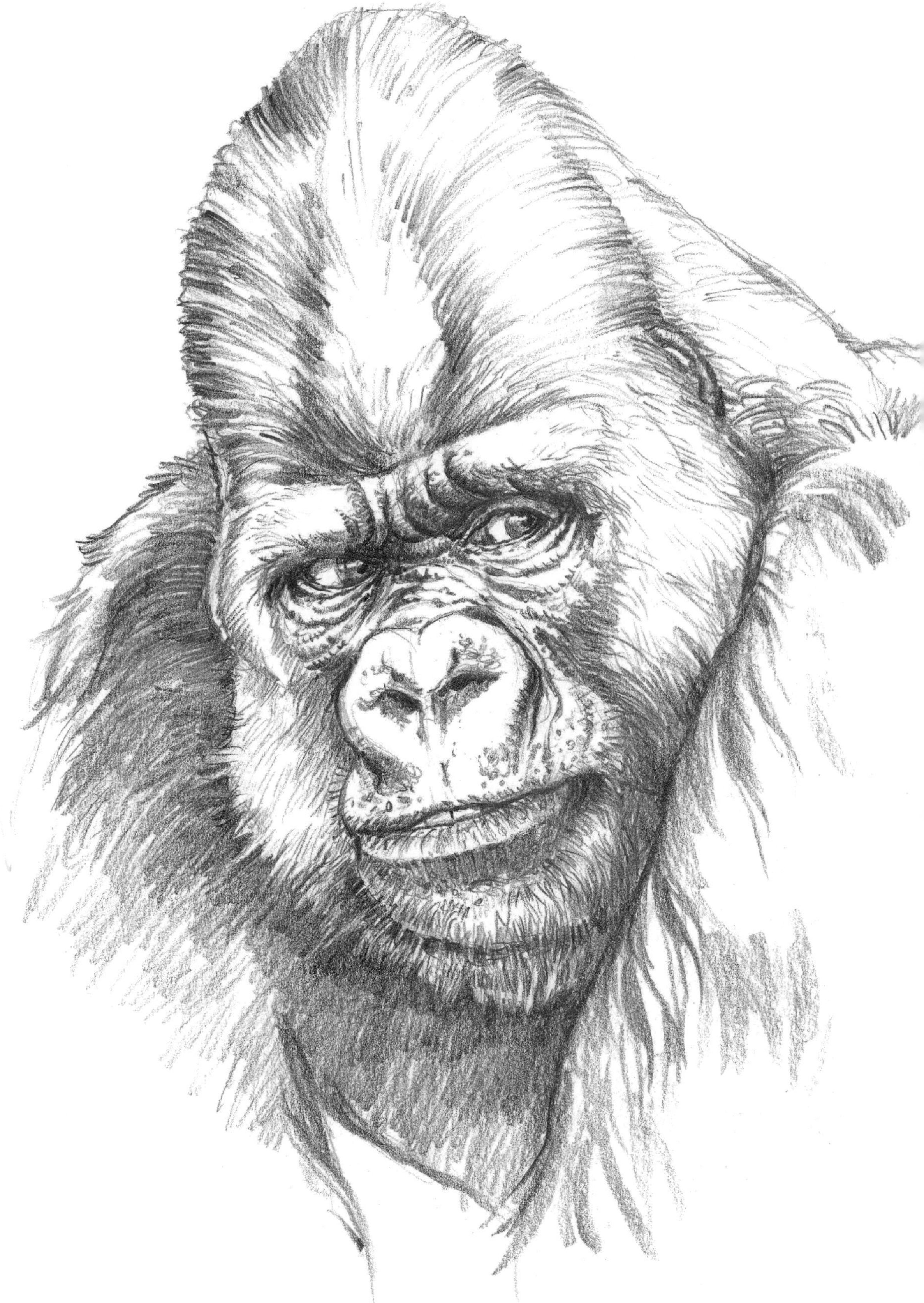

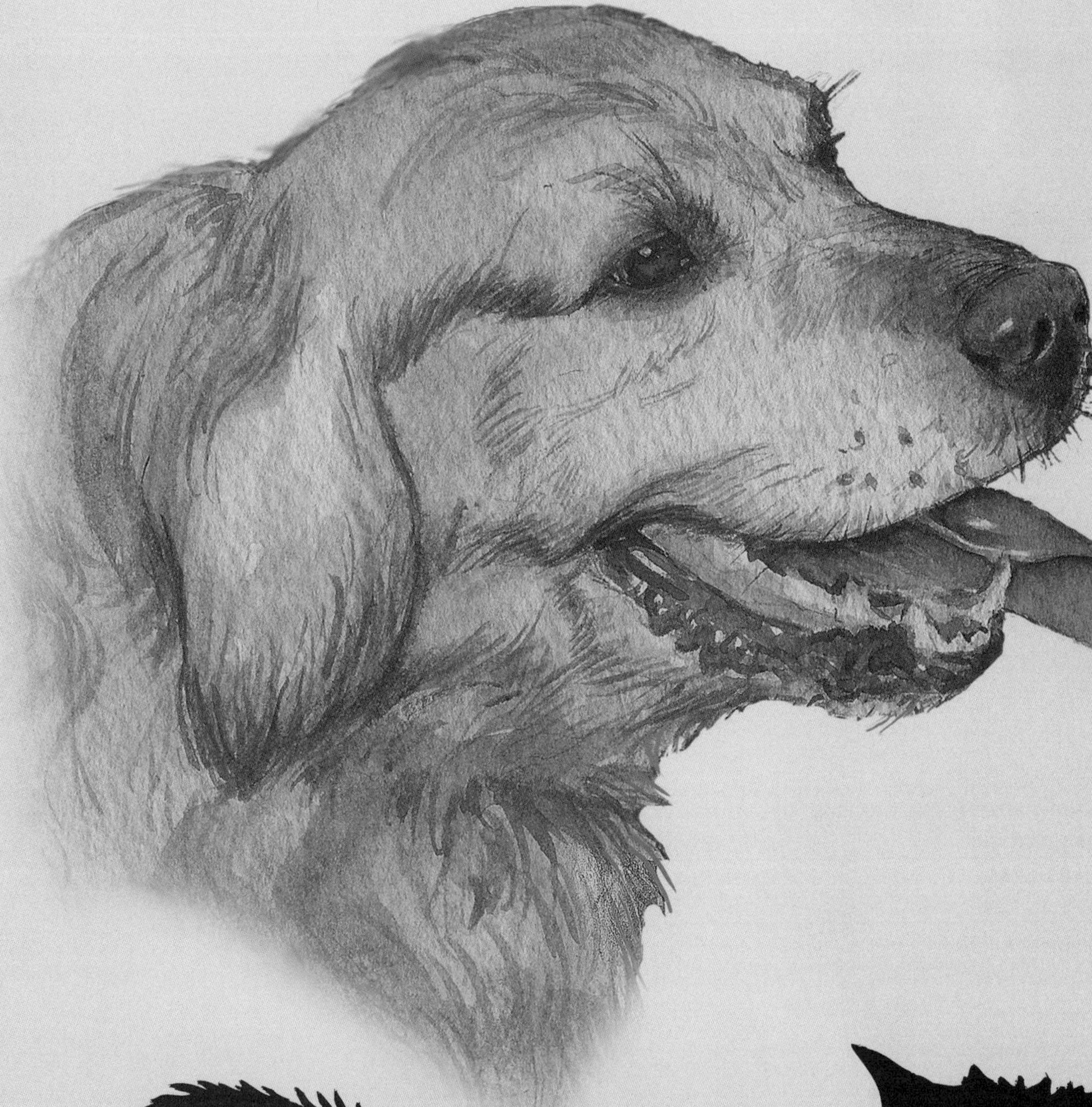

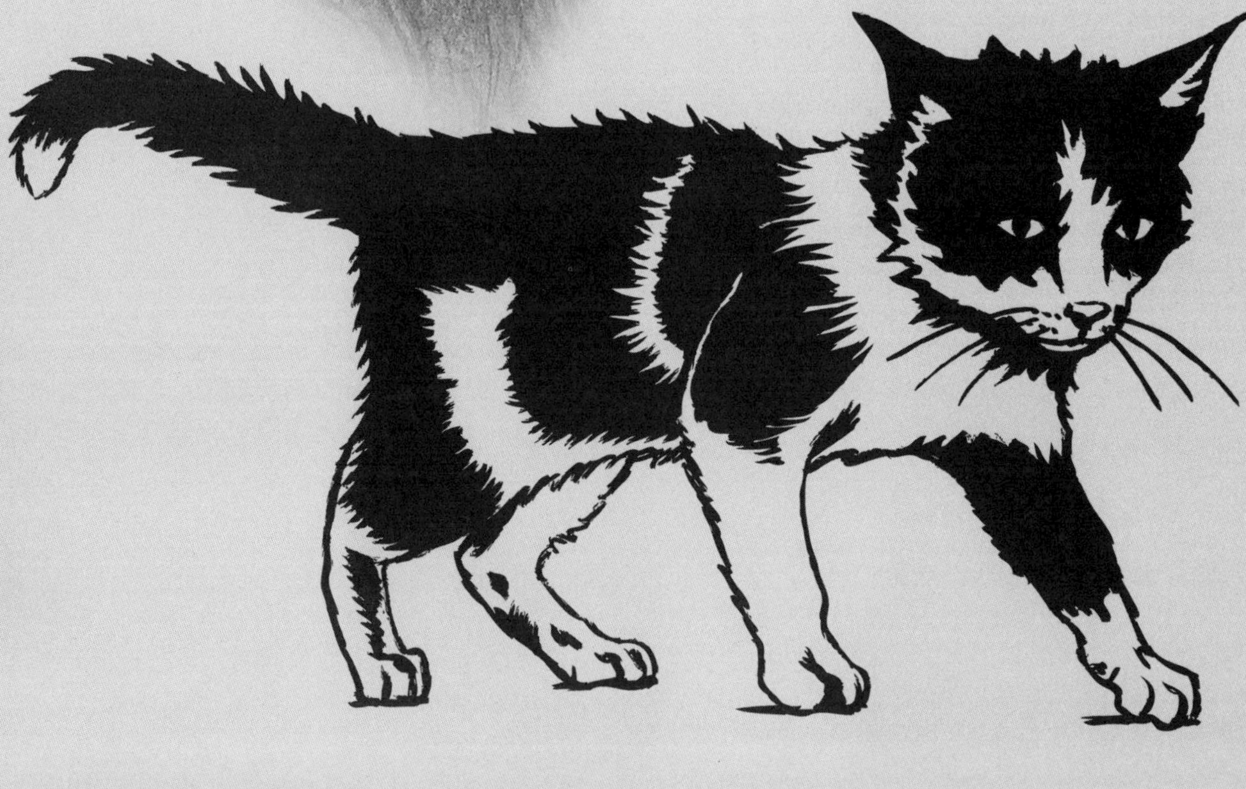

# Kapitel 5

# Licht und Schatten

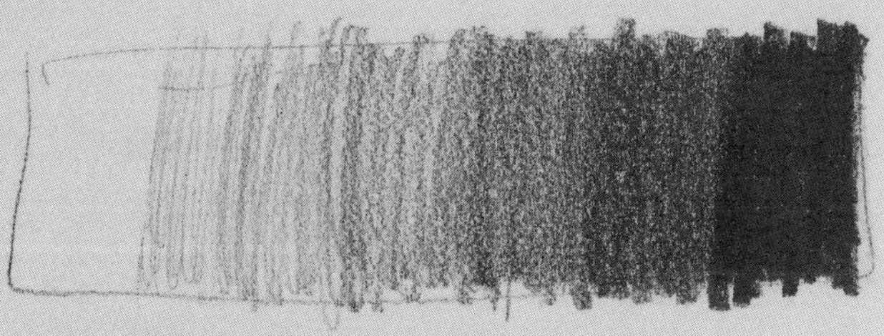

Im Lauf der Jahrhunderte haben Künstler verschiedene Techniken entwickelt, um in ihren Werken Licht und Schatten darzustellen und dadurch Emotionen oder Atmosphäre zum Ausdruck zu bringen. Besonders berühmt sind die dramatischen Lichteffekte von Malern wie Caravaggio und Rembrandt, die ihre Hauptmotive oft in hellem Licht, aber umgeben von tiefem Schatten zeigten. Diese Technik nennt man Chiaroscuro.

Haustiere und andere Tiere werden in den meisten Fällen in normalem Tageslicht gezeichnet, damit die Bilder hell und freundlich wirken. Dennoch sollten Sie weitere Techniken kennen, um bei Bedarf Ihren Zeichnungen auch eine andere Atmosphäre verleihen zu können.

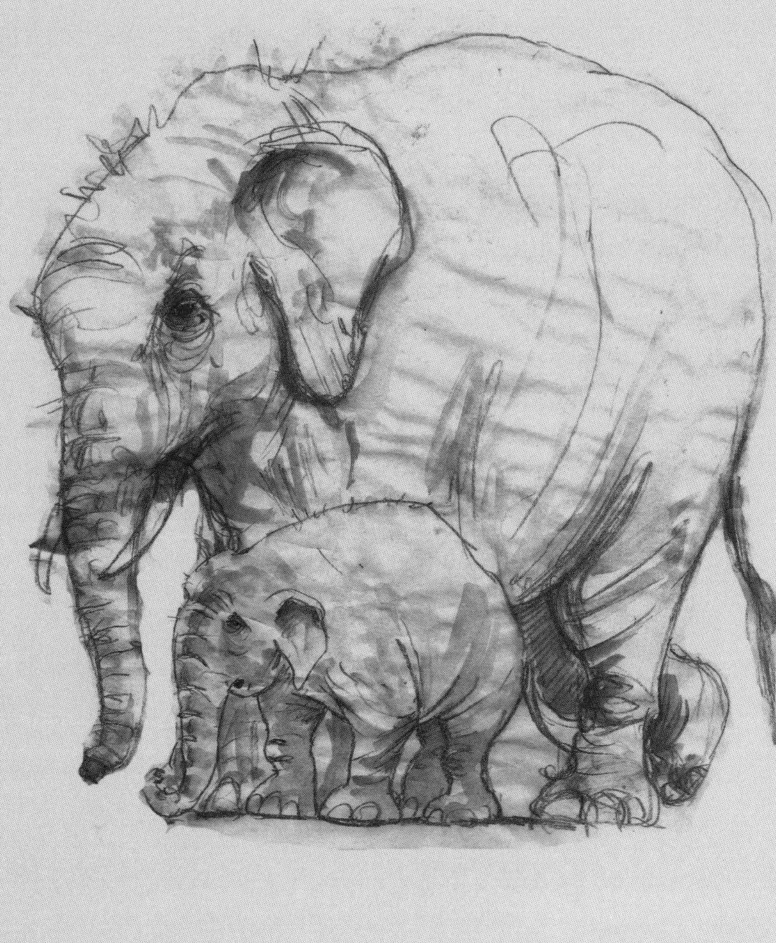

# Dramatische Beleuchtung

**Das Licht beeinflusst unsere Wahrnehmung. Überlegen Sie einmal, wie unterschiedlich eine Ihnen gut bekannte Landschaft auf Ihre Stimmung wirken kann, je nachdem, ob sie in helles Sonnenlicht getaucht ist, in matten Nebel gehüllt oder von Gewitterwolken verdunkelt, durch die nur hier und da ein Lichtstrahl dringt. In derselben Weise beeinflusst auch die Darstellung des Lichts die Atmosphäre einer Zeichnung.**

Diese Beispiele zeigen, wie die Einfallsrichtung des Lichts die Wirkung des Motivs beeinflussen kann.

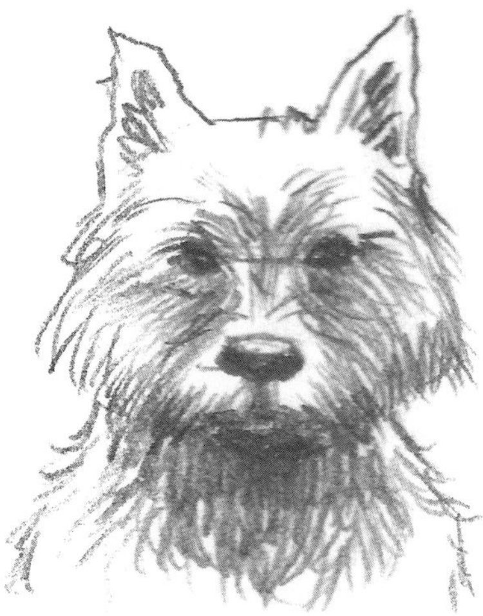

Licht von oben

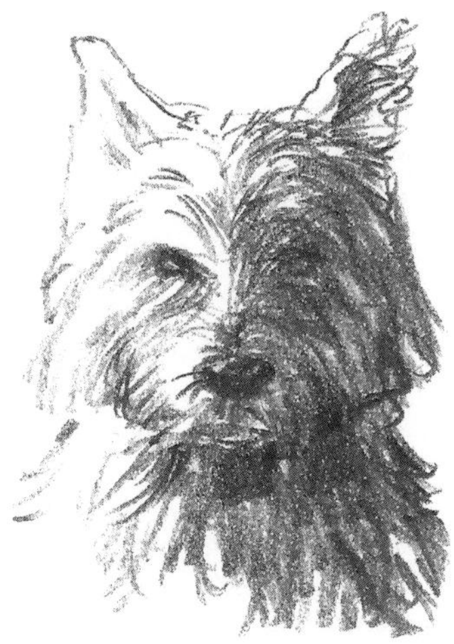

Licht von der Seite

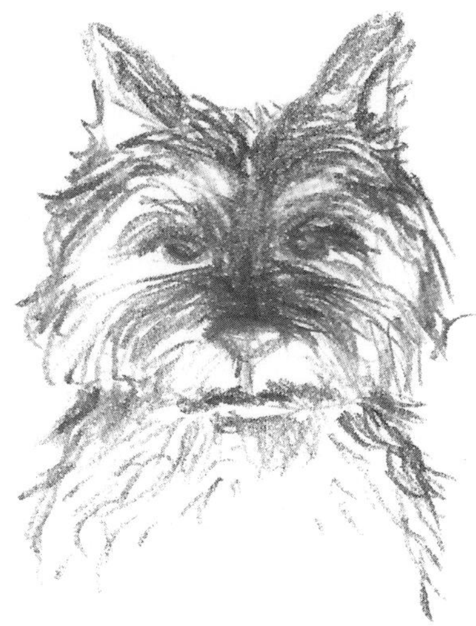

Licht von unten

Die nächste Bilderserie zeigt, wie der Zeichner durch die Wahl der Beleuchtung die Komposition und die Wirkung auf den Betrachter beeinflussen kann.

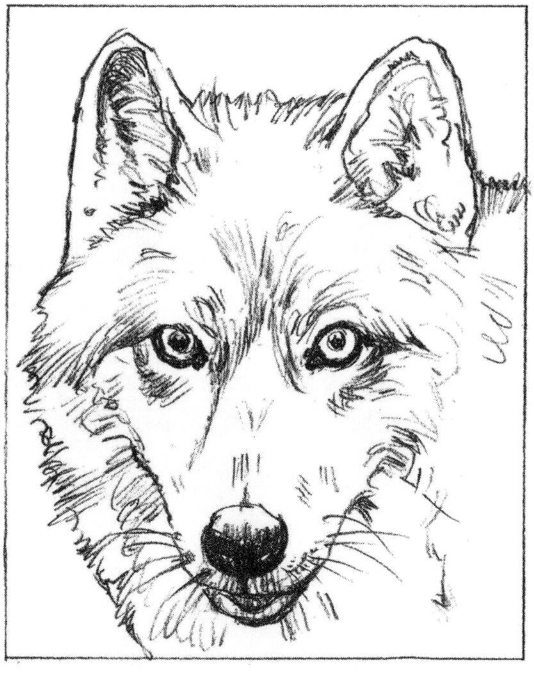

Der schöne Polarwolf sieht auf dieser Zeichnung recht harmlos aus.

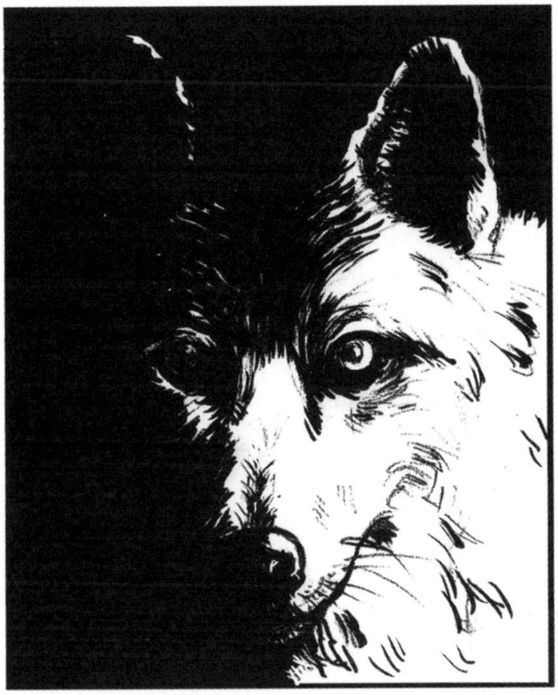

Betrachtet man dieses Bild aus dem Augenwinkel, meint man zuerst, den besten Freund des Menschen zu sehen. Oder vielleicht doch ein gefährliches, wildes Tier?

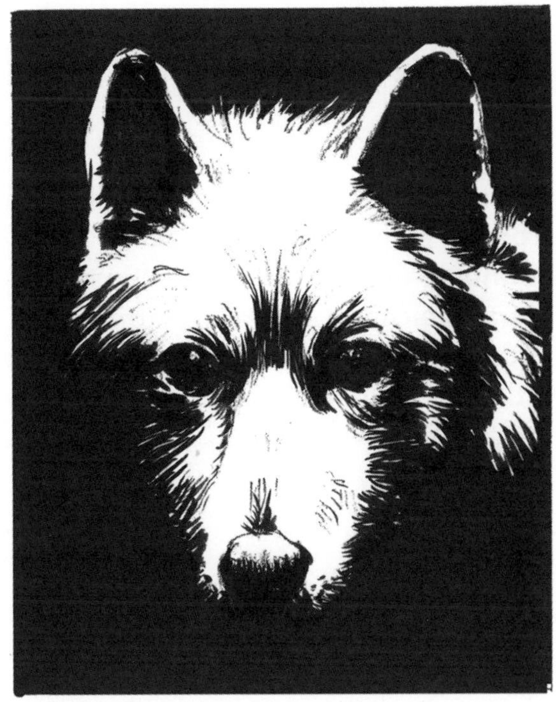

Dieser Wolf wirkt wie ein Bild aus einem halb vergessenen Albtraum – laufen Sie weg oder wagen Sie es, stehen zu bleiben?

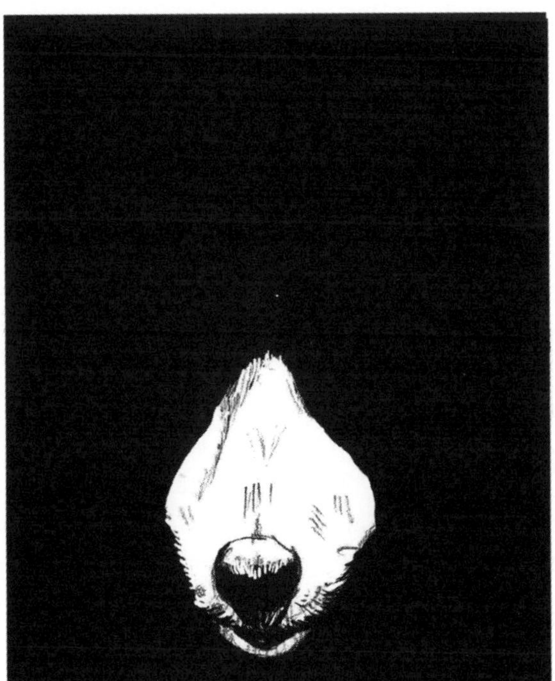

Der Wolf verbirgt sich im Schatten und streckt nur die Nase ins Licht. Er wartet auf den richtigen Moment, um zuzuschnappen.

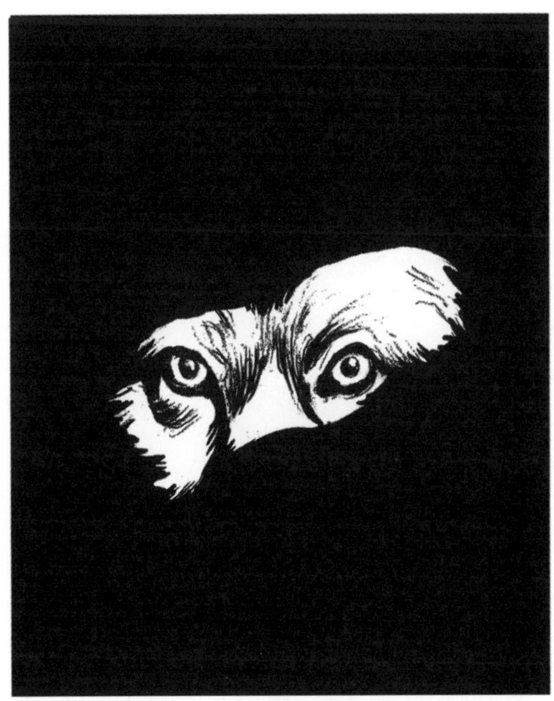

Wenn sich fast alles im Dunkel verliert, ist schwer zu erkennen, wer sich da im Schatten verbirgt. Mensch oder Tier? Auf jeden Fall bedrohlich.

# Tonwerte

**Als Tonwerte bezeichnet man die Abstufungen heller und dunkler Farben in einem Bild – oder der Graustufen in einer Schwarz-Weiß-Zeichnung, die vom reinen Weiß über alle Grautöne bis zum tiefsten Schwarz reichen.**

**Durch gezielten Einsatz von Tonwerten kann ein Zeichner seinem Motiv eine dreidimensionale Wirkung geben. Helle Tonwerte treten optisch in den Vordergrund, dunkle dagegen in den Hintergrund.**

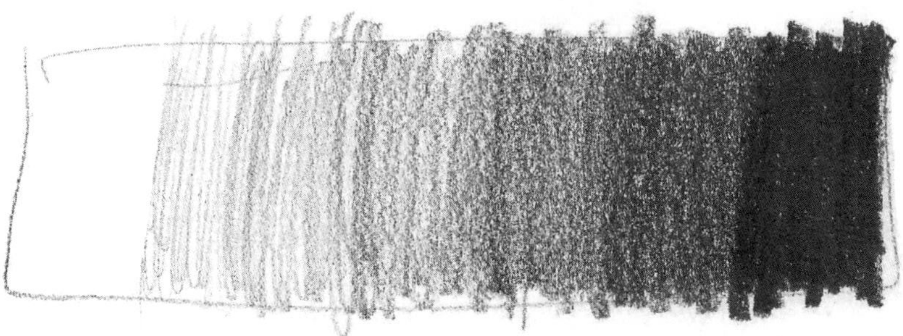

Eine solche Graustufenskala ist hilfreich, wenn Sie eine Tonwertskizze zeichnen wollen. Sie beginnt mit Weiß, zeigt dann mehrere Abstufungen von Grau und endet mit Schwarz.

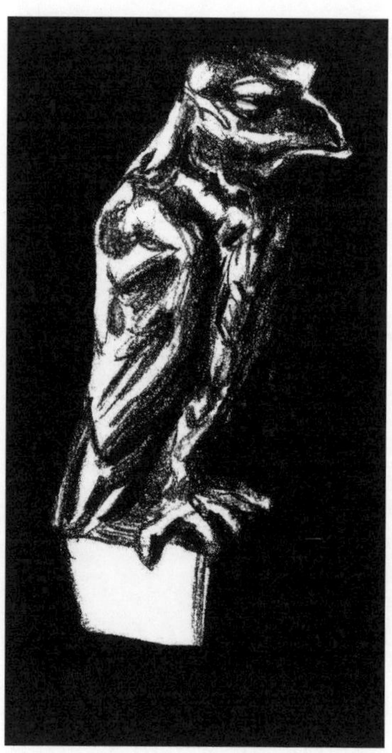

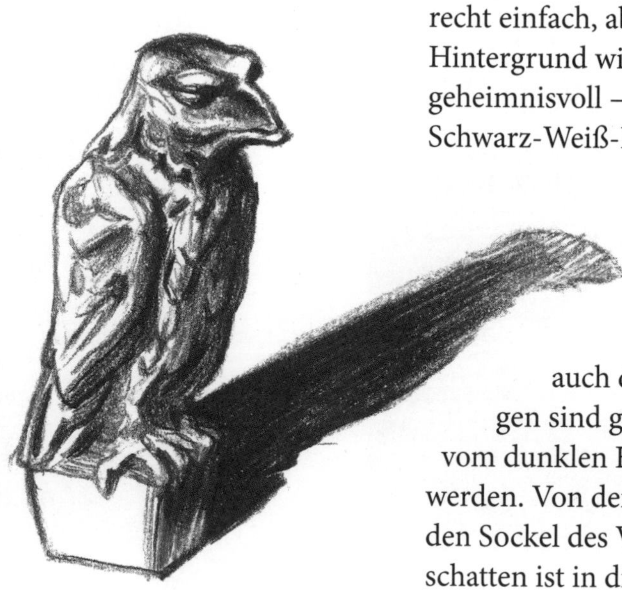

Für diese Zeichnung stand die Vogelskulptur aus dem Film *Der Malteserfalke* Modell. In Bezug auf die Tonwerte ist die Zeichnung recht einfach, aber durch den schwarzen Hintergrund wirkt sie dramatisch und geheimnisvoll – als käme sie direkt aus einem Schwarz-Weiß-Krimi.

Das zweite Beispiel zeigt den Falken vor einem weißen Hintergrund. Hier ist er vollständig zu sehen, und auch die feinen Tonwertabstufungen sind gut zu erkennen, weil sie nicht vom dunklen Hintergrund »geschluckt« werden. Von der Tischplatte wird Licht auf den Sockel des Vogels reflektiert. Der Schlagschatten ist in direkter Nähe der Figur dunkel und wird mit größerer Entfernung heller.

Tonwerte können auch dazu dienen, den Blick des Betrachters durch das Bild zu lenken und ihm die Aussage, die der Zeichner machen möchte, zu vermitteln. Der dunkle Schatten vor dem Körper des Geparden führt den Blick dahin, wo sein nächstes Beutetier stehen könnte.

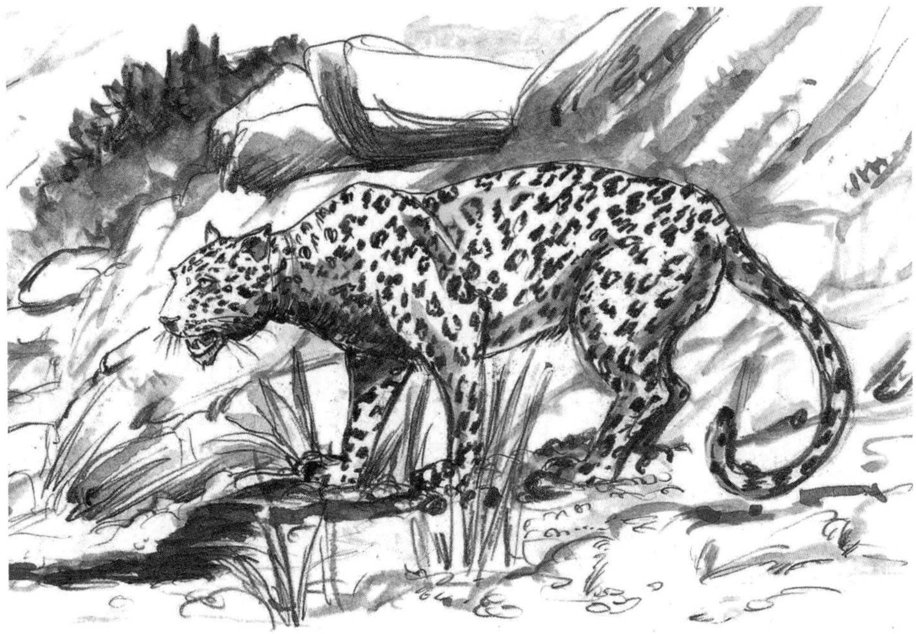

Die dunklen Tonwerte tragen zur dreidimensionalen Wirkung des Leoparden bei. Der Schatten auf dem Boden bindet ihn in die Szenerie ein, und die Lichtreflexe auf dem Bauch verstärken die plastische Wirkung.

Für den hellen Labrador ist ein anderes Tonwertspektrum erforderlich. Es muss einerseits die Grundfarbe des Fells zum Ausdruck bringen und andererseits durch subtile Varianten die Weichheit des Fells vermitteln. Die dunkleren Töne unter dem Maul und der Zunge verstärken die räumliche Wirkung. Durch den helleren Tonwert des Zahnfleischs wird deutlich, dass es sich vor der Zunge befindet. Ein kleiner Lichtreflex vermittelt überzeugend den Glanz der feuchten Hundenase.

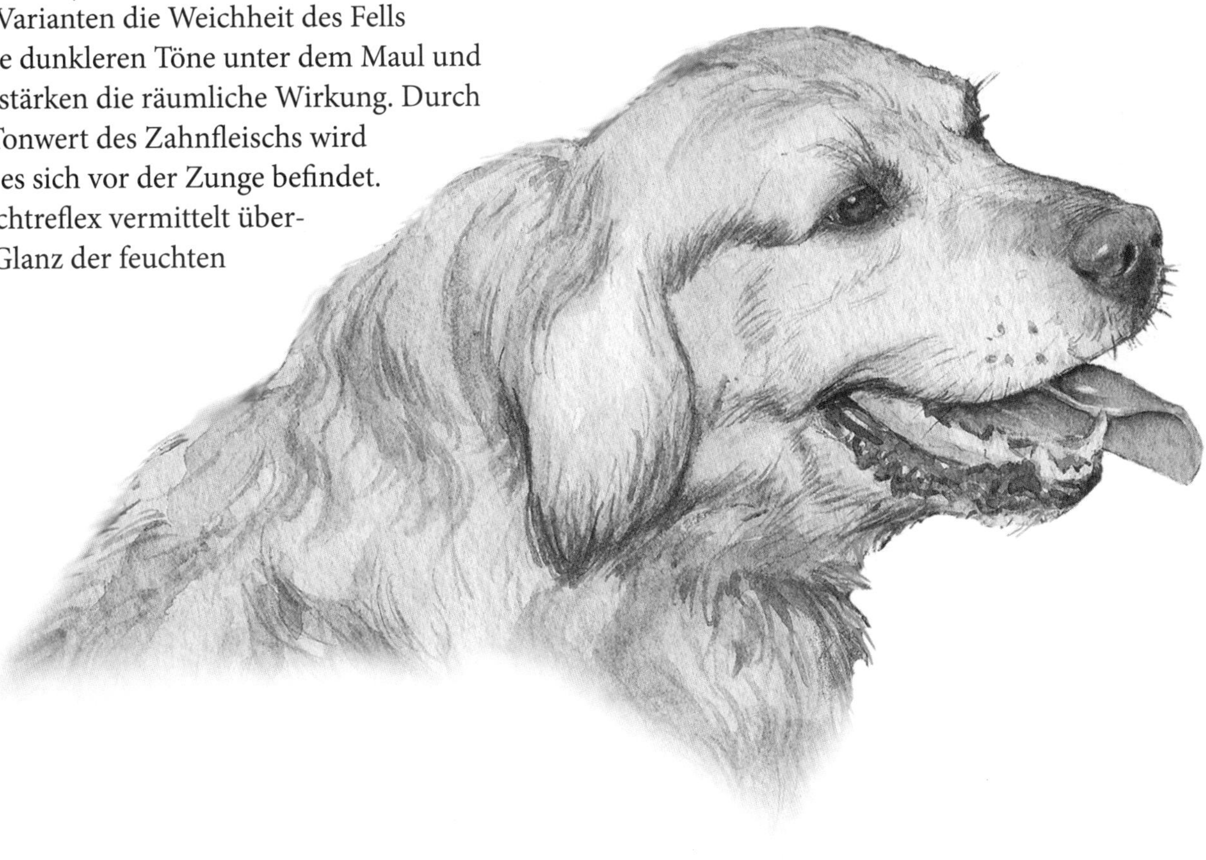

# Tonwerte und Papierstruktur

**Beim Zeichnen auf weißem Papier entsprechen die ersten Striche meist den hellsten Tonwerten. Auf farbigem Papier ist eine andere Herangehensweise notwendig. Der Zeichner hat mehr Zeit, sich den Lichtreflexen und, je nach Papierfarbe, den mittleren oder dunklen Tonwerten zu widmen.**

## Schimpanse

Zuerst den Kopf des Schimpansen mit Bleistift skizzieren. Im Bereich oberhalb der Stirn bleibt das Papier schwarz. Für die Mitteltöne um Kopf und Gesicht einen hellgrauen Pastellstift verwenden und zwischen den Strichen das schwarze Papier durchscheinen lassen. Die Schatten um Augen, Nasenlöcher und Maul werden mit einem schwarzen Pastellstift abgedunkelt. Zum Schluss mit einem weißen Pastellstift die Lichtreflexe einfügen, außerdem den Strahlenkranz, der den Oberkopf gegen den dunklen Hintergrund abgrenzt.

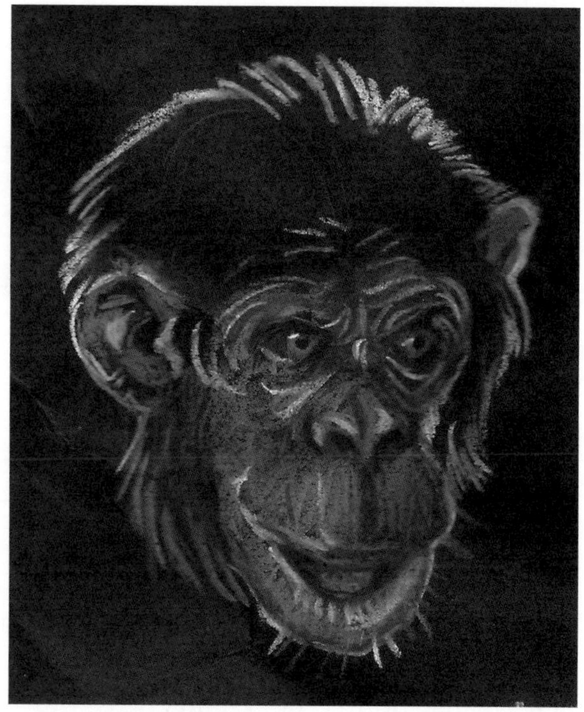

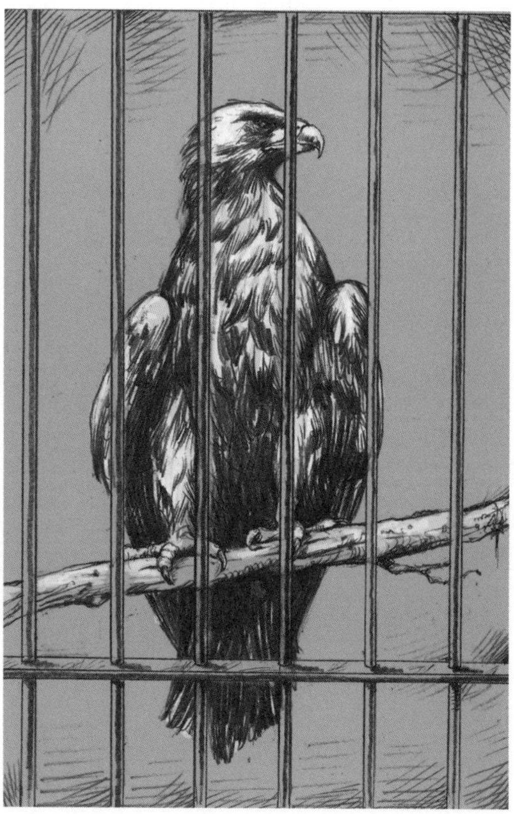

## Adler

Ursprünglich war der Adler eine Schwarz-Weiß-Zeichnung auf gewöhnlichem, weißem Zeichenpapier. Das »getönte Papier« lässt sich auch mit Techniken des 21. Jahrhunderts hinzufügen: Die Zeichnung scannen und mit einem Bildbearbeitungsprogramm eine grau eingetönte Ebene darüber legen. Danach mit dem Radierwerkzeug oder einem weißen Stiftwerkzeug Lichtreflexe einfügen, die auf eine helle Lichtquelle hindeuten. Schnell, einfach und sehr effektvoll.

**Tipp** Experimentieren Sie nach Herzenslust. Gerade durch »glückliche Zufälle« lernt man oft neue Herangehensweisen.

## Elefanten

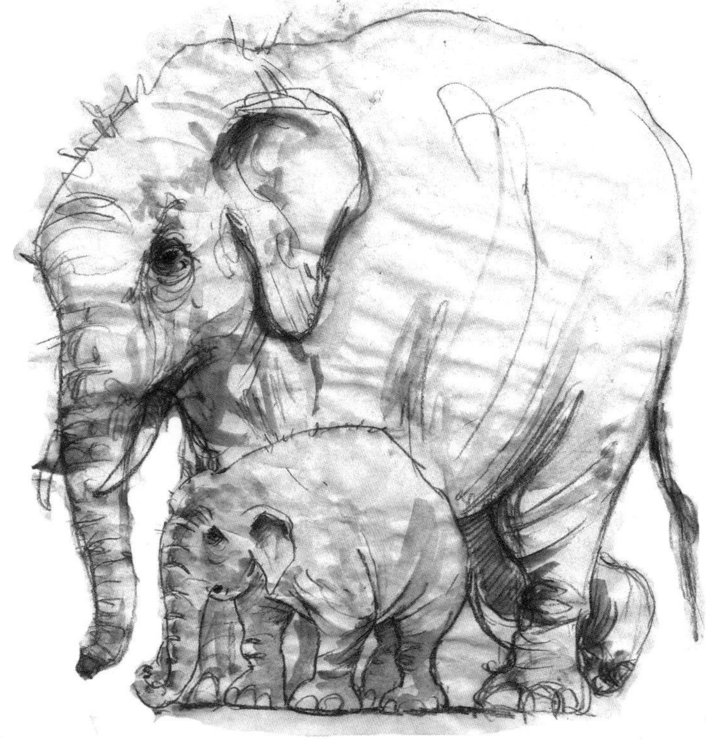

Um zu zeigen, dass Sie keine Spezialpapiere brauchen, habe ich für diese Zeichnung ein Stück billiges Fotokopierpapier verwendet. Ich habe die Elefanten mit einem wasserlöslichen Grafitstift 8B gezeichnet und die dunklen Tonwerte zügig befeuchtet. Dafür habe ich mehr Wasser als gewöhnlich verwendet, um die ledrige Haut anzudeuten. Nachdem ich überschüssiges Wasser mit Küchenpapier abgetupft hatte, ergaben sich schöne, weiche Linien.

## Vogel

Der Jungvogel (unten) hüpfte unter einem Baum herum und versuchte zu fliegen. Wir beobachteten ihn einige Tage, bis er schließlich davonflog. In dieser Zeit konnte ich mehrere Skizzen zeichnen. Für diese habe ich einen wasserlöslichen Grafitstift 8B und graues Papier verwendet. Nachdem ich die Mitteltöne befeuchtet hatte, habe ich die Lichtreflexe mit einem weißen Pastellstift eingefügt. Nur die erste Skizze entstand nach dem lebenden Modell.

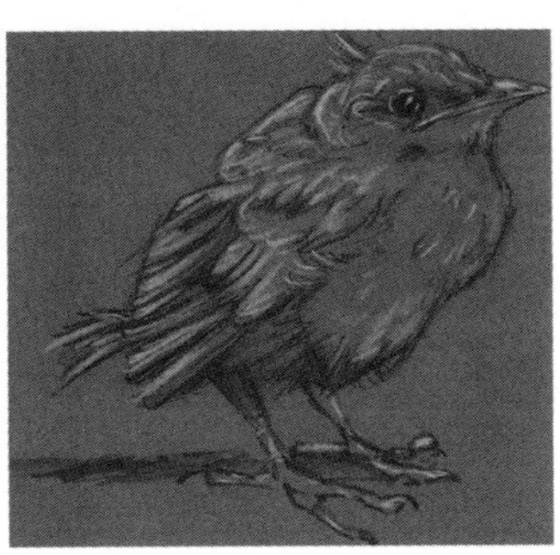

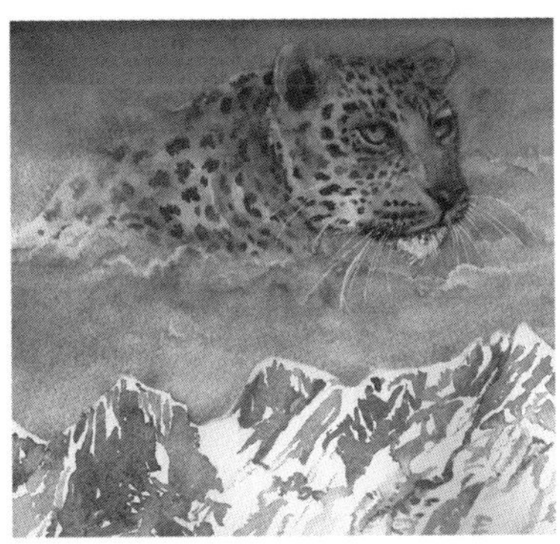

## Leopard

Dieses Motiv wurde mit wasservermalbaren Grafitstiften auf rauem Aquarellpapier gezeichnet. Die ausgeprägte Struktur des Papiers verstärkt die Atmosphäre der Zeichnung.

## Sperling

Den toten, aber unversehrten Sperling fand ich im Garten und beschloss, ihn unsterblich zu machen. Ich verwendete einen Skizzenblock mit handgeschöpftem, rauem Papier, wasserlösliche Grafitstifte, einen Pinsel und Wasser und zeichnete rasch mit lockeren Strichen. Der Einfluss der rauen Papierstruktur auf den Charakter der Zeichnung gefällt mir besonders gut.

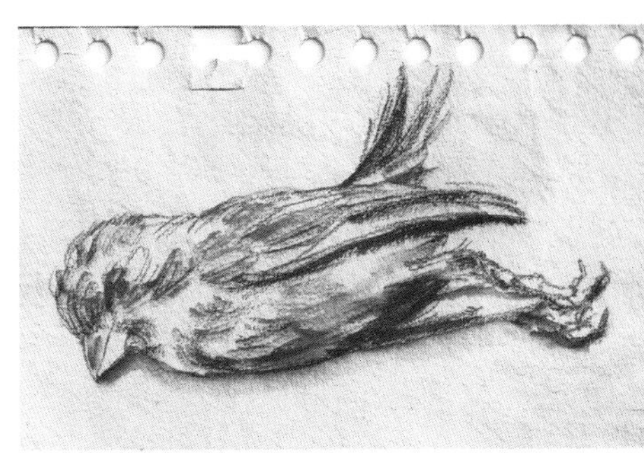

# Grafische Katze Schritt für Schritt

**Dieses Beispiel zeigt, welche interessanten Effekte durch eine Übertreibung der Beleuchtung entstehen können. Die schwarz-weiße Katze, die auf der ersten Skizze noch relativ naturgetreu erfasst ist, bietet sich für eine solche grafische Umsetzung an.**

**Material**

- Bleistift 3B
- Zeichenpapier 220 g/m$^2$
- Knetradiergummi
- Schwarzer Pinselstift
- Schwarzer Fineliner
- Weiße Gouache

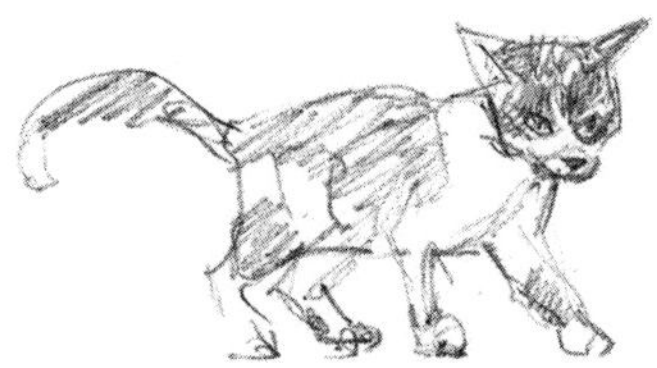

## Schritt 1

Zuerst die Bereiche, die später tiefschwarz werden sollen, locker mit Bleistift konturieren. Dafür dient die zuerst gezeichnete Tonwertskizze als Orientierung. Für das Fellmuster des Kopfes kann zusätzlich ein Foto als Vorlage verwendet werden.

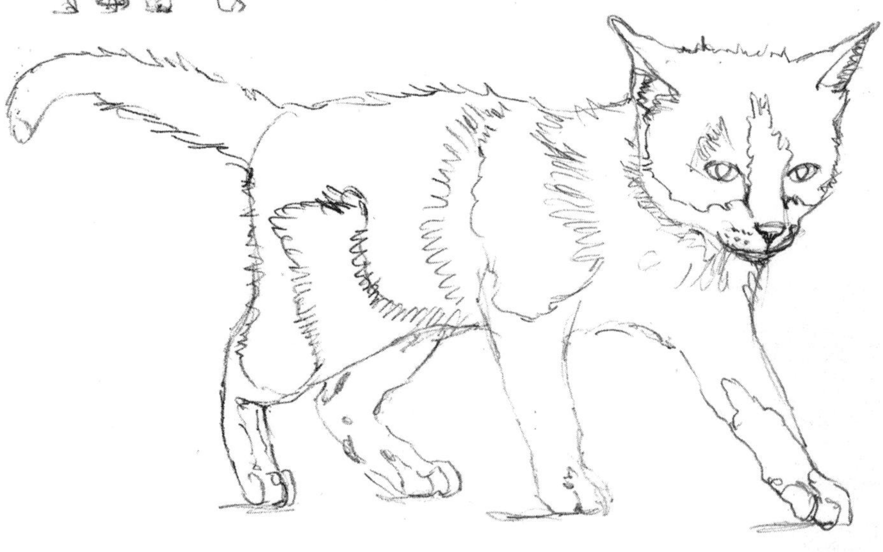

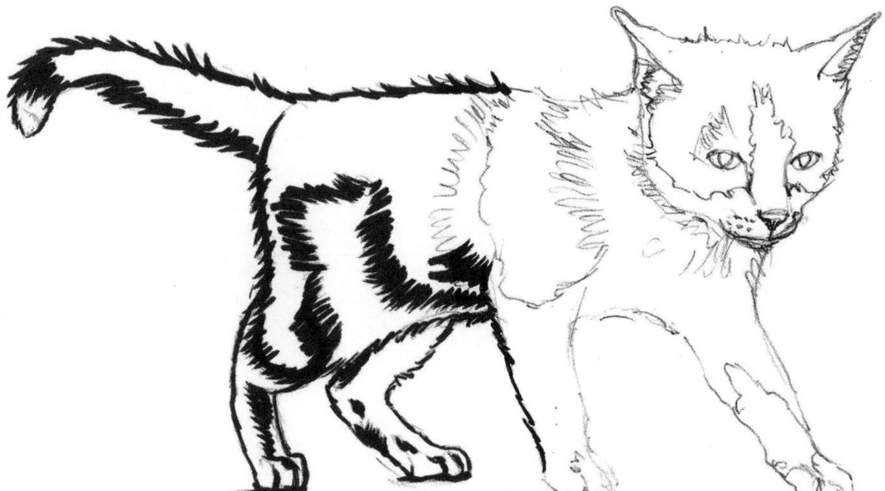

## Schritt 2

Jetzt die Umrisse der schwarzen Fellpartien mit Fineliner und Marker zeichnen. Dabei wird der Pinselstift wie ein normaler Pinsel eingesetzt, um »pelzig« gezackte Linien zu erhalten. Auch Fellmuster und Umrisse der Beine werden gezeichnet.

## Schritt 3

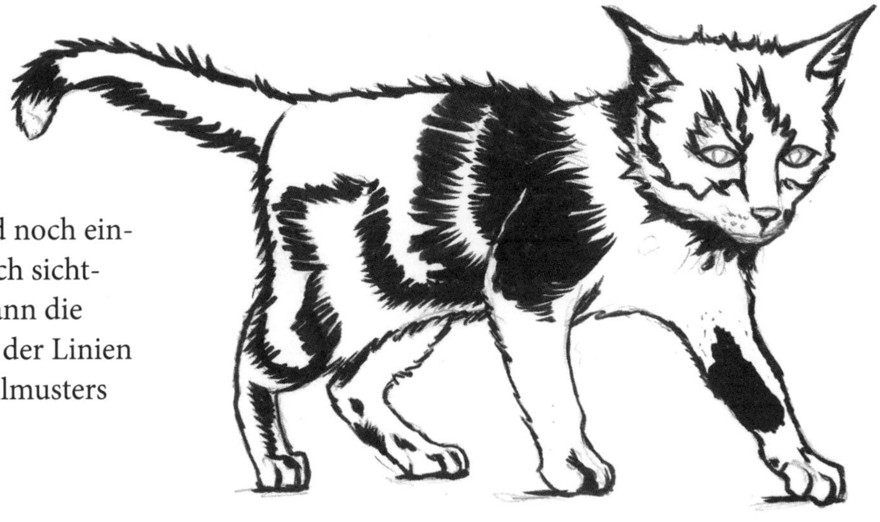

Wenn alle Umrisse gezeichnet sind, wird noch einmal kontrolliert, ob nichts fehlt. Alle noch sichtbaren Bleistifthilfslinien ausradieren. Dann die schwarzen Flächen ausfüllen und einige der Linien nacharbeiten. Bei der Gestaltung des Fellmusters ist etwas künstlerische Freiheit erlaubt.

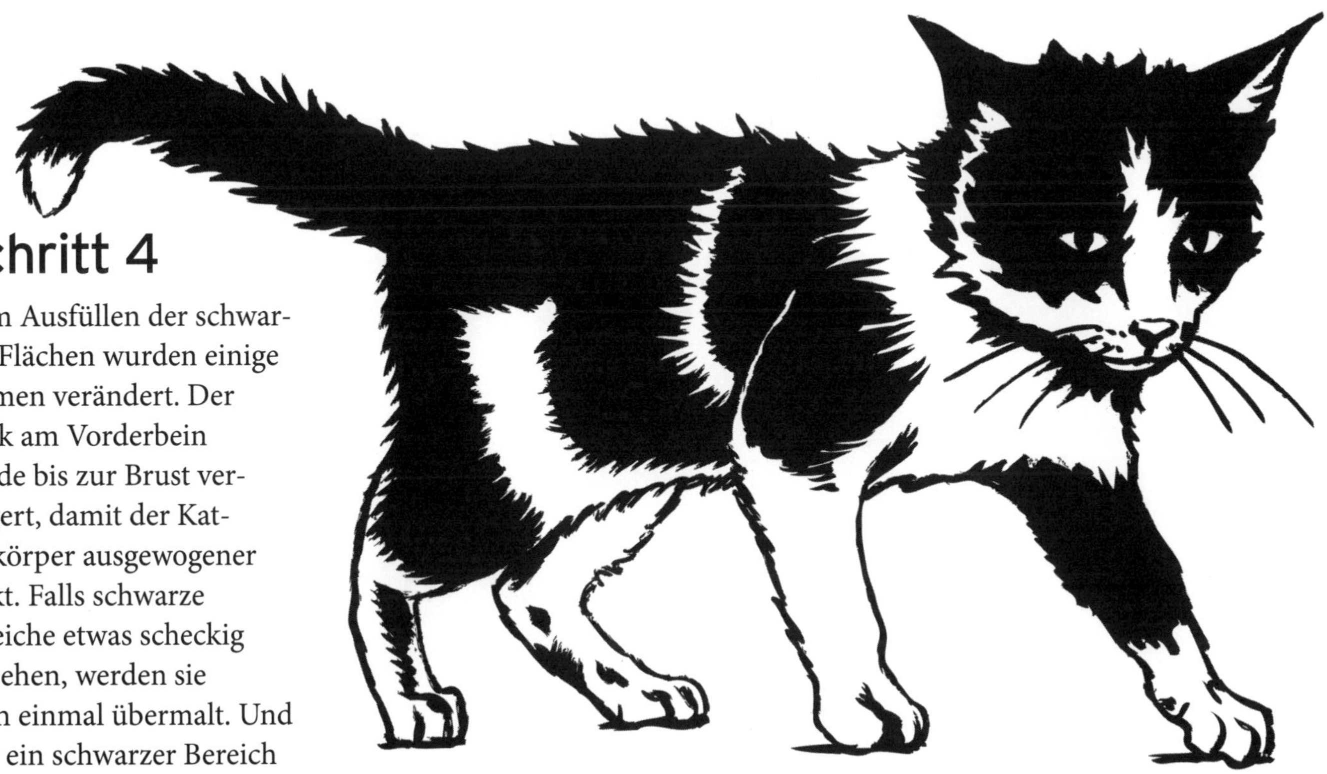

## Schritt 4

Beim Ausfüllen der schwarzen Flächen wurden einige Formen verändert. Der Fleck am Vorderbein wurde bis zur Brust verlängert, damit der Katzenkörper ausgewogener wirkt. Falls schwarze Bereiche etwas scheckig aussehen, werden sie noch einmal übermalt. Und falls ein schwarzer Bereich doch nicht ganz stimmig wirkt, kann er einfach mit weißer Gouache übermalt werden. Zum Schluss werden die Barthaare eingezeichnet.

**Tipp** Zum Zeichnen mit Markern und Pinselstiften empfiehlt sich die Anschaffung von Spezialpapier, auf dem die Farbe nicht verläuft (siehe auch Seite 118–119).

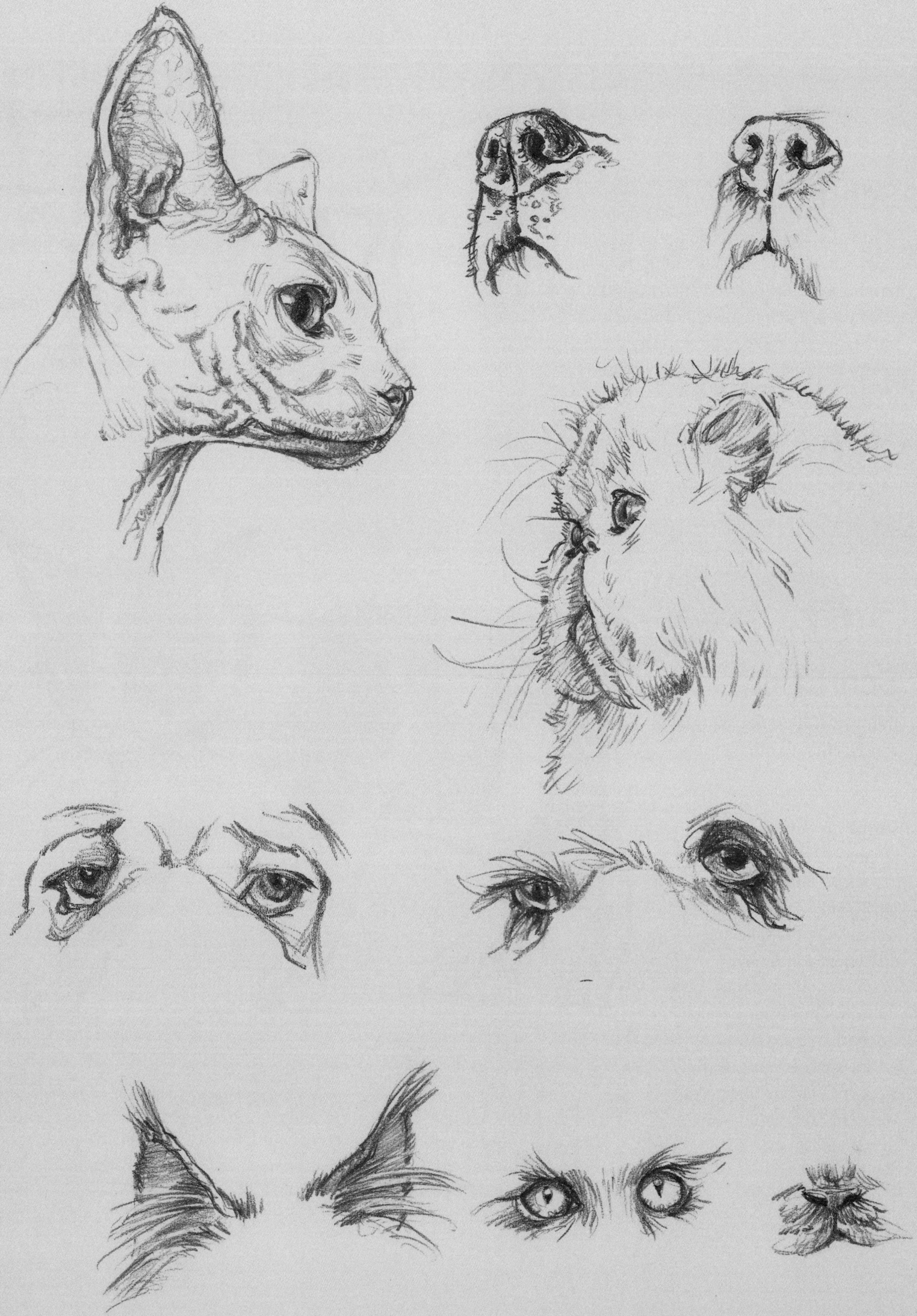

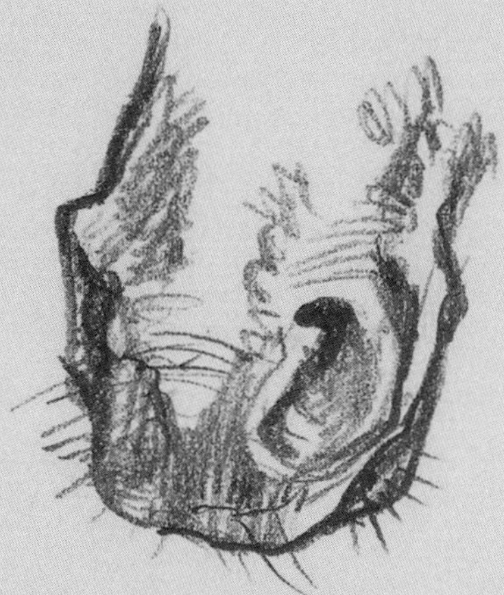

# Kapitel 6
# Details

Auf den folgenden Seiten beschäftigen wir uns genauer mit den Details, die jedem Tier seinen ganz eigenen Charakter geben. Beim Zeichnen verschiedener Hunde und Katzen werden Sie bemerken, wie wichtig es ist, all die kleinen Details genau zu studieren, denn gerade sie entscheiden darüber, ob das individuelle Tier später auf der Zeichnung zu erkennen ist.

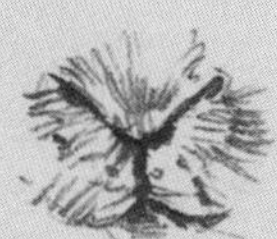

Natürlich ist ein langhaariger Hund von einem kurzhaarigen leicht zu unterscheiden, und niemand würde den Kopf eines Pekinesen mit dem eines deutschen Schäferhunds verwechseln. Aber worauf würden Sie achten, wenn Sie Ihr eigenes Haustier zeichnen? Wodurch unterscheidet es sich von anderen Hunden oder Katzen derselben Rasse oder Farbe? Hier kommt es vor allem auf sehr genaue Beobachtung an.

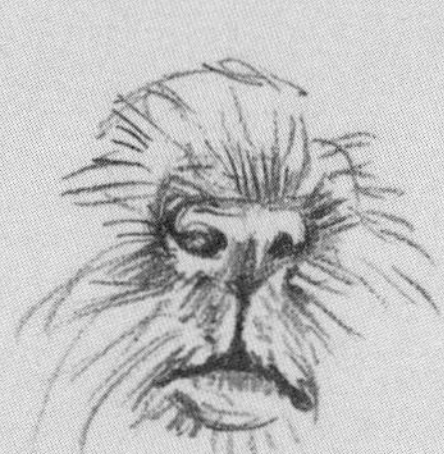

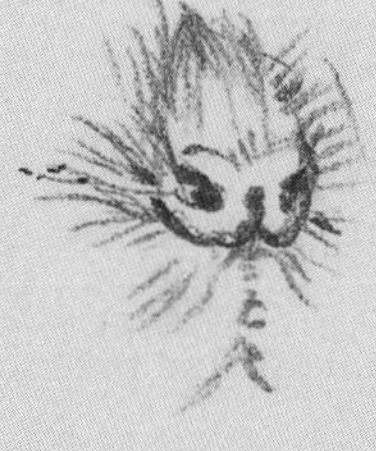

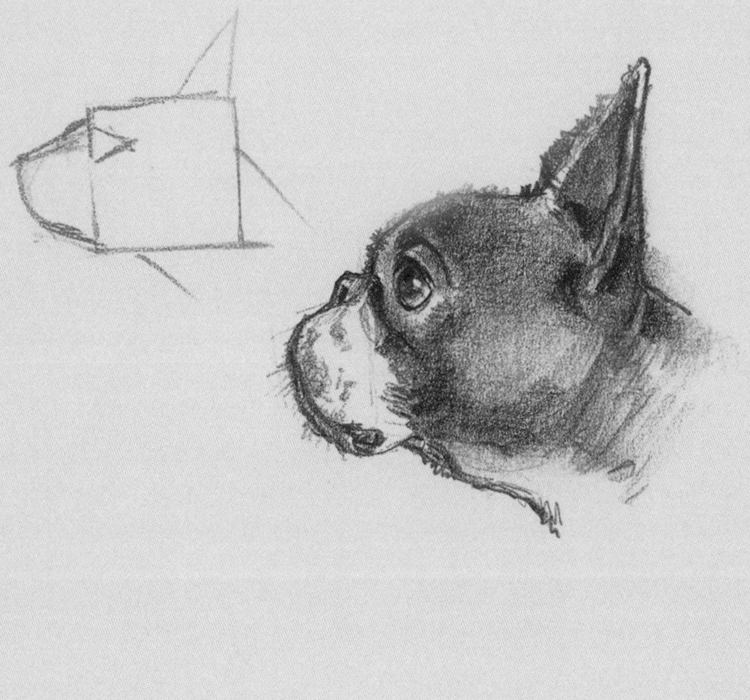

# Hundeköpfe

**Es gibt Hunderassen in verschiedensten Formen und Größen, doch für den Zeichner haben sie viele Gemeinsamkeiten. Alle hier gezeigten Köpfe wurden aus einfachen Grundformen aufgebaut (siehe Seite 18), die je nach Rasse nur geringfügig variiert werden mussten.**

**Material**

- Bleistifte 3B bis 6B
- Zeichenpapier 220 g/m²
- Knetradiergummi
- Anspitzer

Versuchen Sie einmal, diese Hundeköpfe nachzuzeichnen. Hunde haben eine ausdrucksvollere Mimik als Katzen: Ihre Gesichter verraten viel über ihre Stimmung. Es macht Spaß, verschiedene Gesichtsausdrücke auszuprobieren.

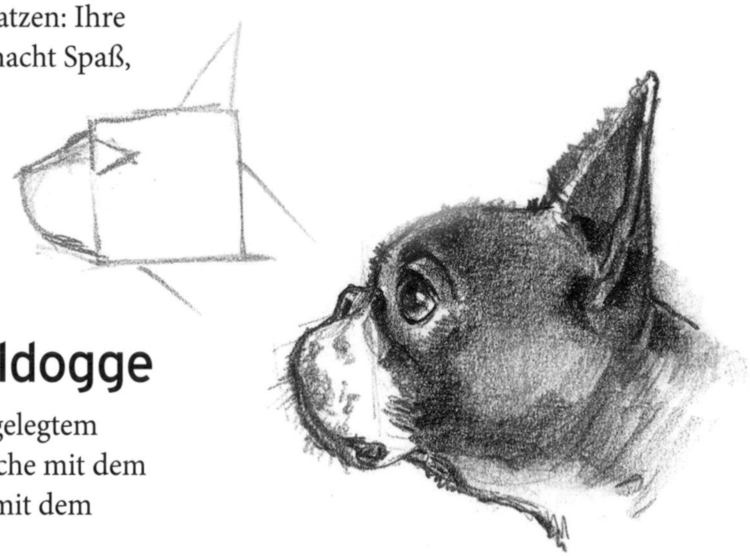

## Französische Bulldogge

Den Kopf des Welpen mit flach gelegtem Bleistift schraffieren und die Striche mit dem Finger verwischen. Lichtreflexe mit dem Knetradiergummi aufhellen.

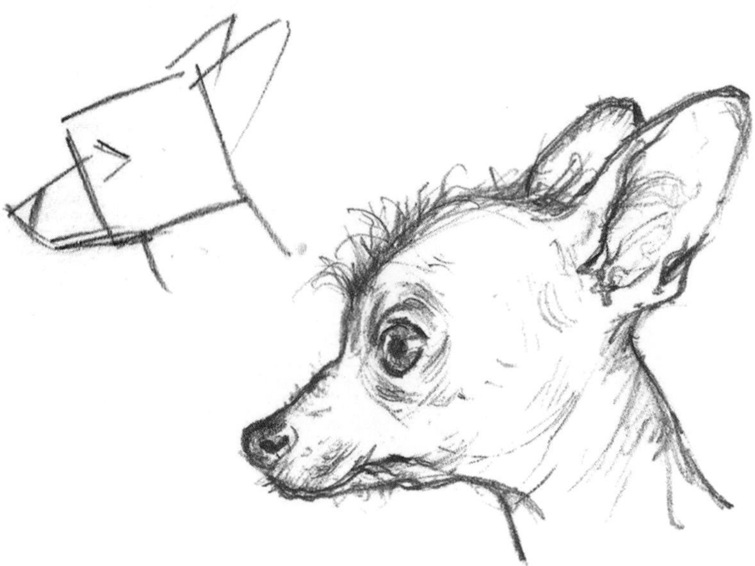

## Promenaden-mischung

Der kleine Hund mit dem witzigen Gesichtsausdruck wurde mit sehr sparsamen Strichen und wenigen Details mit einem Bleistift 4B gezeichnet.

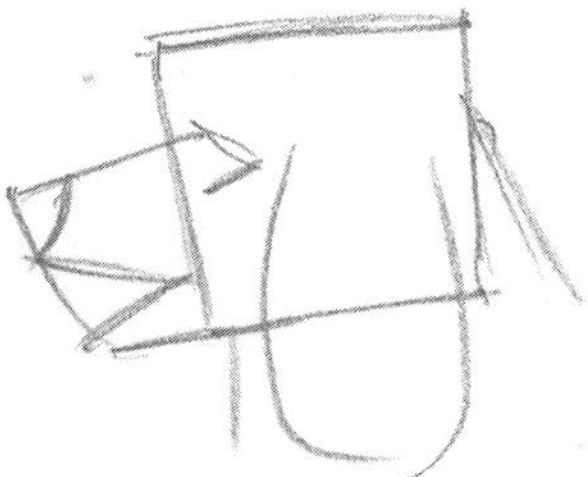

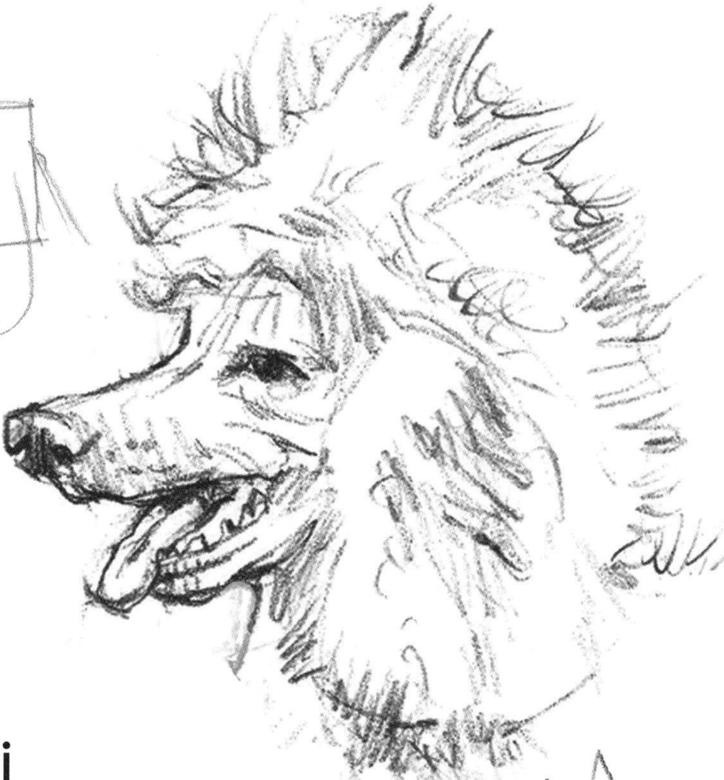

## Pudel

Diese Skizze entstand in nur fünf Minuten. Die ausgearbeitete Zeichnung ist auf Seite 96–97 zu sehen. Pudel erinnern mich immer an die grausige Frisurenmode der 1980er.

## Shar Pei

Das Ausarbeiten der Falten mit Bleistiften 5B und 6B kostet etwas Zeit. Die Schemazeichnungen zu den Beispielen auf dieser Seite zeigen, dass alle Köpfe aus ähnlichen geometrischen Grundformen bestehen und sich nur in den Details deutlicher unterscheiden.

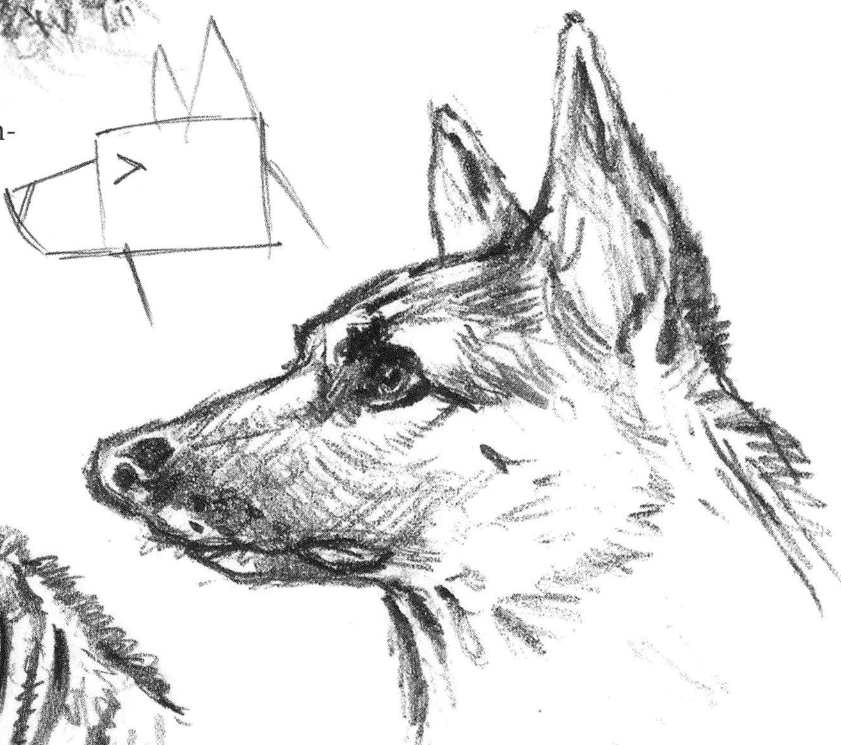

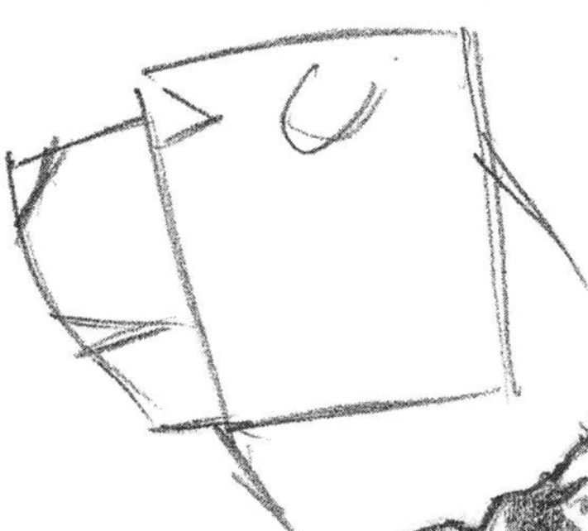

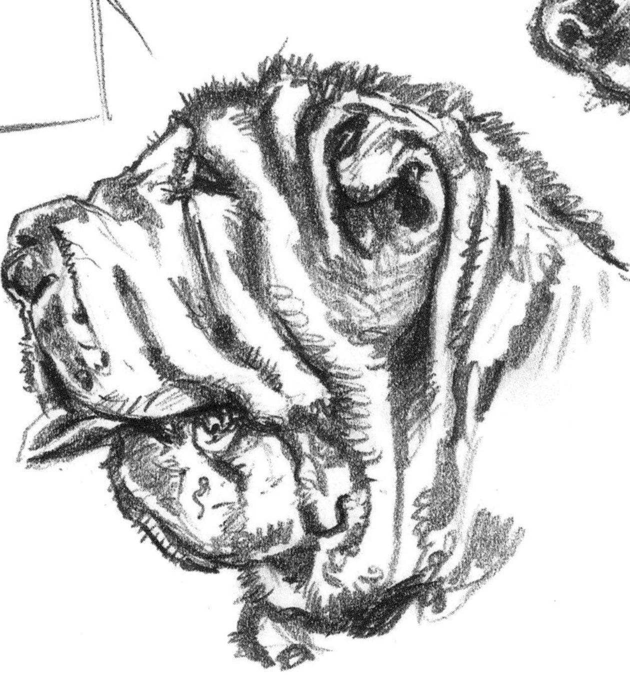

## Deutscher Schäferhund

Diesen elegant aussehenden Hund habe ich mit einem Bleistift 4B gezeichnet. Da ich mit Deutschen Schäferhunden aufgewachsen bin, mag ich sie besonders gern. Wahrscheinlich sieht man das meinen Zeichnungen an.

# Hundegesichter

**Bei allen Hunden einer Rasse sind sich die Augen und Ohren relativ ähnlich. Wenn Sie aber nach bestimmten Modellen zeichnen, sollten Sie auf Merkmale mit Wiedererkennungswert achten, etwa einen ungewöhnlichen Fellwirbel oder die ausgezackte Kante eines Ohrs.**

## Augen

Die Augen drücken die Stimmung eines Hundes aus – Traurigkeit, Freude, Langeweile, Verwirrung oder Angst. Wenn Sie Ihr eigenes Haustier zeichnen, sollten Sie versuchen, solche Aspekte einzufangen. So tragen Sie mit der Zeit einen guten Fundus von Vorlagen für ausgearbeitete Zeichnungen zusammen. Versuchen Sie, verschiedene Nuancen der Stimmungen festzuhalten. Dabei kann auch eine Kamera nützlich sein.

Die folgenden Beispiele geben einige Anhaltspunkte. Nehmen Sie sich etwas Zeit, um sie abzuzeichnen, und vergleichen Sie sie später mit eigenen Zeichnungen.

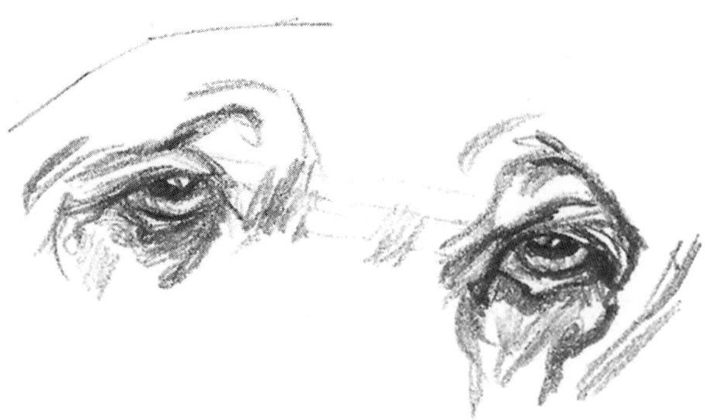

Basset

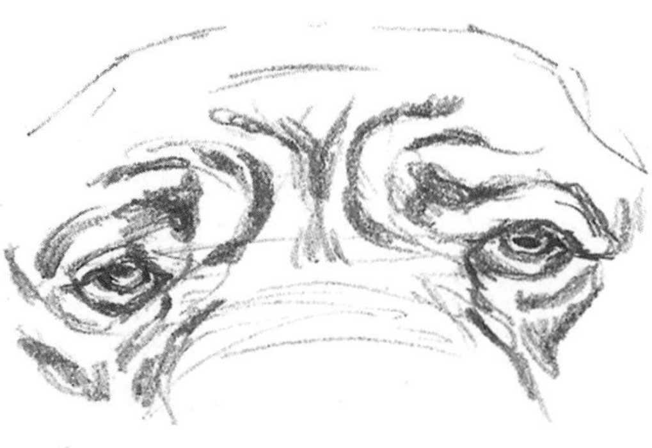

Französischer Mastiff

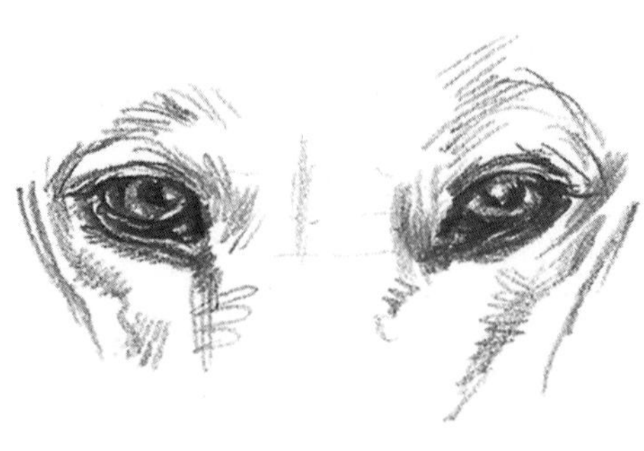

Barsoi

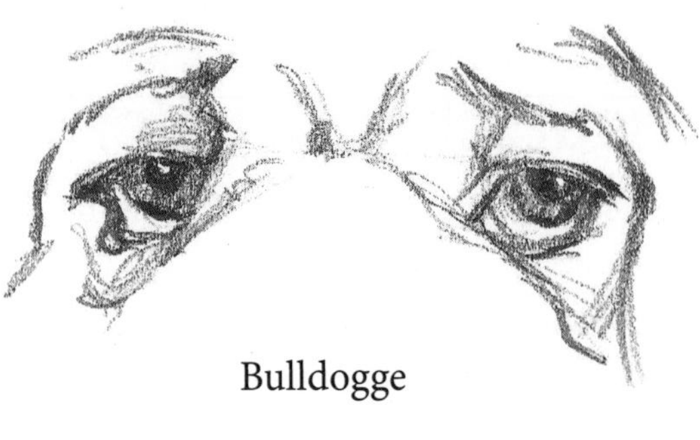

Bulldogge

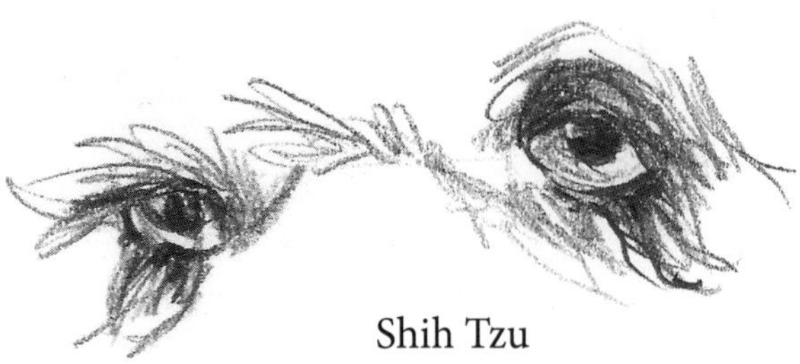

Shih Tzu

## Nasen

Für den Geruchssinn des Menschen sind etwa fünf Millionen Riechzellen in der Nase verantwortlich. Ein Hund hat mehr als 220 Millionen Riechzellen – das erklärt seinen außergewöhnlich ausgeprägten Geruchssinn. Hundenasen sehen interessant aus, und es macht Spaß, sie zu zeichnen. Schauen Sie sich diese Beispiele an und betrachten Sie dann die Nasen lebender Hunde. Achten Sie genau auf die Form, die seitlichen Krümmungen und die kleine, senkrechte Rille in der Mitte, die Philtrum genannt wird.

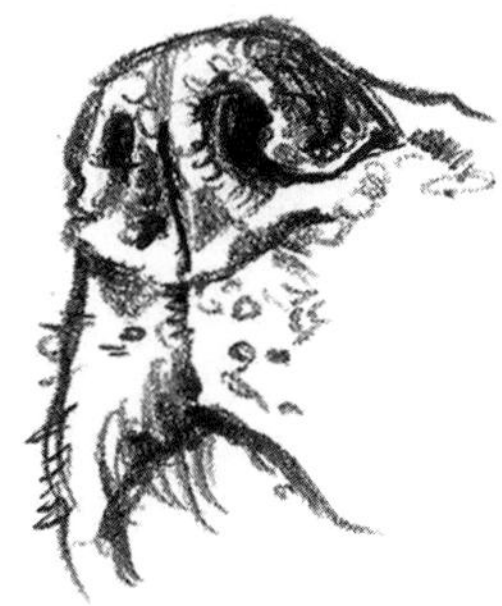

Dänische Dogge

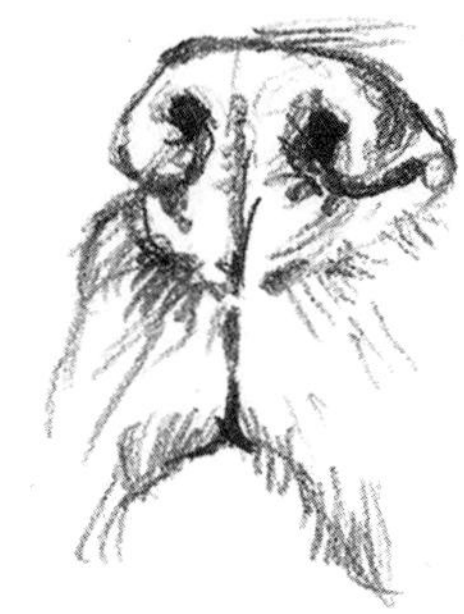

Golden Retriever

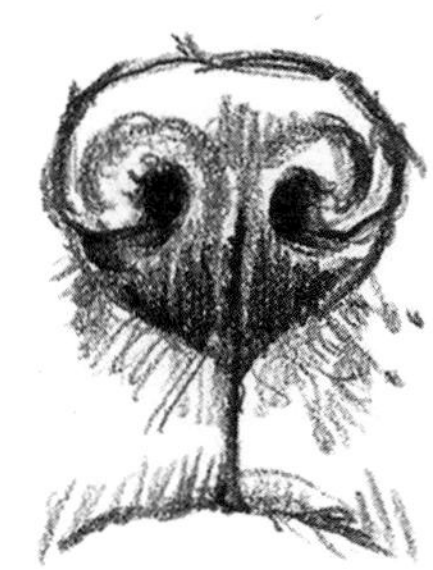

Husky

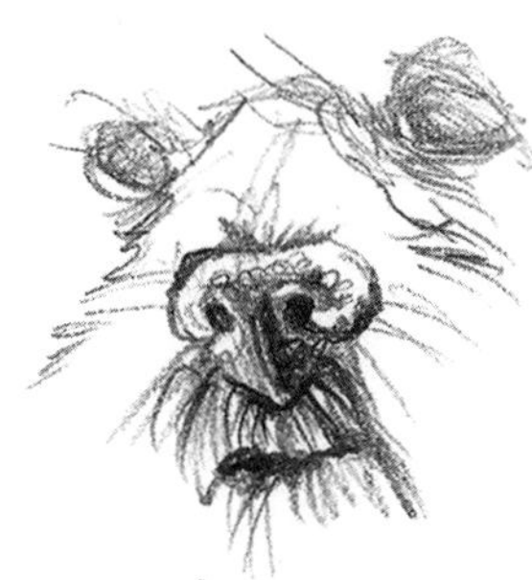

Shih Tzu

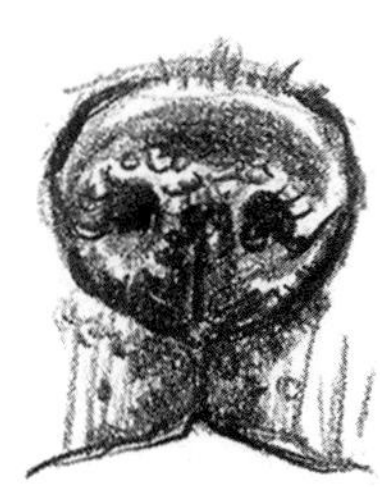

Labrador

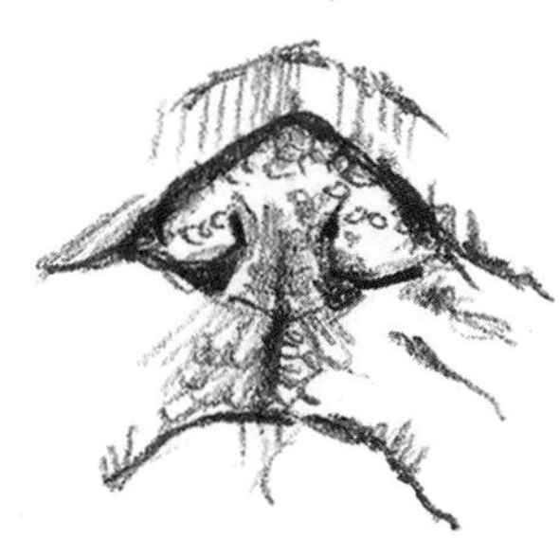

Bulldogge

## Ohren

Es gibt Hunde mit großen und kleinen Ohren, mit Schlappohren, aufrecht stehenden oder abgeknickten Ohren. Hunde haben ein besseres Gehör als Menschen. Mithilfe von Muskeln können sie die Ohrmuscheln drehen, um festzustellen, aus welcher Richtung ein Geräusch kommt.

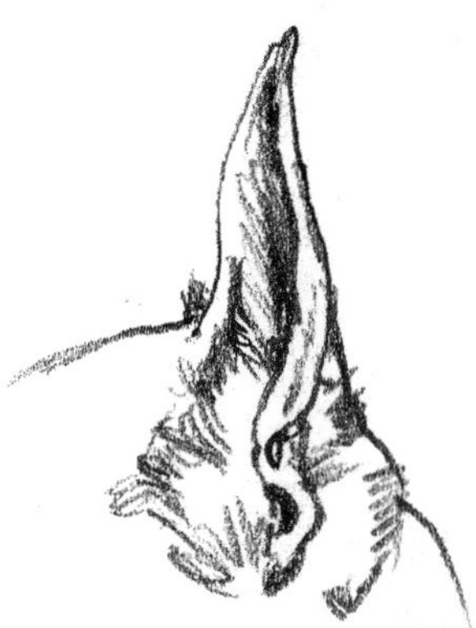

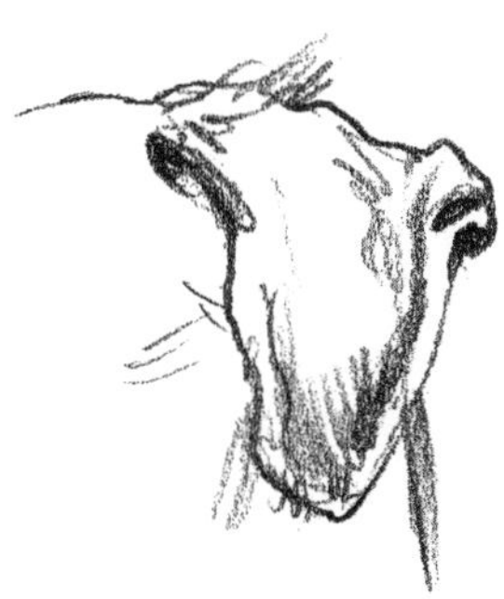

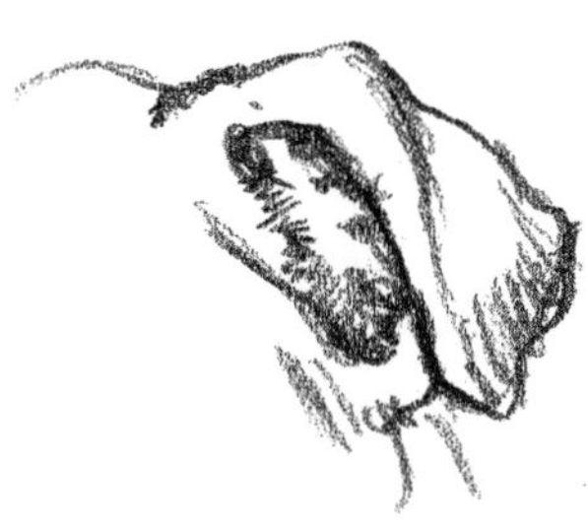

# Katzenköpfe

**Auch bei den Katzen gibt es verschiedene Rassen, doch die Unterschiede sind geringer als bei Hunden. Von der gewöhnlichen Hauskatze bis zum reinrassigen Perser sehen sich alle recht ähnlich, nur die Länge der Schnauze, der Ohren und des Fells unterscheiden sich.**

**Material**

- Bleistifte 4B und 6B
- Zeichenpapier 220 g/m$^2$
- Knetradiergummi
- Anspitzer

Katzen haben einen wunderbar athletischen Körper und meist schöne, ovale Augen. Ihre Mimik ist subtiler als die von Hunden.

Die folgenden Beispiele zeigen verschiedene Katzenköpfe. Üben Sie zuerst, diese abzuzeichnen, und vergleichen Sie sie dann mit Katzen aus Ihrem Umfeld, um Unterschiede oder Ähnlichkeiten zu erkennen.

## Langhaarkatze

Den Kopf zunächst mit dem Bleistift 4B vorzeichnen, dann das Innere der Ohrmuscheln mit dem Bleistift 6B abdunkeln und die weißen Haare mit dem Knetradiergummi wieder aufhellen. Auch die Lichtreflexe in den Augen der Katze werden radiert.

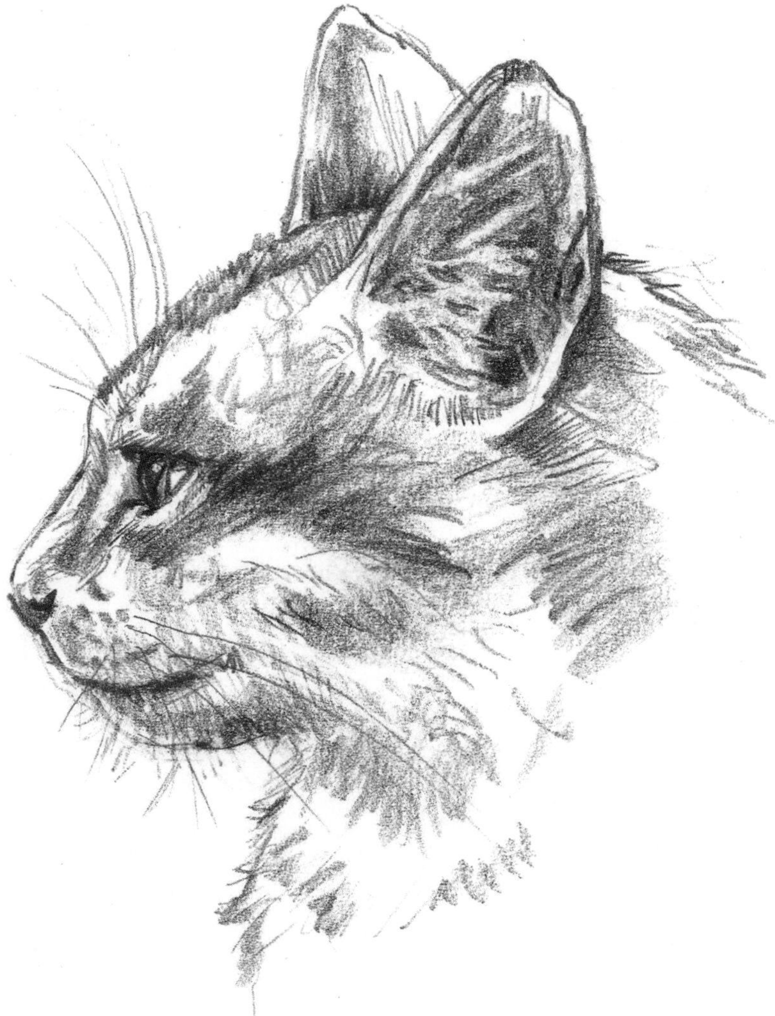

## Tigerkatze

Die zuerst gezeichneten Hilfslinien wurden nicht ausradiert. Zum Schraffieren der Tonwerte und des angedeuteten Fellmusters empfiehlt es sich, den Bleistift flach auf die Seite zu legen. Das Aufhellen von Lichtreflexen und hellen Fellbereichen gelingt am besten mit dem Knetradiergummi.

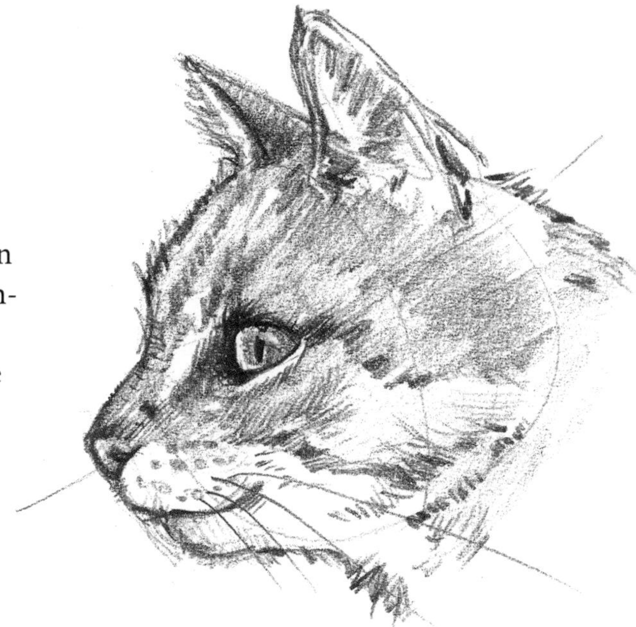

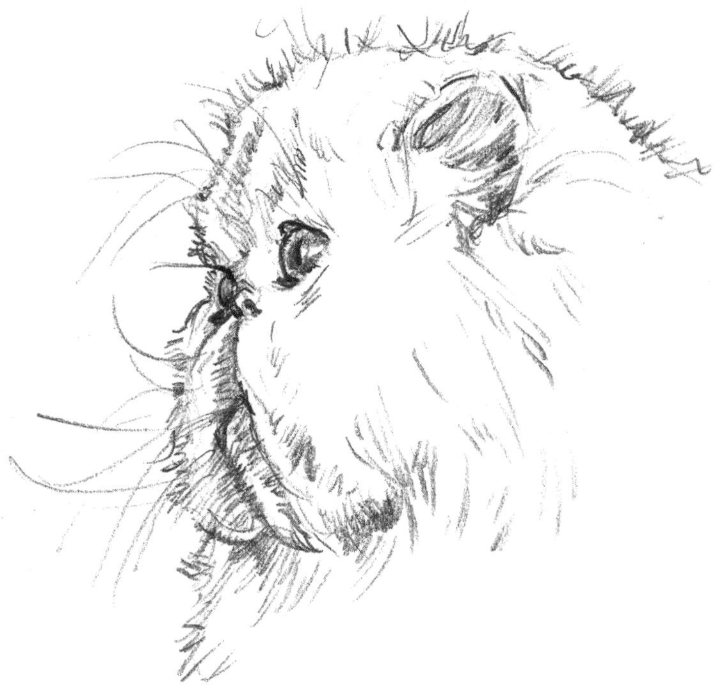

## Perser

Im Profil ist die extrem flache Nase der Perserkatze gut zu erkennen. Bei einer weißen Katze genügt es, das Fell auf der beleuchteten Seite mit wenigen Strichen anzudeuten und für die Schattenseite einen hellen Tonwert zu wählen.

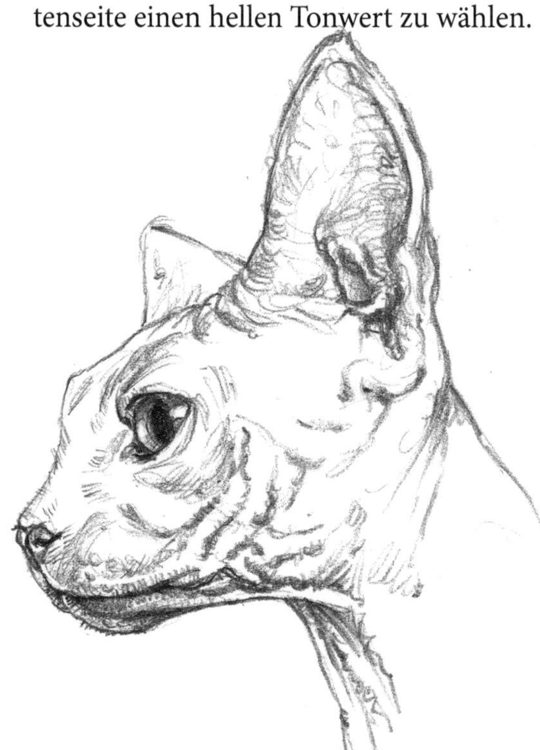

## Sphinxkatze

Diese Katzen sind in ihrer Nacktheit etwas befremdlich, aber bei genauem Hinsehen kraftvoll und schön. Das fehlende Fell lässt sich am besten darstellen, indem man sie mit lockeren, sehr sparsamen Strichen zeichnet.

# Katzengesichter

Die Köpfe der verschiedenen Katzenrassen unterscheiden sich weniger durch die Gesamtgröße, sondern vor allem durch die Form und Größe von Augen und Ohren. Vor allem die Augen spielen für den Gesichtsausdruck einer Katze eine entscheidende Rolle.

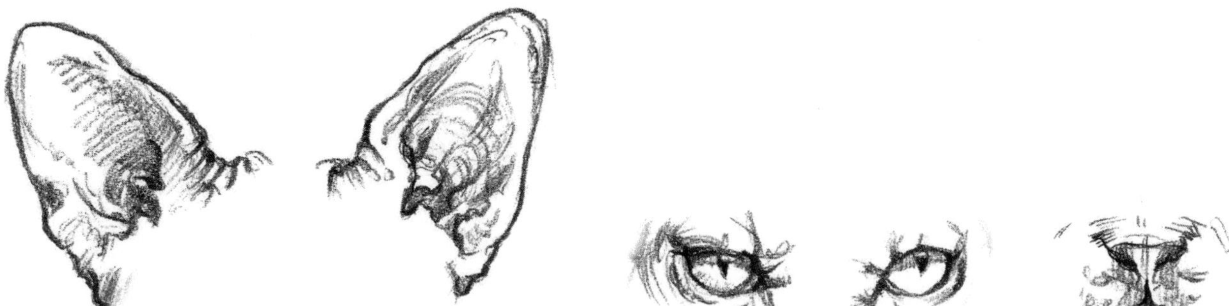

Sphinxkatze

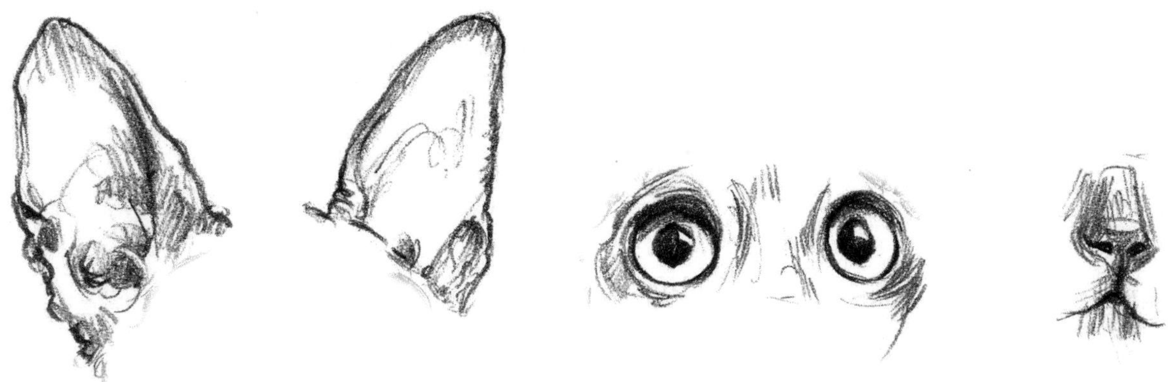

Cornish Rex

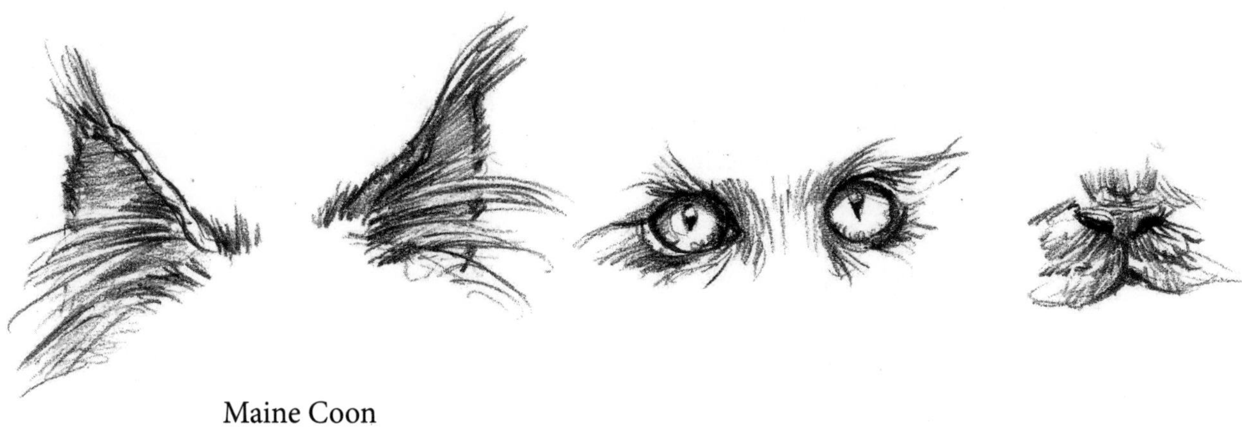

Maine Coon

# Andere Tiere

Bei anderen Tieren gibt es natürlich größere Unterschiede, beispielsweise in der Form der Ohren. Wie immer kommt es also auf eine genaue Beobachtung der Form, der Tonwerte und der Texturen an. Bei den Augen sollten Sie vor allem darauf achten, wie sie im Kopf liegen. Nagetiere haben beispielsweise oft vorspringende Augen. Die Augen von Raubtieren sitzen meist vorn im Kopf, während die Augen typischer Beutetiere seitlich sitzen, sodass sie einen größeren Blickwinkel haben und Gefahren aus allen Richtungen früher wahrnehmen können.

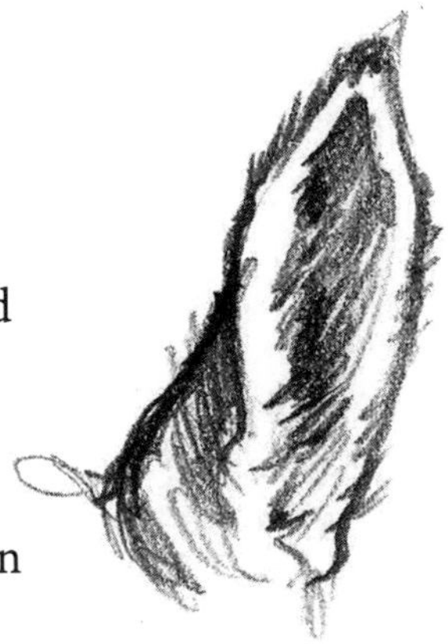

Pferd

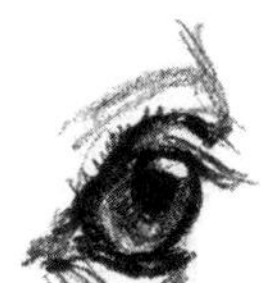

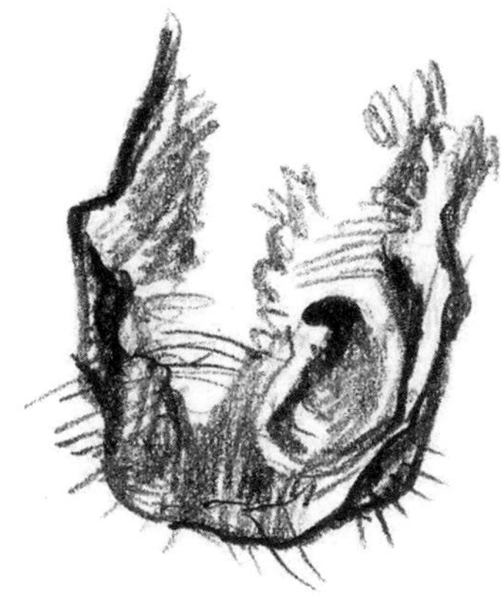

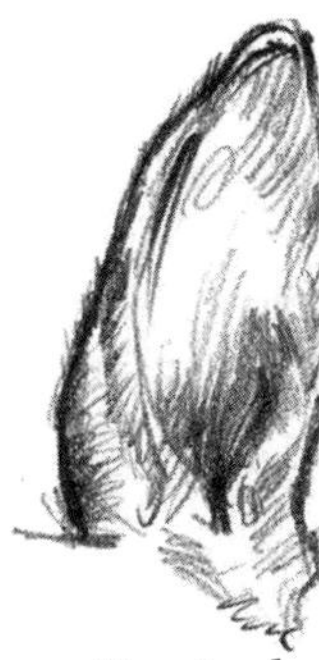

Kaninchen

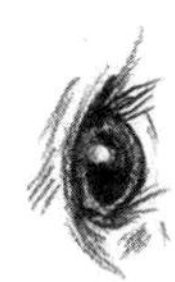

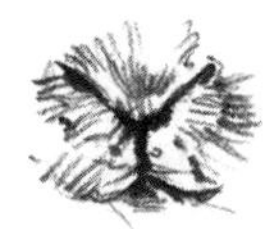

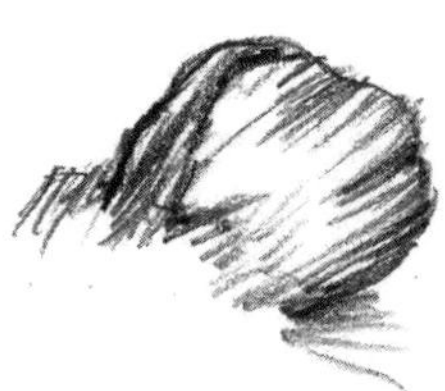

Meerschweinchen

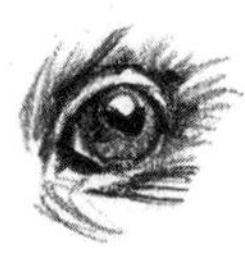

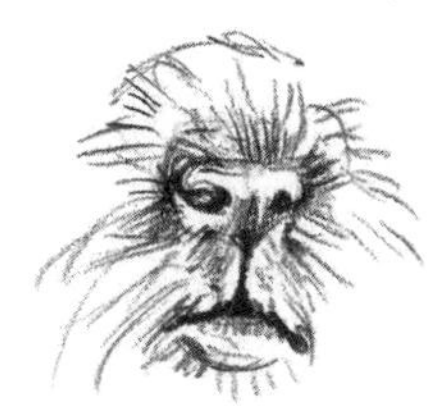

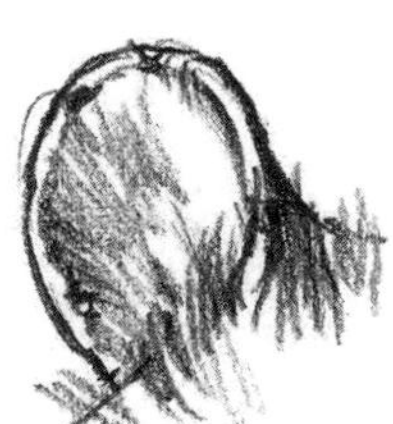

Maus

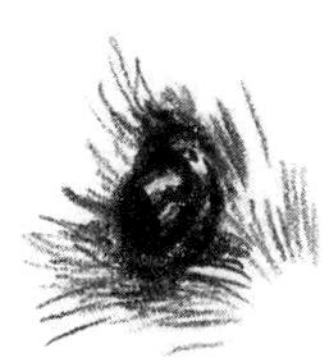

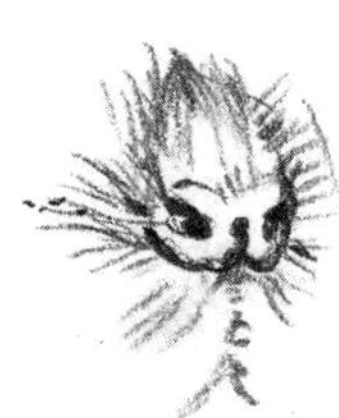

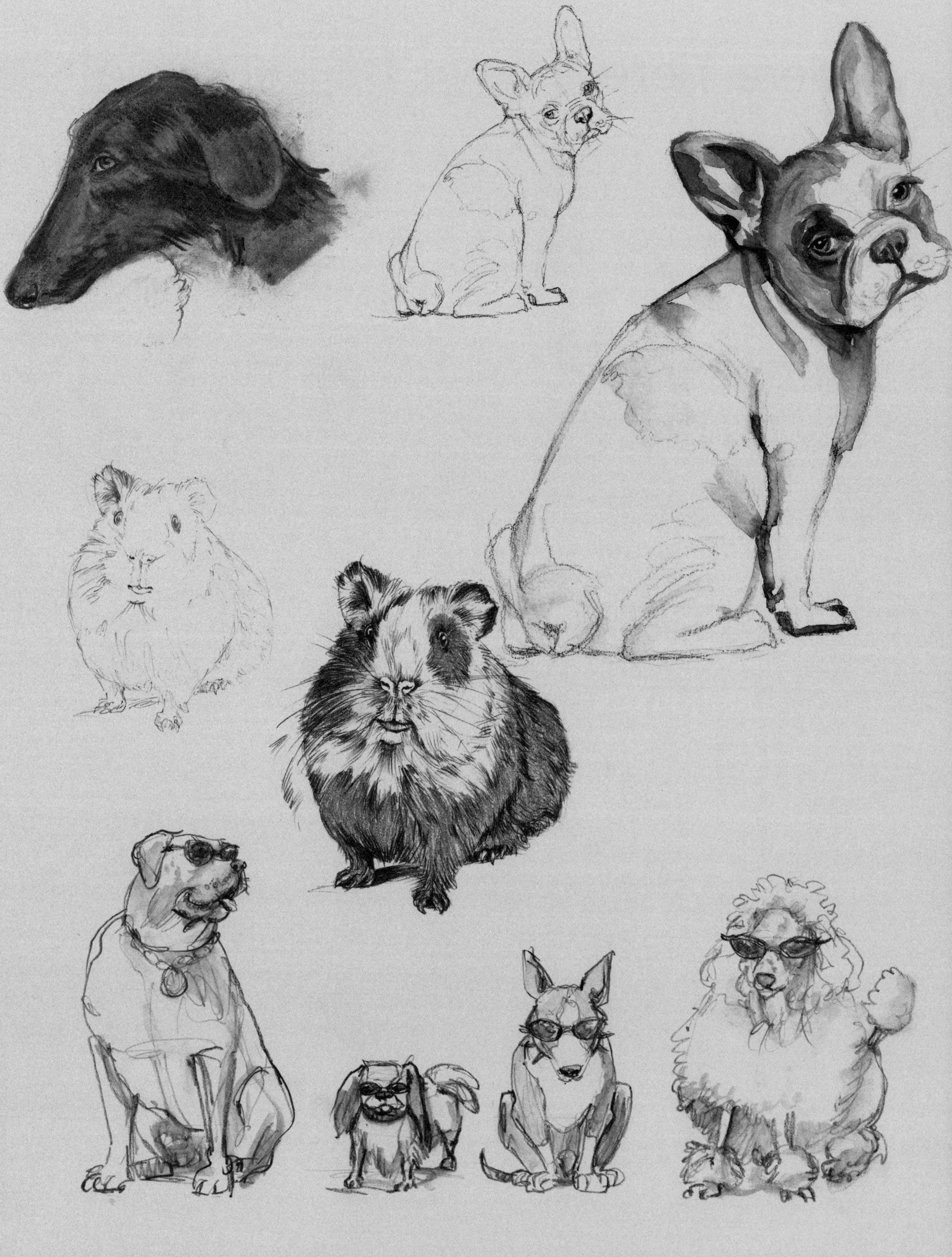

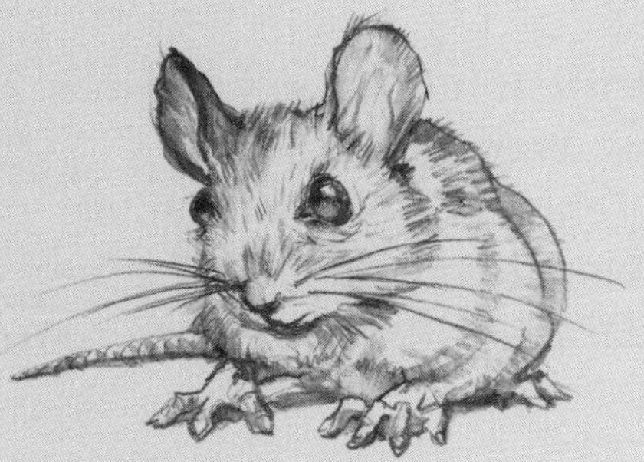

# Kapitel 7
# Materialien und ihre Möglichkeiten

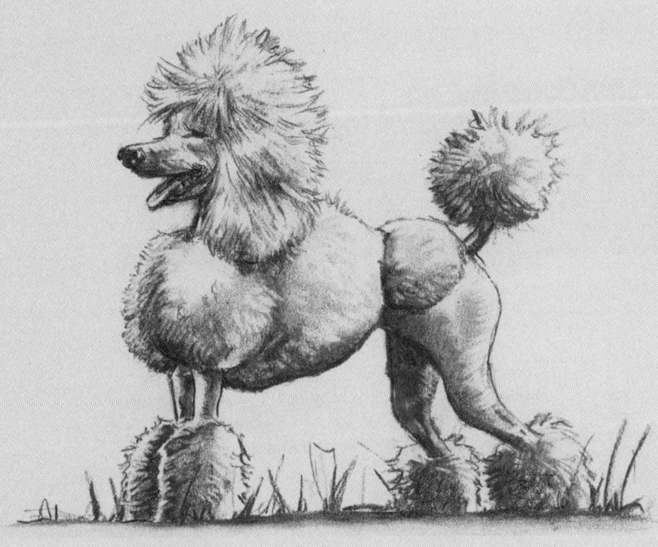

Bis jetzt haben Sie für die ersten Übungen nur wenige Zeichenmaterialien verwendet. Nun lernen Sie weitere kennen, mit denen Sie experimentieren sollten, um sie besser vergleichen zu können. Viele Zeichner entwickeln mit der Zeit Vorlieben für bestimmte Zeichengeräte, weil sie das Gefühl haben, sich mit diesen am besten ausdrücken zu können. Darum empfehle ich Ihnen, möglichst viele auszuprobieren, um Ihre eigenen Favoriten zu finden und bewusst diejenigen Materialien auswählen zu können, die Ihrem Motiv und der gewünschten Atmosphäre am besten gerecht werden.

Die Übungen in diesem Kapitel zeigen, dass sich für ausgeprägt grafische Zeichnungen Tusche gut eignet. Zeichenkohle ist ideal für stimmungsvolle, dramatische Motive. Pastellkreiden bestechen durch ihre intensiven Farben, und mit Aquarellfarben lassen sich feine Details ebenso gut gestalten wie zarte Lasureffekte.

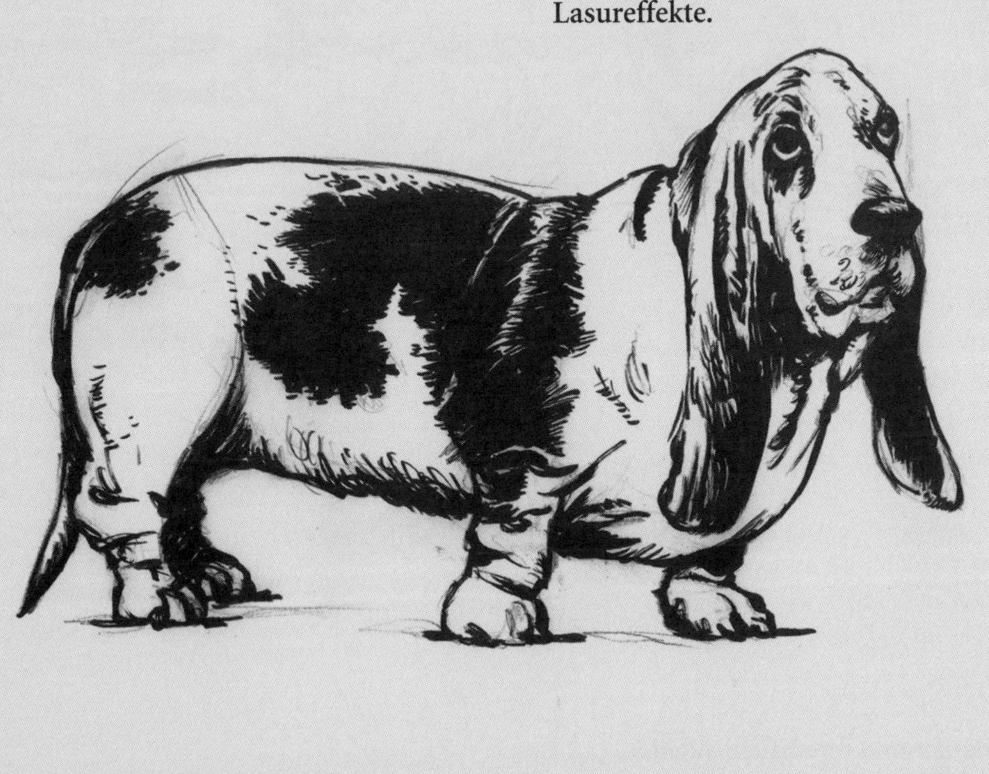

# Tusche

**Tusche kann mit einem Pinsel, einer Eintauchfeder oder einem Pinselstift aufgetragen werden. Sie ergibt einen klaren, dunklen Strich, der sich nicht ausradieren lässt. Wer sich an dieses Medium wagt, sollte schon etwas Übung haben – allerdings können Fehler notfalls mit weißer Gouache übermalt werden. Die folgenden Beispiele zeigen verschiedene Effekte, die mit Tusche möglich sind. Ich arbeite gern mit Pinselstiften, die auch für andere Beispiele in diesem Buch zum Einsatz kommen.**

Die Bewegung dieser Katze habe ich mit einem Pinselstift mit sehr fließenden Strichen in der Richtung des »fliegenden« Fells eingefangen. Teilweise habe ich mit einem Stift gearbeitet, der fast leer war. So entstanden die helleren Tonwerte, durch die der Katzenkörper modelliert wird.

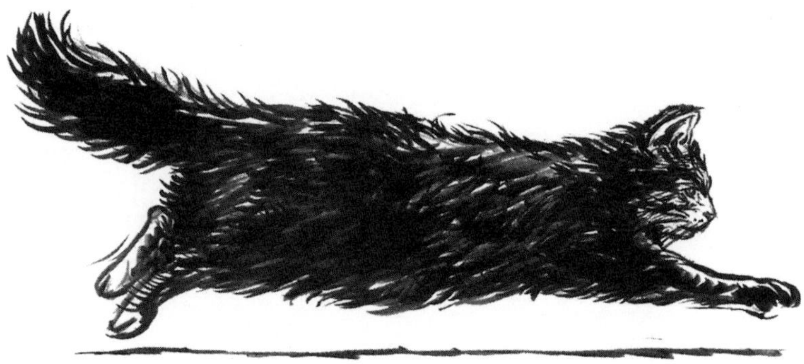

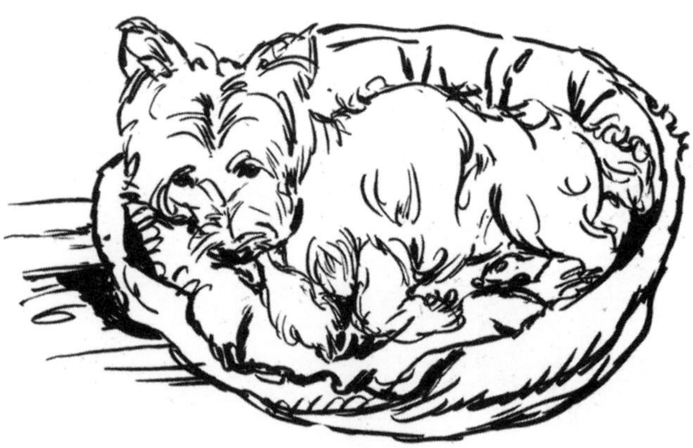

Hier habe ich versucht, meinen Hund Ted mit einem Pinselstift festzuhalten, solange er still lag – ganz ohne Vorzeichnung mit Bleistift. Die sparsamen, zügigen Striche halten nur das Wesentliche fest.

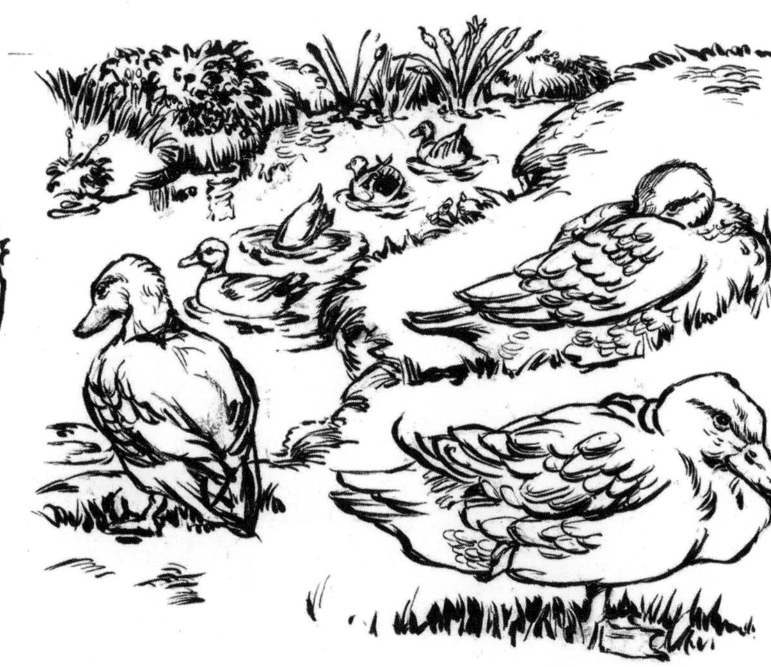

Die Enten habe ich rasch mit Bleistift skizziert, als ich an einem Flussufer saß. Zu Hause habe ich die Zeichnung mit einem Pinselstift ausgearbeitet.

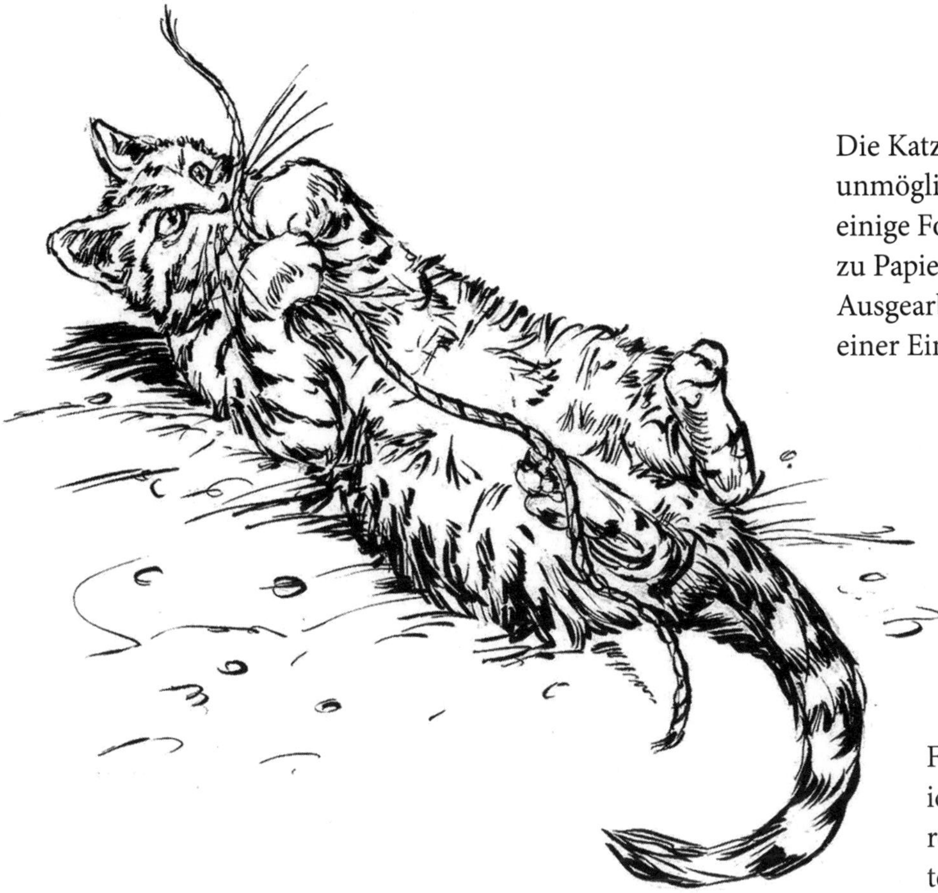

Die Katze bewegte sich so schnell, dass es unmöglich war, sie zu zeichnen. Also nahm ich einige Fotos auf und brachte eine schnelle Skizze zu Papier, die stellenweise noch zu sehen ist. Ausgearbeitet wurde die Skizze mit Tusche und einer Eintauchfeder.

Für die weicheren Striche des Pfaus habe ich einen Pinselstift benutzt, der schon relativ leer war. Die tiefschwarzen Schattenbereiche entstanden mit einem neuen Pinselstift.

Beide Kühe wurden mit einem japanischen Pinselstift gezeichnet – bewusst grafisch und mit sparsamen Strichen.

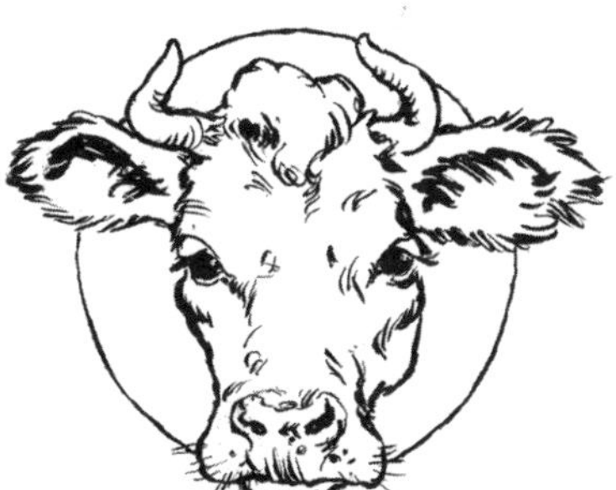

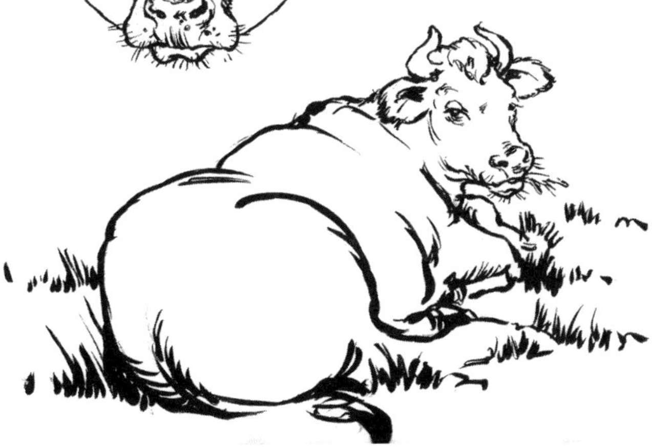

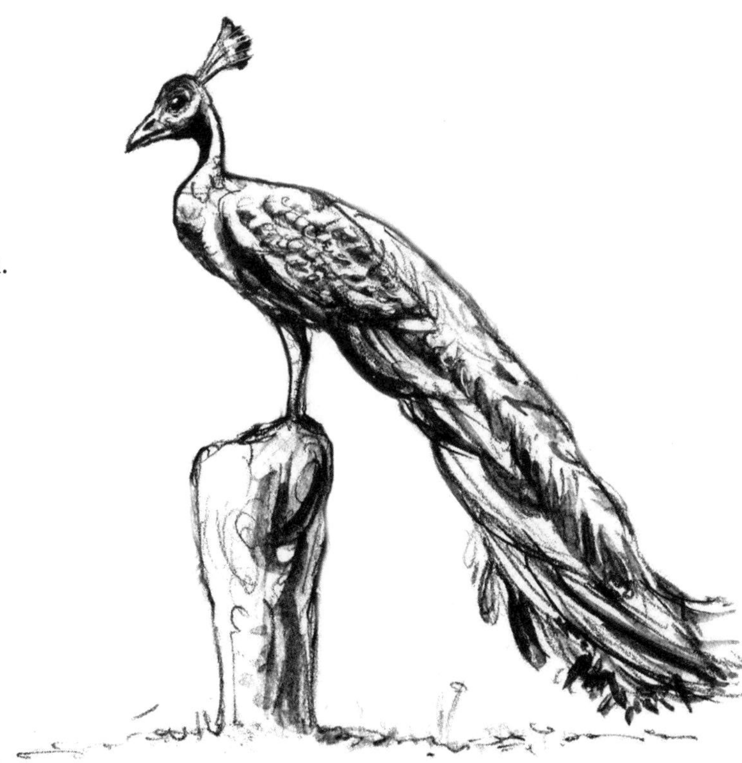

# Basset Schritt für Schritt

**Das Fell dieser Hunde sieht oft aus, als sei es etwas zu groß. Zum Zeichnen dieses Effekts eignen sich, ebenso wie für das unregelmäßige dunkle Fleckenmuster, Fineliner und Pinselstift sehr gut.**

**Material**

- Bleistift 4B
- Knetradiergummi
- Zeichenpapier 220 g/m²
- Schwarzer Pinselstift
- Schwarzer Fineliner
- Weiße Gouache

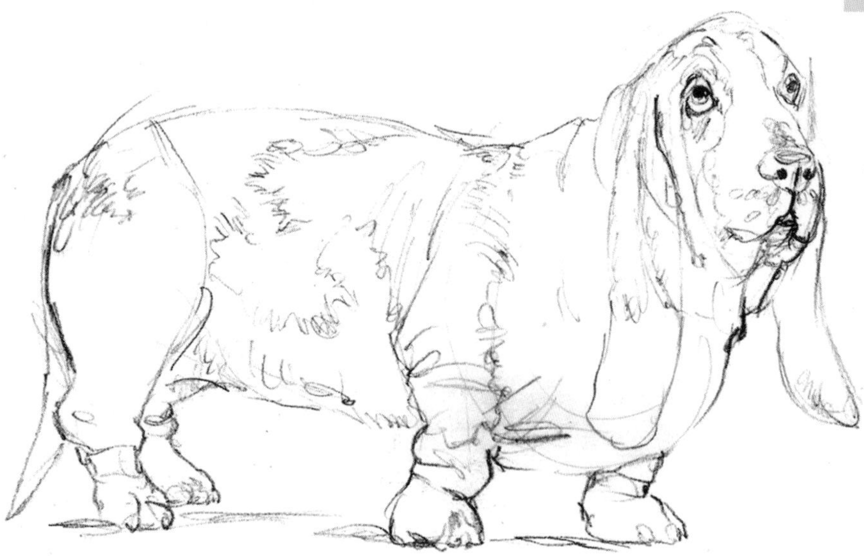

## Schritt 1

Zuerst den Hund grob mit dem Bleistift 4B vorzeichnen. Dabei wird das Fellmuster vereinfacht. Es wird später in Schwarz ausgearbeitet.

## Schritt 2

Mit dem schwarzen Pinselstift die Augen und die Ohren genauer ausarbeiten. Auf Mitteltöne wird weitgehend verzichtet, um eine grafische Wirkung zu erzielen.

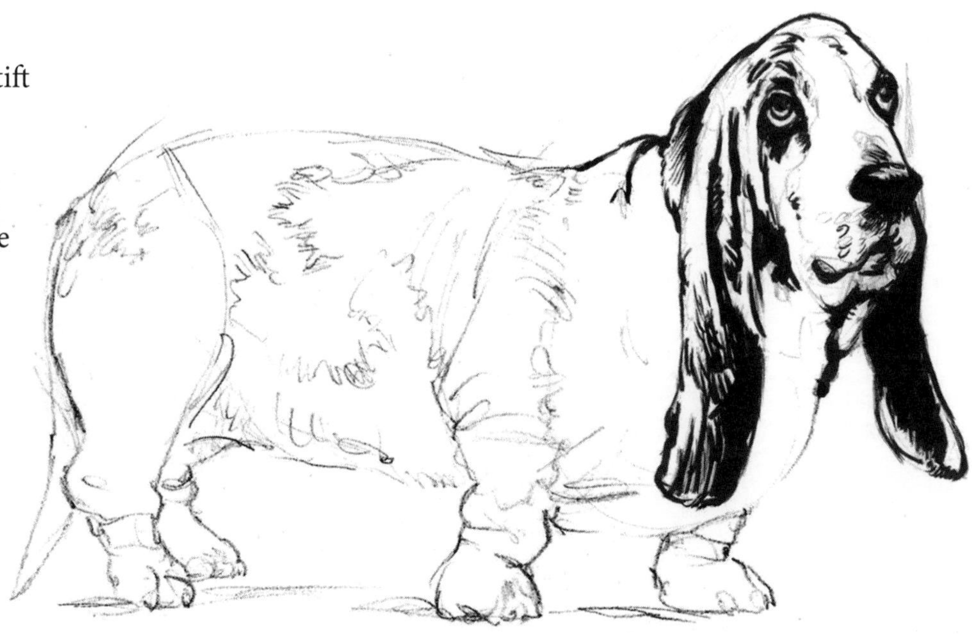

## Schritt 3

Jetzt mit Fineliner und Pinselstift das Fleckenmuster des Fells schwärzen und feine Striche einzeichnen, die einzelne Haare im Fell hervorheben, auf die das Licht fällt.

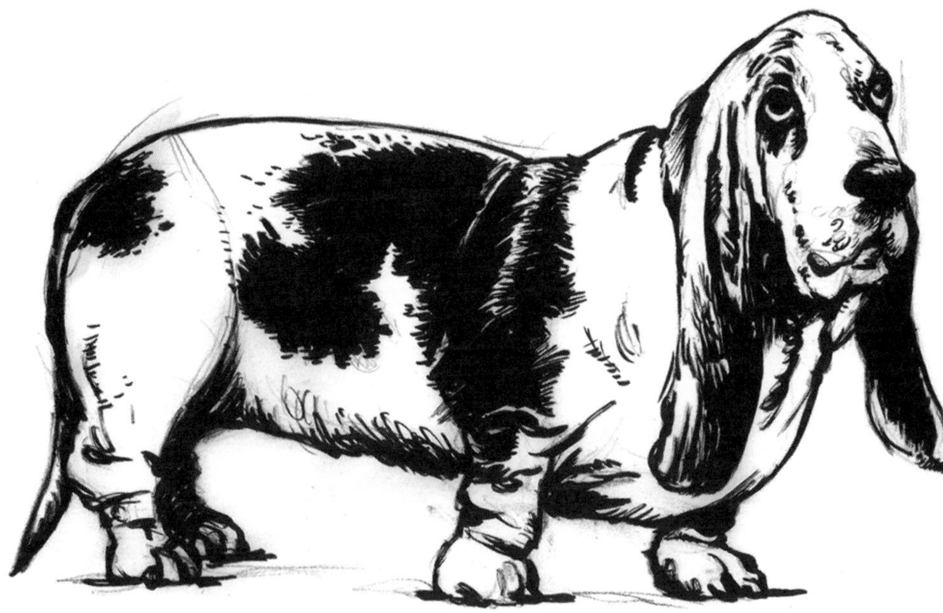

## Schritt 4

Zum Schluss werden alle Bleistiftstriche sorgfältig ausradiert. Ein Vorteil von Tuschezeichnungen besteht darin, dass man nach dem Trocknen alle Hilfslinien problemlos ausradieren kann. Falls die Augen zu dunkel wirken, können sie mit weißer Gouache nochmals überarbeitet werden. Auch der Lichtreflex auf der Nase wurde hier vergrößert und klarer herausgearbeitet.

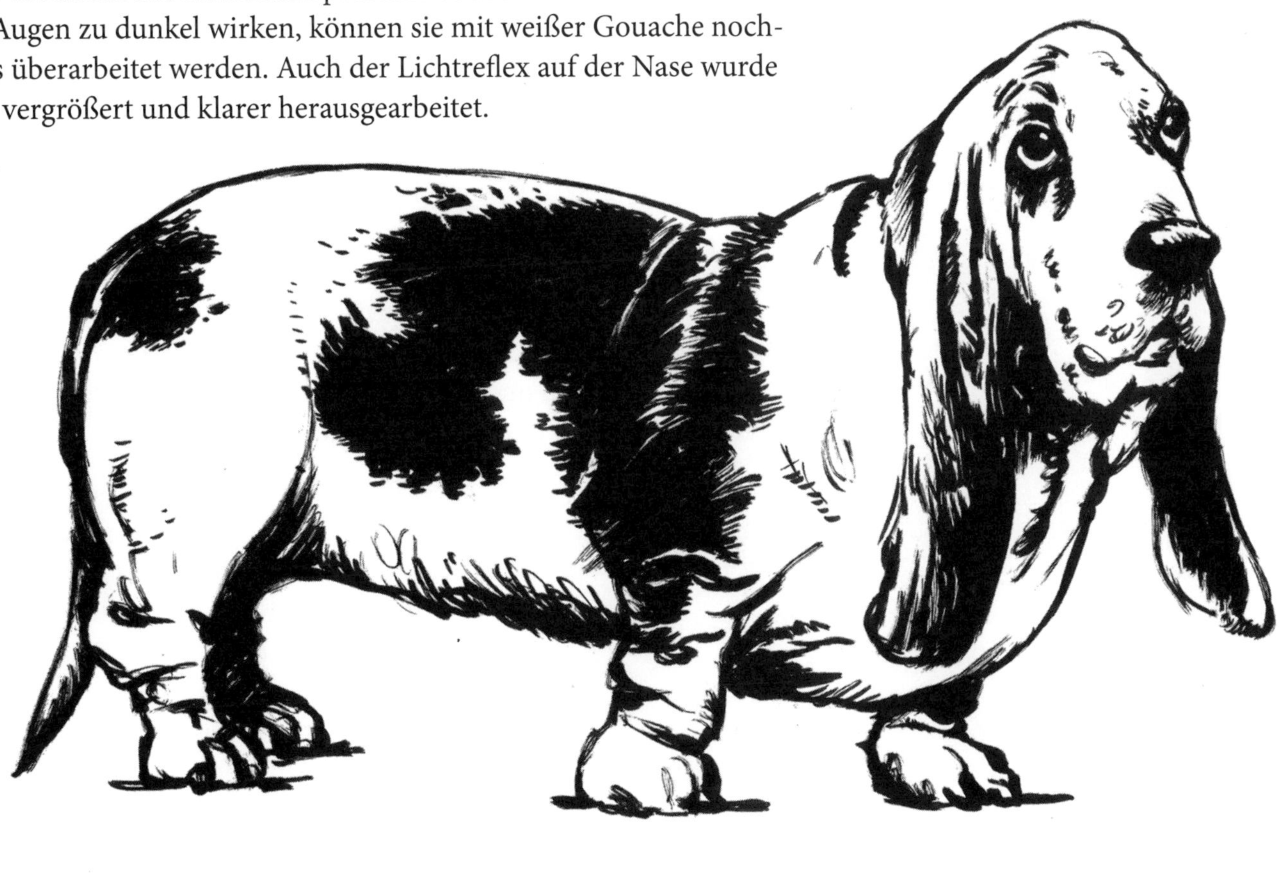

# Aquarellfarben

**Es erfordert viel Geduld, den Umgang mit Aquarellfarben perfekt zu beherrschen. Ich benutze sie seit über 25 Jahren und lerne noch immer. Andererseits eignen sie sich ausgezeichnet, um Zeichnungen lebendig werden zu lassen, und wenn man einige Grundregeln beachtet, ist die Handhabung gar nicht so schwierig.**

**Wichtig ist vor allem, spezielles Aquarellpapier zu verwenden, das es als Einzelbögen und in Blöcken zu kaufen gibt. Ich empfehle eine Papierstärke von mindestens 300 g/m$^2$, die sich durch den Kontakt mit den nass angerührten Farben nicht wellt.**

In der Aquarellmalerei arbeitet man immer von Hell nach Dunkel und baut die Lasuren (oder in diesem Fall die Grautöne) allmählich auf, um mit den dunkelsten Tonwerten zu enden. Aquarelle zeichnen sich durch Leichtigkeit und große Leuchtkraft aus, sie eignen sich aber ebenso, um dunkle Schatten und feine Details zu malen. Hier sind verschiedene Aquarelle zu sehen, manche fein ausgearbeitet, andere leicht und locker.

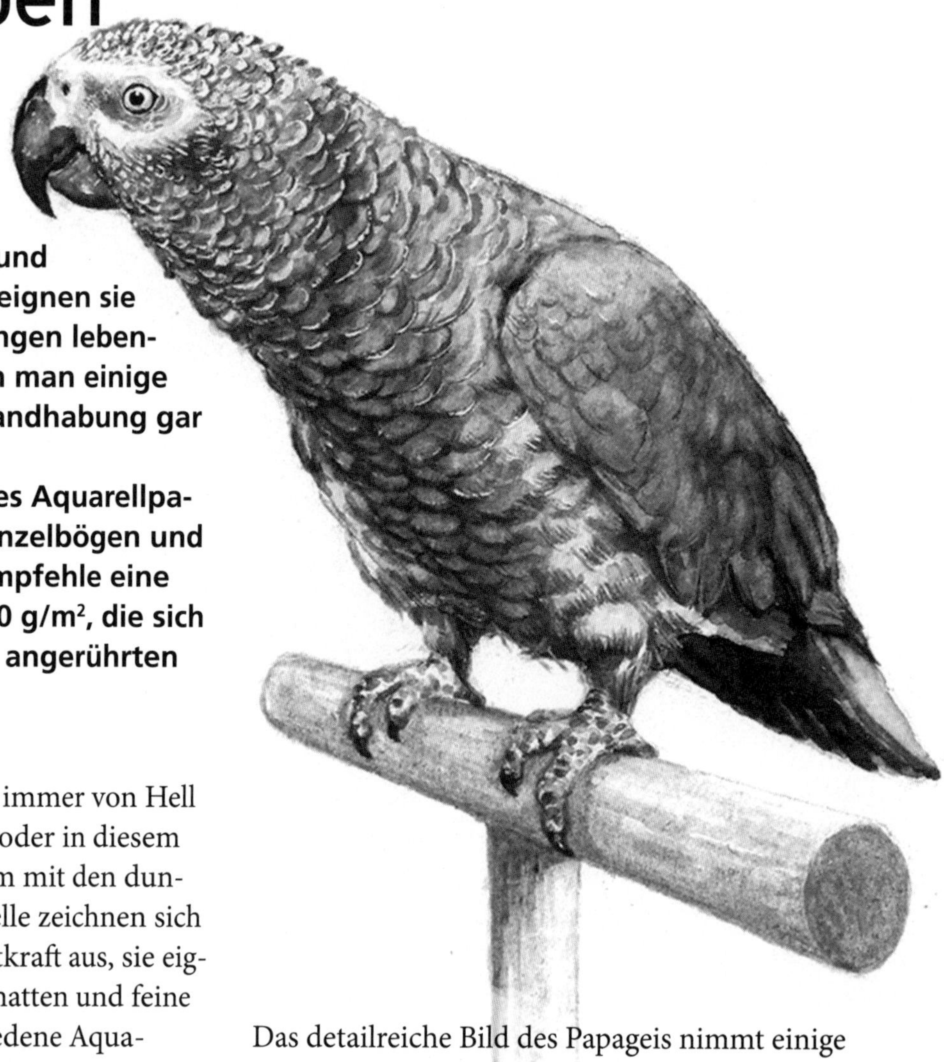

Das detailreiche Bild des Papageis nimmt einige Zeit in Anspruch, weil das Gefieder aus vielen nacheinander aufgetragenen Lasuren aufgebaut wird. Für Lichtreflexe wird die feuchte Farbe mit Küchenpapier oder einem Pinsel wieder vom Papier abgenommen. Die Federn auf Flügel und Schwanz nass in nass malen und bei Bedarf einige Lichtreflexe nach dem Trocknen mit weißer Gouache einfügen.

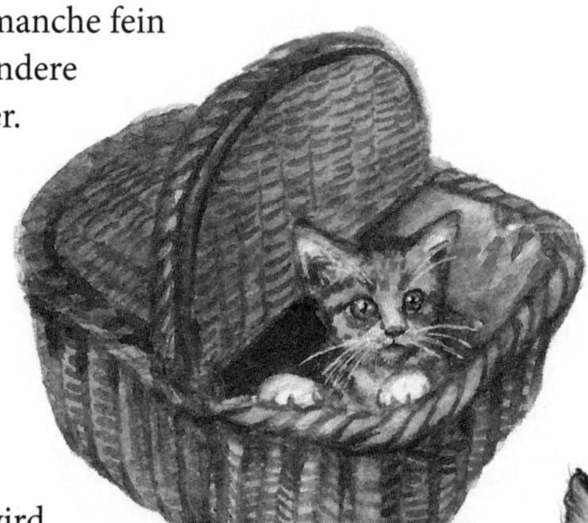

Das Kätzchen wird mit schnellen Strichen gezeichnet. Die Details des Korbes kosten etwas mehr Zeit.

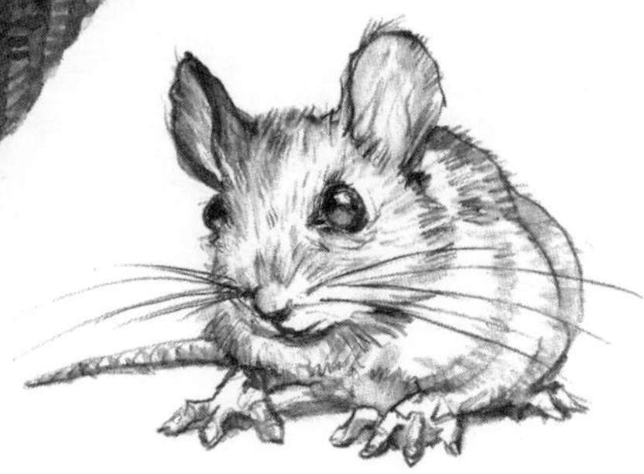

Die Maus zügig mit einem wasserlöslichen Grafitstift 8B zeichnen und nur die Details von Kopf und Pfoten genauer ausarbeiten. Danach die Striche mit einem nassen Pinsel vermalen.

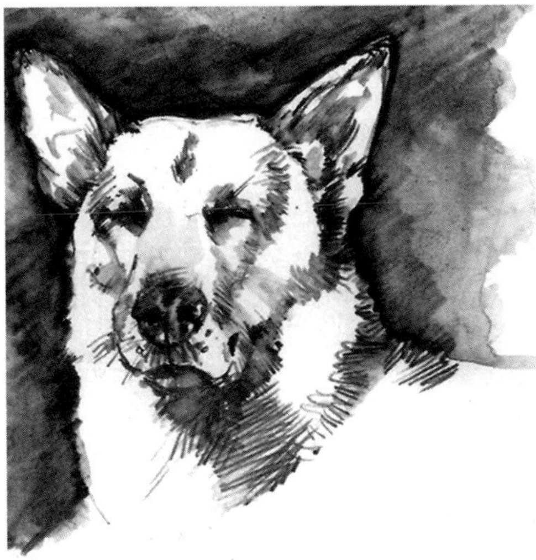

Das Kätzchen am Milchnapf wird nass in nass gemalt. Zuerst die Katze grob vorzeichnen, dann das Papier anfeuchten und die ersten Grautöne einfügen. Eine Minute abwarten, bis das Papier leicht antrocknet, dann weitere Grautöne einfügen. Dadurch verlaufen die Striche ineinander und es entsteht ein sehr weicher Gesamteindruck.

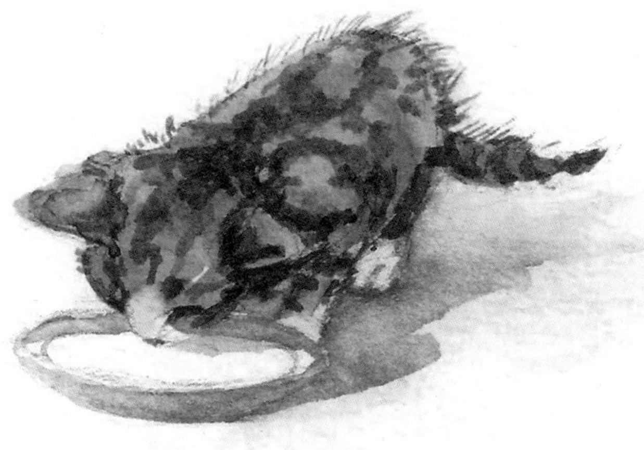

Der Deutsche Schäferhund wird mit wasserlöslichem Grafitstift gezeichnet und dann befeuchtet. Ehe die Lasuren getrocknet sind, weitere Striche mit dem Stift einfügen. Dies entspricht nahezu der klassischen Nass-in-nass-Malerei, bei der Aquarellfarben in vorher aufgetragene, noch feuchte Lasuren getupft werden. Haben Sie keine Angst vor Experimenten – man kann nie wissen, welche glücklichen Zufälle sich dabei ergeben.

Die Hunde mit Sonnenbrillen werden mit wasserlöslichem Grafitstift sehr zügig gezeichnet und leicht überlasiert, damit sie so leicht und frisch wirken.

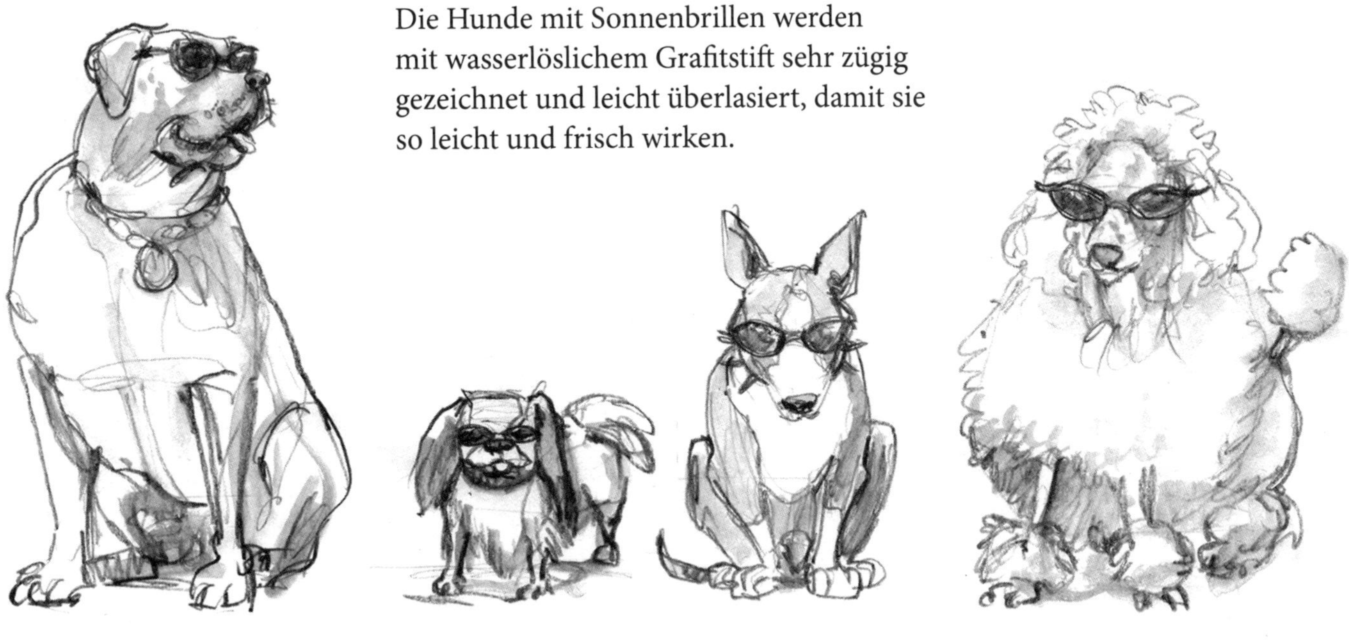

# Französische Bulldogge Schritt für Schritt

**Der kleine Welpe mit dem schief gelegten Kopf und den riesigen Ohren ist für einen aufmerksamen Zeichner ein unwiderstehliches Motiv.**

**Material**

- Bleistift 3B
- Aquarellpapier 300 g/m²
- Knetradiergummi
- Künstleraquarellfarbe Neutraltinte
- Aquarellrundpinsel Nr. 8

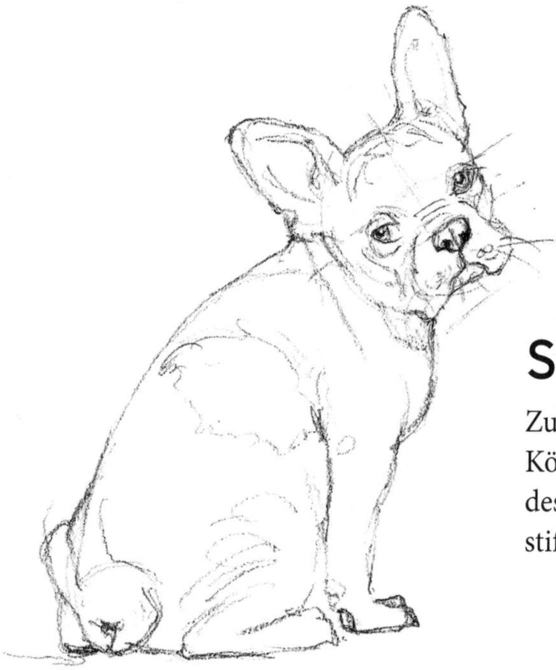

## Schritt 1

Zuerst den Umriss des Körpers und einige Details des Kopfes mit einem Bleistift vorzeichnen.

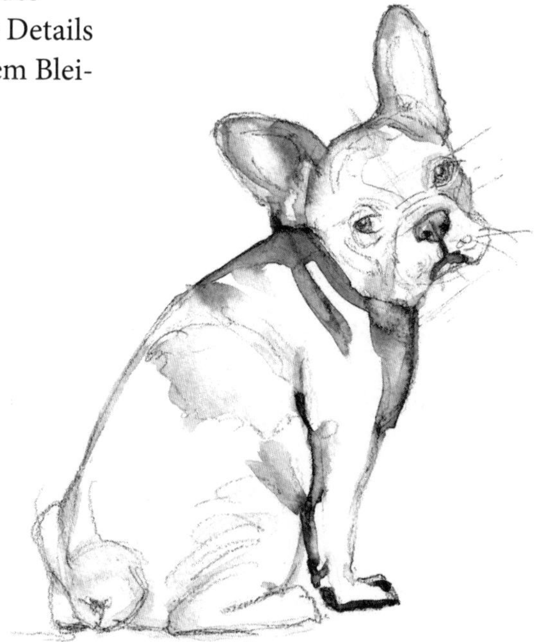

## Schritt 2

Aquarellfarbe in Neutraltinte (einem sehr dunklen Grau) mit dem Pinsel aufnehmen, die dunkleren Flecken des Fells eintönen und den Umriss zart andeuten. Es ist wichtig, dabei mit flüssigen Strichen zu arbeiten und überschüssige Farbe rasch mit Küchenpapier abzutupfen. Falls Bereiche zu dunkel erscheinen, kann dort etwas Farbe mit einem Pinsel, der mit klarem Wasser angefeuchtet ist, wieder abgenommen werden. Auch weiche Übergänge werden mit einem feuchten Pinsel geschaffen.

**Tipp** Legen Sie beim Arbeiten mit Aquarellfarben Küchenpapier oder einen Schwamm bereit, um Kleckse sofort aufnehmen zu können.

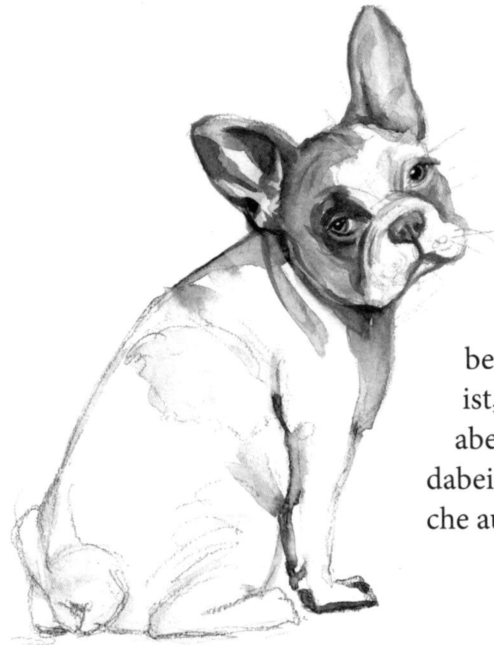

## Schritt 3

Im nächsten Arbeitsgang folgen die dunkleren Lasuren um die Ränder der Ohren, oberhalb des Auges und auf der Nase. Mit dem Pinsel mehr Farbe aufnehmen, die eingetönten Bereiche übermalen und sofort, bevor die Farbe trocknet, mit einem feuchten Pinsel verwischen, um weiche Übergänge zu erhalten. In dieser Phase wird hauptsächlich am Kopf gearbeitet. Die Iris der Augen hat einen mittleren Grauton. Wenn dieser trocken ist, wird die Pupille in tiefem Schwarz gemalt, dabei müssen aber die weißen Lichter sorgfältig ausgespart werden. Falls dabei ein Patzer passiert, kann er später mit weißer Gouache ausgebessert werden.

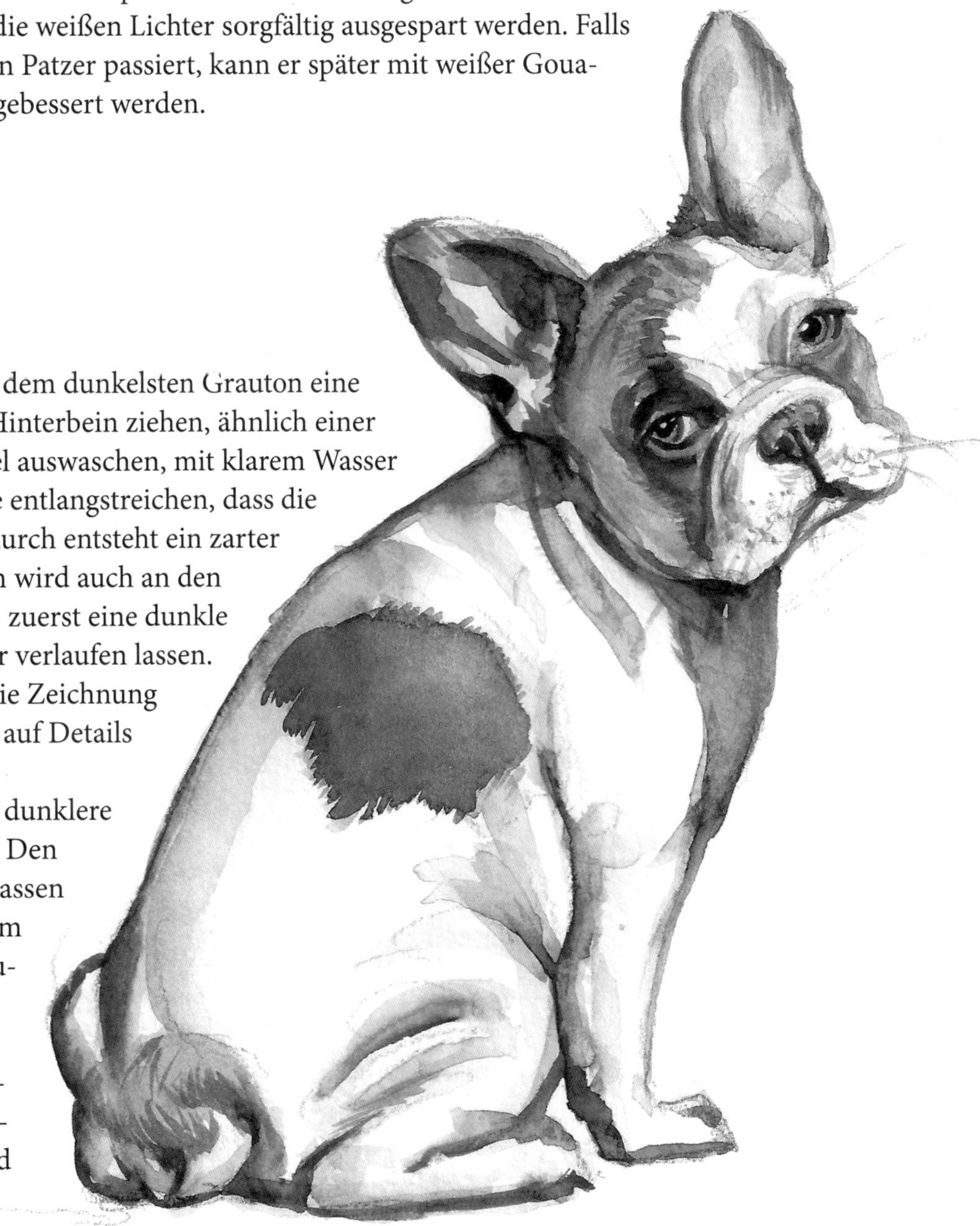

## Schritt 4

Jetzt ist der Körper an der Reihe. Mit dem dunkelsten Grauton eine feine Linie um den Rücken und das Hinterbein ziehen, ähnlich einer Umrisslinie. Gleich danach den Pinsel auswaschen, mit klarem Wasser anfeuchten und so neben dieser Linie entlangstreichen, dass die Pinselhaare sie gerade berühren. Dadurch entsteht ein zarter Verlauf, der die Form betont. Ähnlich wird auch an den Vorder- und Hinterbeinen verfahren: zuerst eine dunkle Linie ziehen, dann mit klarem Wasser verlaufen lassen. Der Schwanz wird nur angedeutet. Die Zeichnung lebt durch den Kopf, ansonsten kann auf Details verzichtet werden.

Nun einige Schatten vertiefen und dunklere Linien um Ohren und Augen ziehen. Den Fleck auf der Seite zuerst mit einer blassen Lasur ausfüllen, dann sofort mit einem Mittelton übermalen. Dadurch verlaufen die Grautöne und oben entsteht ein blasser Lichtreflex. Um einzelne Haare anzudeuten, mit einem trockenen Pinsel etwas Farbe wieder abnehmen. Ebenso am Kopf, ums Auge und am Schwanz verfahren.

# Zeichenkohle

**Dies ist ein wunderbares Zeichenmedium, weil sich mit ihm tiefstes Schwarz ebenso wie zarte, weiche Grautöne gestalten lassen. Die Arbeit mit diesem vielseitigen Medium macht viel Spaß.**

**Material**

- Bleistift 3B
- Zeichenpapier 220 g/m²
- Naturzeichenkohle, mittlere Härte
- Dunkler Kohlestift
- Knetradiergummi
- Aquarellrundpinsel Nr. 2

Bevor Sie eine »echte« Zeichnung beginnen, sollten Sie sich mit Naturzeichenkohle vertraut machen. Feine Details lassen sich mit der Spitze zeichnen, für größere Flächen legt man sie auf die Seite. Probieren Sie es aus, um zu sehen, welche Möglichkeiten das Medium bietet.

Weil Zeichenkohle sehr leicht verwischt, ist es wichtig, die Arbeitsschritte vorher zu planen.

Aus demselben Grund sollten fertige Zeichnungen unbedingt mit einem Fixativ eingesprüht werden, das es im Fachhandel für Künstlerbedarf zu kaufen gibt.

## Pudel Schritt für Schritt

Zeichenkohle ist das ideale Medium, um das wollig-weiche Fell des Pudels überzeugend darzustellen.

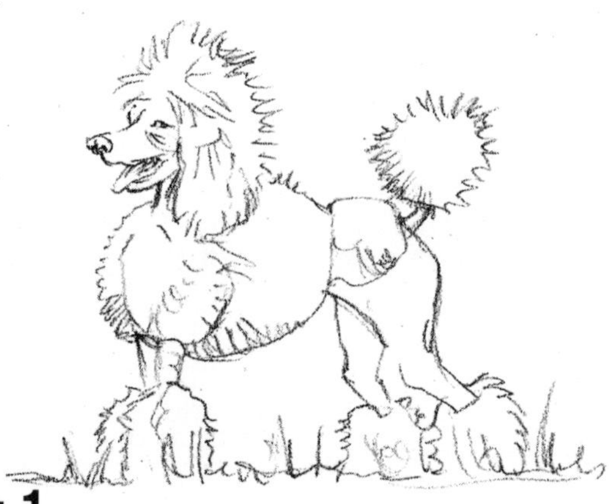

### Schritt 1

Zuerst den Pudel mit dem Bleistift 3B vorzeichnen und darauf achten, dass Form und Proportionen stimmen.

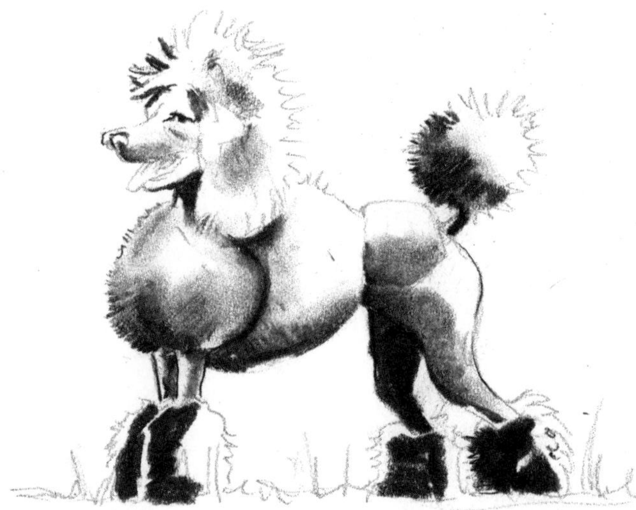

### Schritt 2

Ein Stück Kohle in der Mitte durchbrechen. So ist es handlicher und es entsteht eine scharfe Kante für Details. Beim Einzeichnen der Schatten und Grautöne können Sie sich an einem Foto orientieren. In den dunkelsten Bereichen mit stärkerem Druck arbeiten und die Striche mit dem Finger zu den hellen Bereichen hin verwischen. So entstehen zwischen Schatten und Licht weiche Übergänge. Sie können dafür einen Papierwischer verwenden, ich arbeite allerdings lieber mit dem Finger, auch wenn er dabei schmutzig wird.

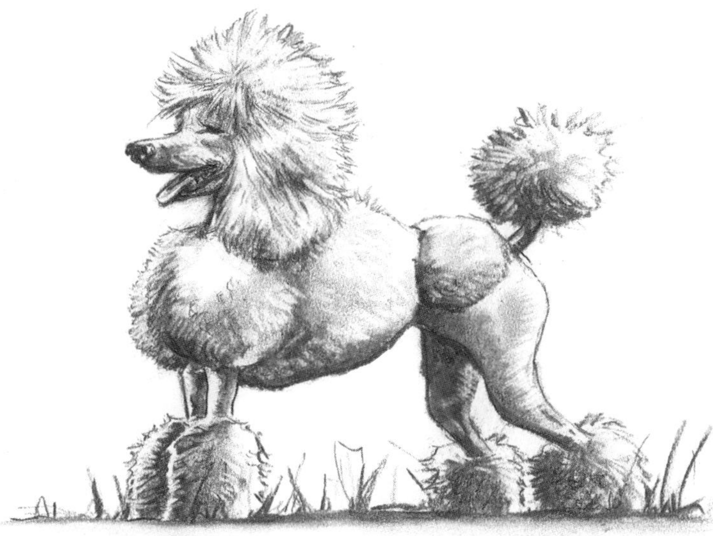

## Schritt 3

Jetzt werden mit der Zeichenkohle und dem Kohlestift Details des Gesichts gezeichnet. Danach alle Striche am Körper verwischen und Einzelheiten von Fell und Kopf herausarbeiten. Lichtreflexe auf Kopf und Körper mit dem Knetradiergummi aufhellen. Ein heller Bereich unter dem vorderen Hinterbein verdeutlicht die Richtung, aus der das Licht einfällt. Mit der scharfen Kante der Naturzeichenkohle einige feine Striche auf Körper und Fell einfügen.

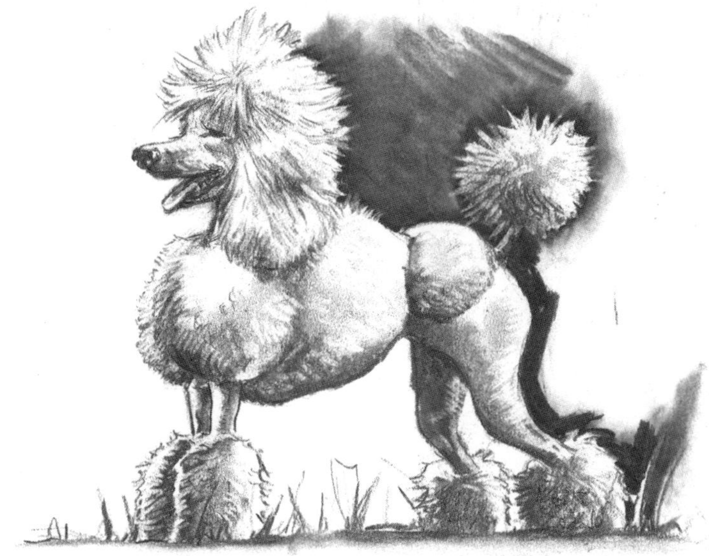

## Schritt 4

Ein dunkler Hintergrund bringt das weiße Fell des Pudels noch stärker zum Leuchten. Zuerst mit der Zeichenkohle eine dicke Umrisslinie um den Hund zeichnen und diese dann mit dem Pinsel vom Hund weg auf die Fläche hinter dem Tier verwischen, bis diese gleichmäßig dunkelgrau ist. Der Pinsel wird dabei nicht direkt am Umriss des Hundes angesetzt, sonst besteht Gefahr, auch die scharfe Kontur zu verwischen.

## Schritt 5

Zuletzt werden Details im Fell und Bereiche, in denen die Zeichenkohle versehentlich verwischt wurde, nochmals aufgehellt – beispielsweise am Hals des Hundes. Solche kleinen Pannen passieren leicht, wenn man sich in die Arbeit vertieft. Darum ist es so wichtig, ab und zu zurückzutreten und das Bild aus der Distanz zu betrachten. Sie lassen sich aber meist problemlos mit dem Radiergummi beheben.

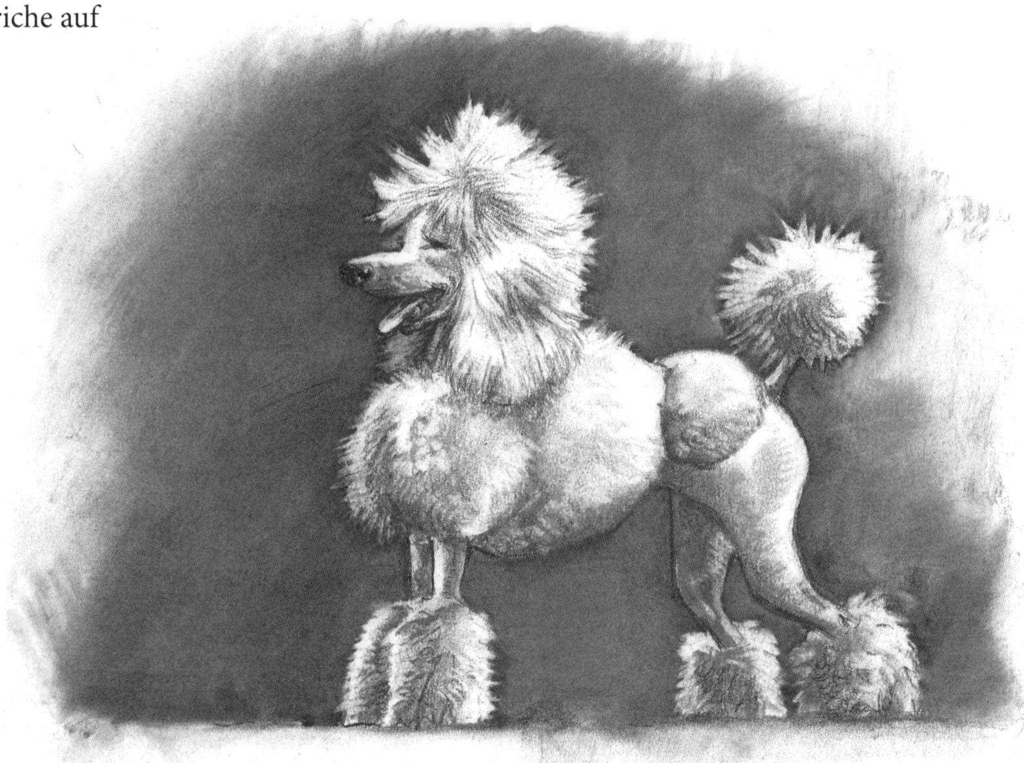

# Meerschweinchen Schritt für Schritt

**Meerschweinchen haben zwar ein langes, dichtes Fell, das aber glatt liegt und darum nicht schwierig zu zeichnen ist. Bei diesem Motiv wird die Fellfärbung mit Zeichenkohle ausgeführt, während in der letzten Arbeitsphase Feinheiten mit einem Bleistift eingefügt wurden.**

**Material**

- Bleistift 4B
- Zeichenpapier 220 g/m²
- Dunkler Kohlestift
- Anspitzer
- Knetradiergummi

## Schritt 1

Für die Grobskizze des kleinen Meerschweinchens genügen einige simple Ovale. Aus ihnen lässt sich das Tier leicht entwickeln. Zuerst mit Bleistift die Umrisse dieser Formen zeichnen, dann die Gesichtszüge und andere wichtige Körperpartien einzeichnen. Dazu können Sie die Grobskizze und Fotovorlagen verwenden. Anschließend die Hilfslinien ausradieren, die Wuchsrichtung des Fells locker andeuten und mit der Ausarbeitung des linken Ohrs beginnen.

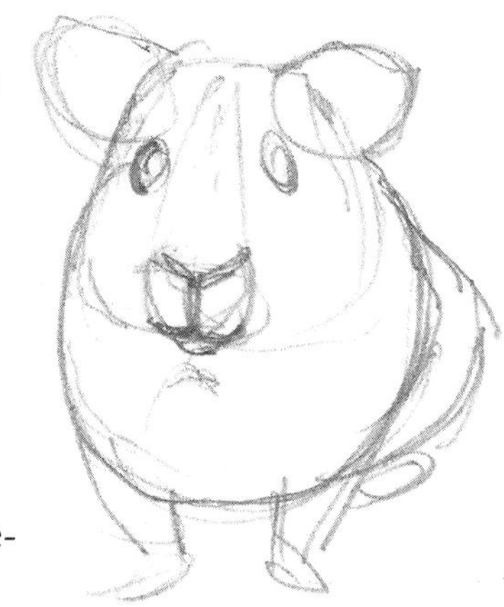

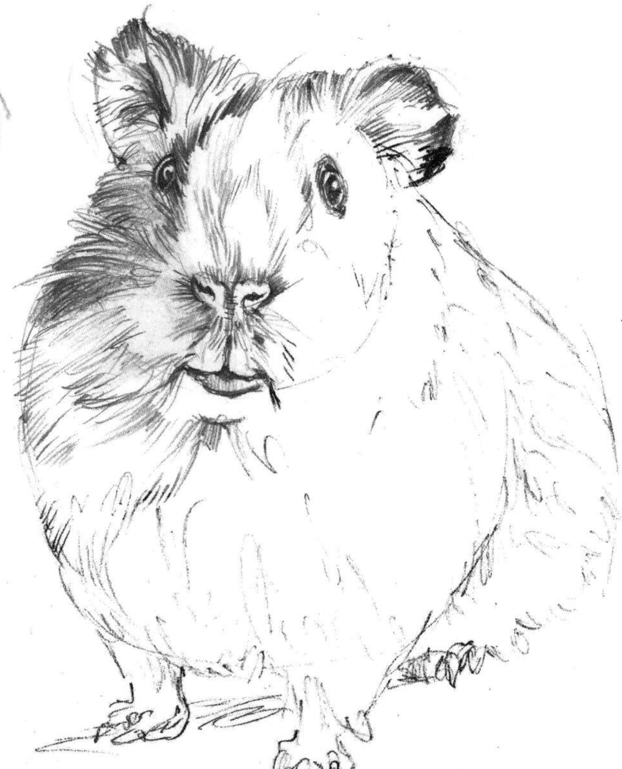

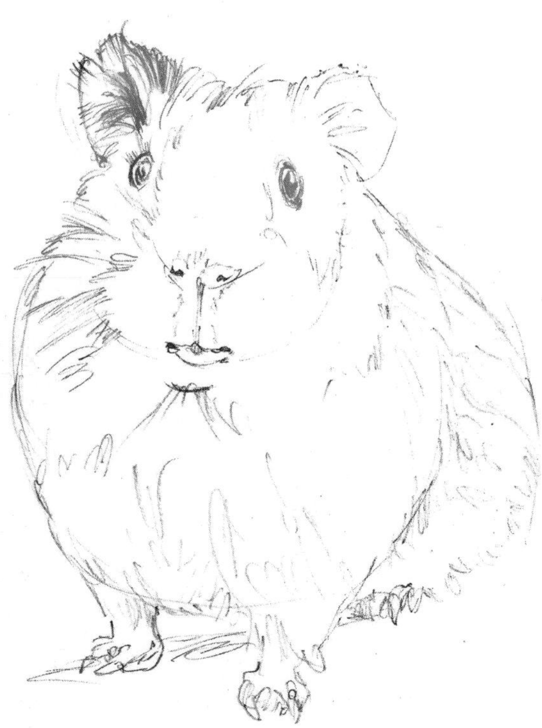

## Schritt 2

Nun die Augen differenzierter zeichnen und mit klareren Strichen das Fell verdeutlichen. Diese Striche müssen sich an der Körperform orientieren, damit das Fell realistisch wirkt. Nase und Maul bilden den Blickfang dieser Zeichnung, darum ist es sinnvoll, sich für sie etwas mehr Zeit zu nehmen.

## Schritt 3

Jetzt folgen dunklere Striche auf der unteren Brust und den Beinen, die im Schatten liegen. Auch hier muss die Wuchsrichtung des Fells berücksichtigt werden. Danach Füße und Krallen detailliert zeichnen. Dünne Striche um die Augen herum einfügen und die Unterlippe klarer herausarbeiten. Mit dem Kohlestift die Tonwerte des Fells verdeutlichen, aber hier und da weiße »Haare« frei lassen. Die Kohle stellenweise mit Küchenpapier abtupfen und leicht verwischen. Den gesamten Körper von oben nach unten so ausarbeiten.

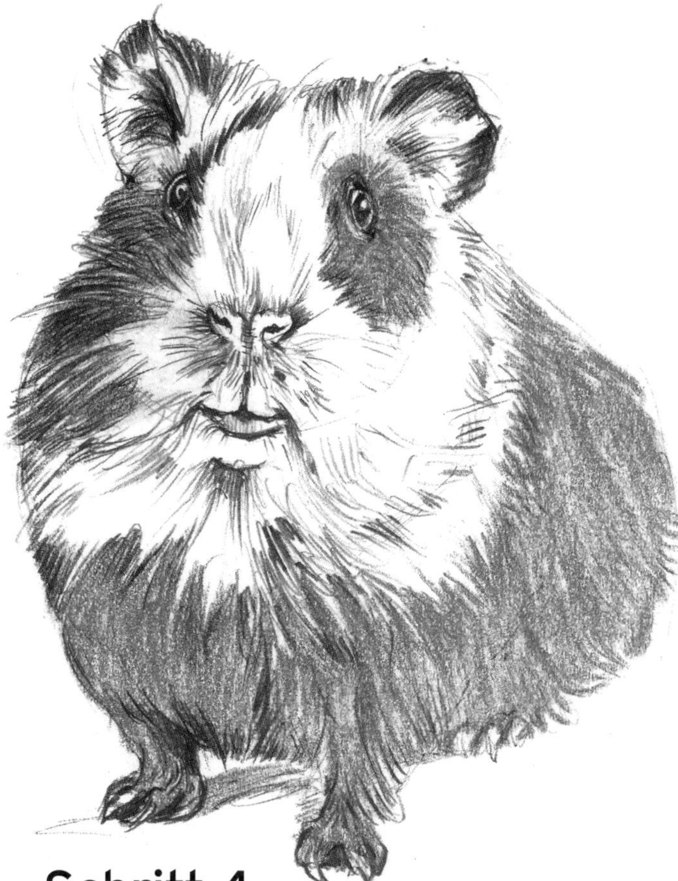

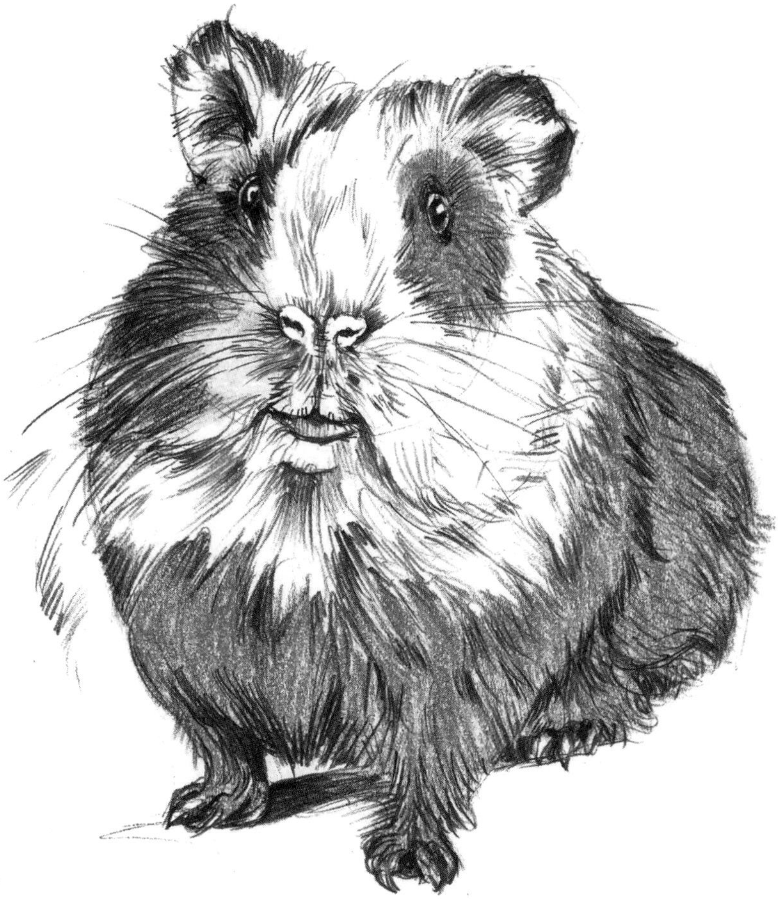

## Schritt 4

Wenn alle Tonwerte stimmen, werden die dunkleren Schatten an der linken Schulter mit dem Bleistift 4B verstärkt. Am Hinterbein einige feine Striche einfügen, Details der Krallen ausarbeiten und Barthaare einzeichnen. Mit dem Knetradiergummi die Lichtreflexe in den Augen und um die Nase aufhellen. Zuletzt mit Bleistift und Kohlestift einen Schatten unter Bein und Brust andeuten.

**Tipp** Lockern Sie sich mit Aufwärmübungen, bevor Sie zu zeichnen beginnen, etwa indem Sie zügig auf Papier kritzeln, was Ihnen gerade einfällt. Dann eine Grobskizze Ihres geplanten Motivs zeichnen. Sie kann eine gute Grundlage für die endgültige Zeichnung bilden.

# Kreiden

**Viele Künstler lieben Pastellkreiden, weil man mit ihnen ausdrucksstarke Bilder im impressionistischen Stil zeichnen kann. Degas, Renoir und Toulouse-Lautrec beispielsweise haben dieses Medium oft verwendet. Man unterscheidet zwischen Ölkreiden, Hartpastellen und weichen Pastellkreiden. Dieses Motiv wird mit letzteren gezeichnet.**

**Material**

- Pastellstifte
- Weiche Pastellkreiden
- Ingrespapier
- Kohlestift
- Aquarellrundpinsel Nr. 2
- Knetradiergummi
- Anspitzer/Cutter

## Dicke Katze Schritt für Schritt

Die rundliche Katze mit dem dicken Fell ist ein gutes Motiv für diese Demonstration.

## Schritt 1

Zuerst die Grundform des Tiers mit einem Pastellstift zügig auf dem Papier skizzieren.

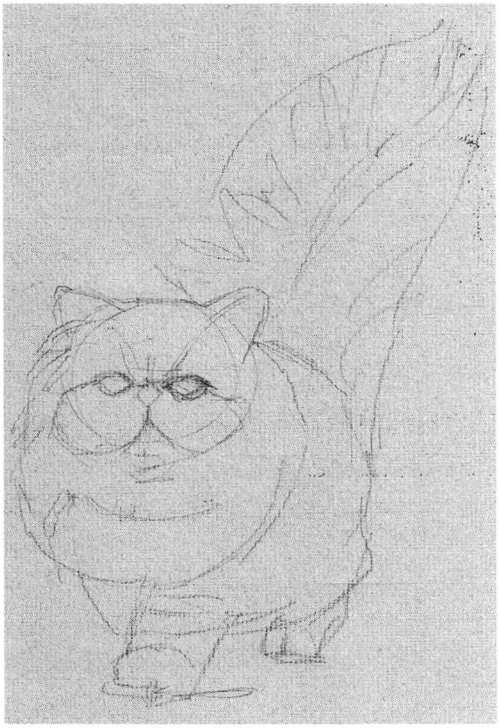

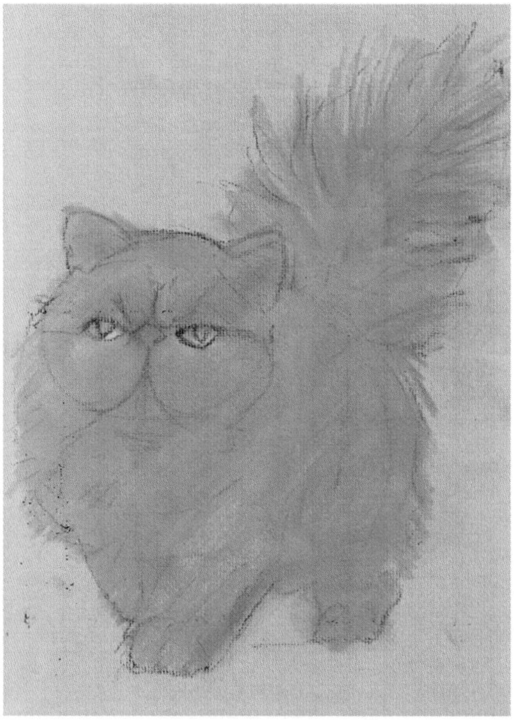

## Schritt 2

Mit einer Kreide in einem Mittelton das ganze Tier ausfüllen. Am Schwanz zeigen die Striche bereits die Wuchsrichtung der langen Haare.

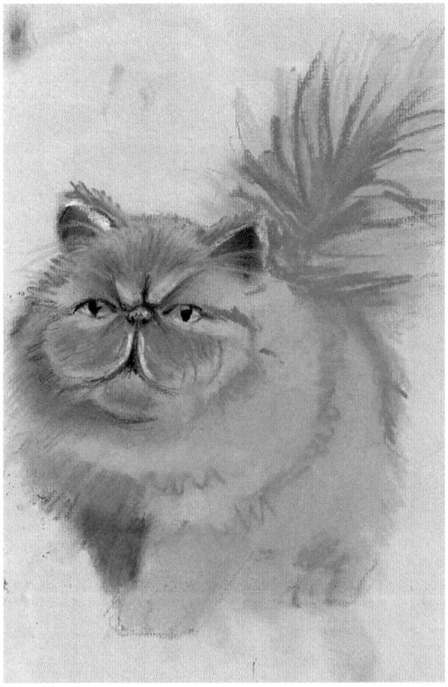

## Schritt 3

Die Mitteltöne mit dem Aquarellpinsel weich verwischen. Mit einer etwas dunkleren Kreide das Fell ums Gesicht und am Schwanz nachzeichnen. Die Augen detailliert mit dem Kohlestift ausarbeiten und die inneren Ohrmuscheln mit der dunkelsten Pastellkreide eintönen.

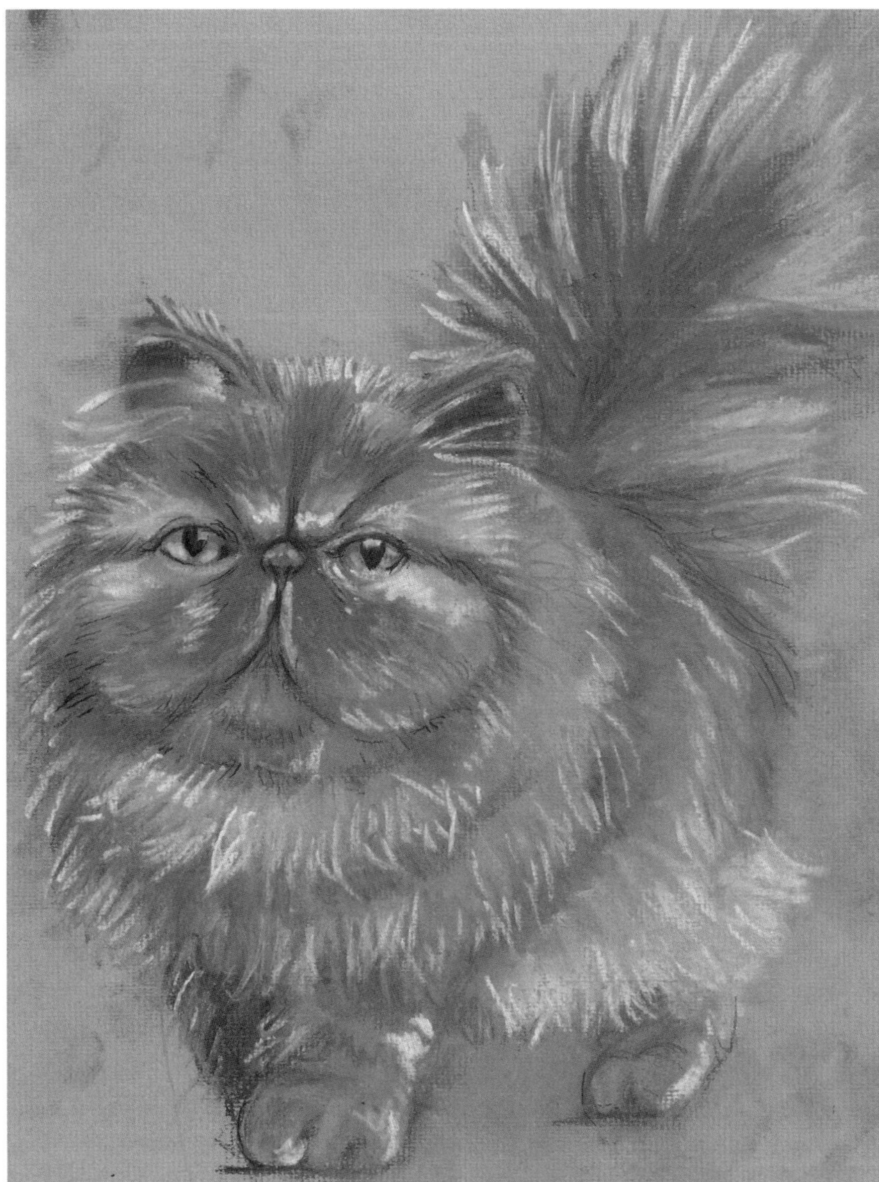

## Schritt 4

Das Fell am ganzen Körper deutlicher ausarbeiten, dann mit Weiß auf den dunkleren Tönen die Lichtreflexe einfügen. Verwenden Sie dafür abwechselnd Pastellkreiden und -stifte. Zuletzt einige Bereiche, die verwischt wurden, nochmals abdunkeln. Augen, Nase und Stirnpartie nochmals exakt nachzeichnen. Nur sie werden detailliert ausgearbeitet, der Rest des Tiers bleibt eher locker.

**Tipp** Fertige Kohle- und Pastellzeichnungen müssen mit Fixativ eingesprüht werden, damit sie nicht verwischen. Erledigen Sie das im Freien, denn die Dämpfe sind gesundheitsschädlich.

# Russischer Barsoi Schritt für Schritt

**Im Vergleich zur Katze auf der vorherigen Doppelseite ist diese Pastellzeichnung etwas detaillierter ausgearbeitet.**

**Material**

- Weiche Pastellkreiden
- Ingrespapier
- Pastellstifte
- Kohlestift
- Aquarellrundpinsel Nr. 2
- Knetradiergummi
- Anspitzer/Cutter

## Schritt 1

Zuerst mit einem schwarzen Pastellstift den Umriss des Hundekopfes zeichnen und das Auge einfügen. Schattenbereiche mit einigen Strichen andeuten und mit den Fingern verwischen.

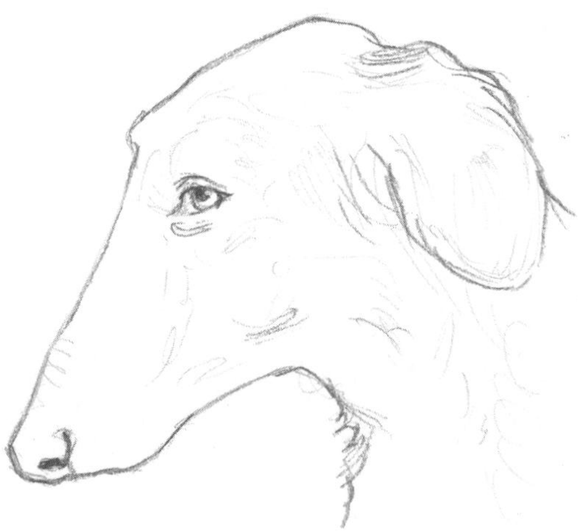

## Schritt 2

Die gesamte Fläche eintönen, nur der helle Bereich am vorderen Hals bleibt vorerst weiß. Mit einem schwarzen Pastellstift Auge und Nase genauer ausarbeiten und die dunkelsten Schattenpartien schraffieren. Dadurch wird die Schädelform unter dem Fell erkennbar.

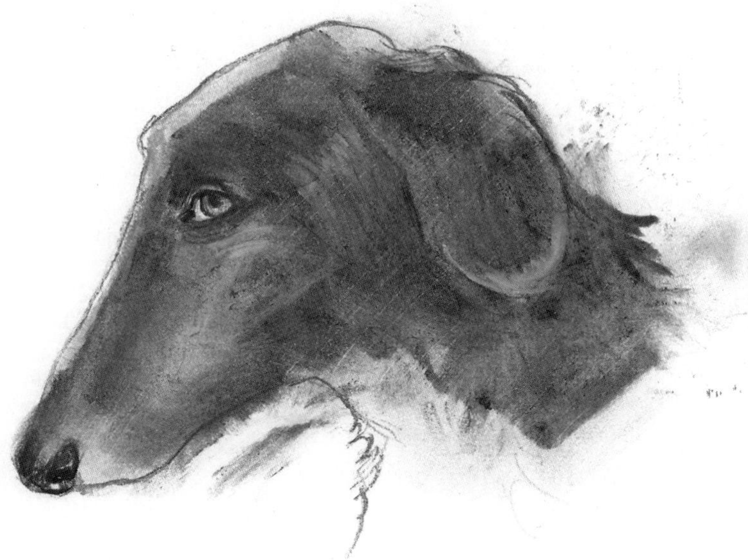

## Schritt 3

Nun die verschiedenen Tonwerte des Fells einzeichnen und dabei die Wuchsrichtung des Fells auf Wange und Ohr verdeutlichen. Die dunkleren Tonwerte, vor allem unter dem Ohr, am Hals und auf der Wange, abwechselnd mit Pastell- und Kohlestift nochmals abdunkeln. Mit dem Aquarellpinsel etwas Pigment wieder abnehmen, um die helleren Tonwerte auf Wange und Ohr zu erhalten.

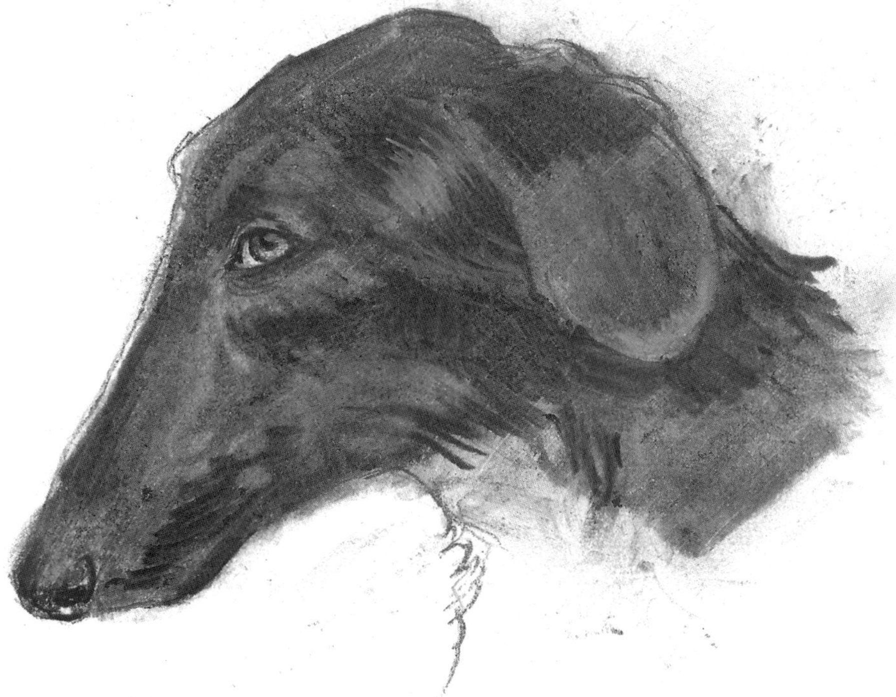

## Schritt 4

Die Barthaare und die abstehenden Haare auf dem Oberkopf mit Pastell- und Kohlestift einfügen, dann die welligen Haare des Fells ebenso andeuten. Am vorderen Hals mit weißen und grauen Pastellkreiden einen weichen, fließenden Übergang gestalten, in dem ebenfalls einzelne Haare erkennbar sind. Falls das Auge während der Arbeit verwischt wurde, den Lichtreflex mit dem Knetradiergummi wieder aufhellen. Zuletzt die verwischten Kreidespuren außerhalb der Kopfkontur ausradieren.

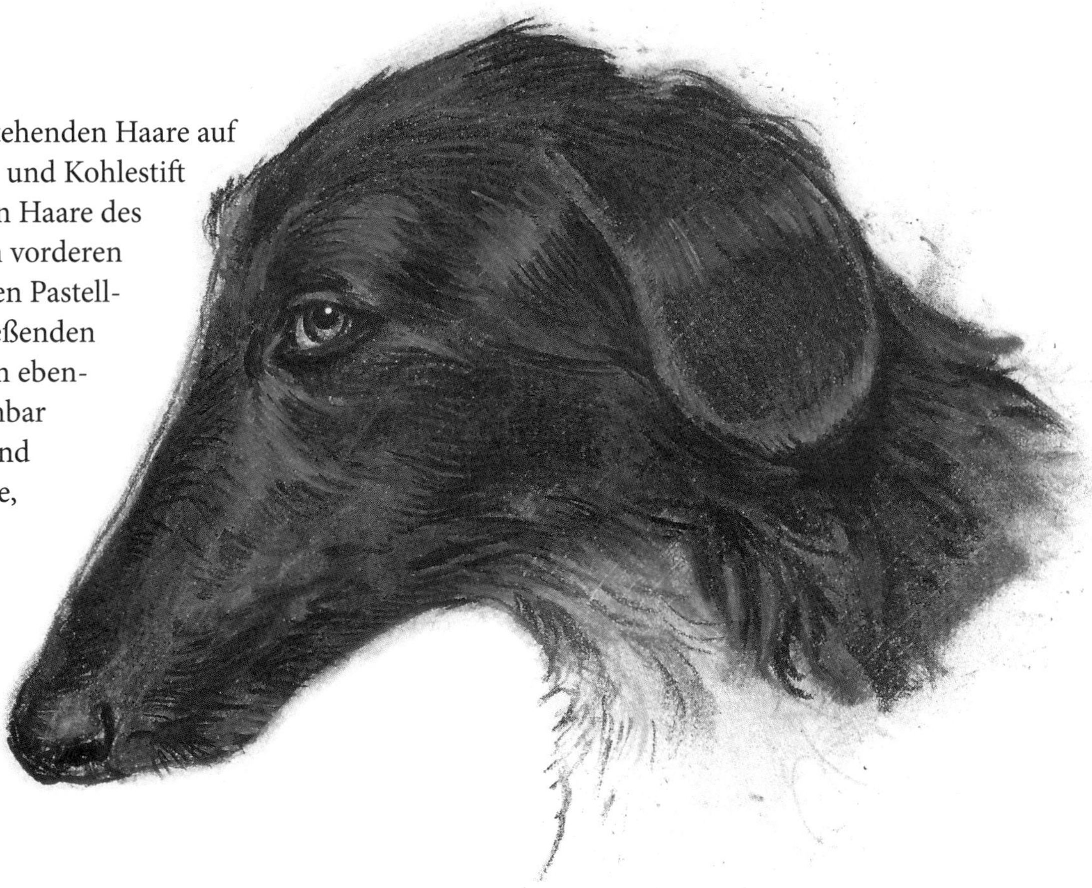

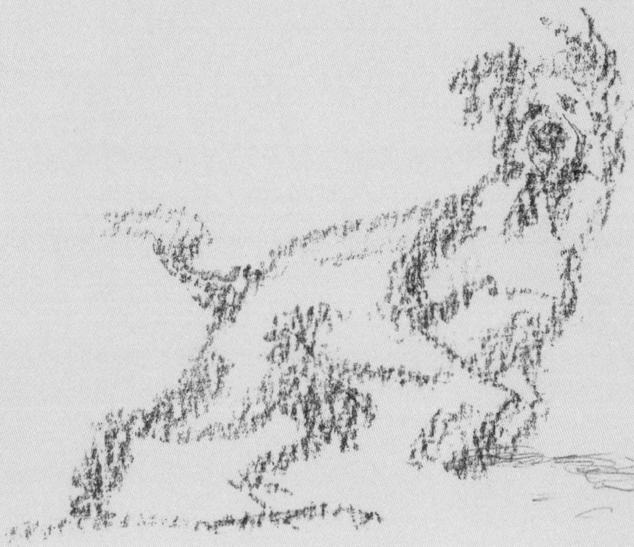

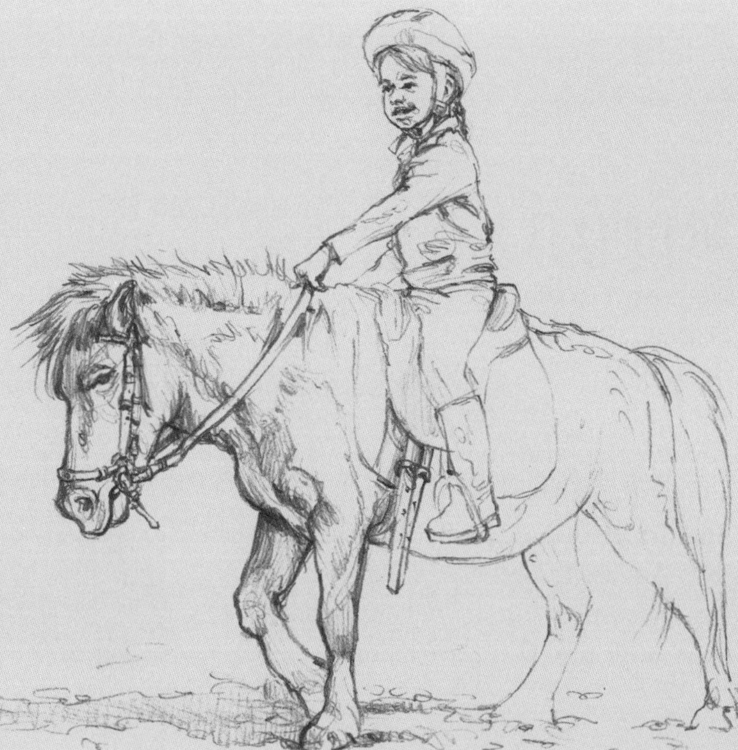

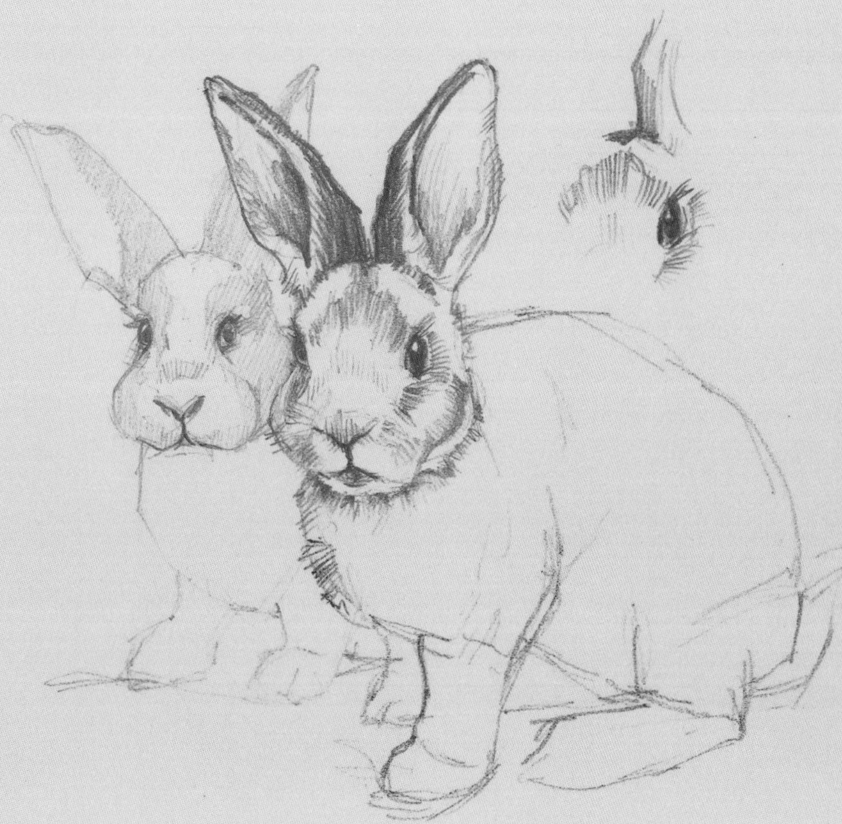

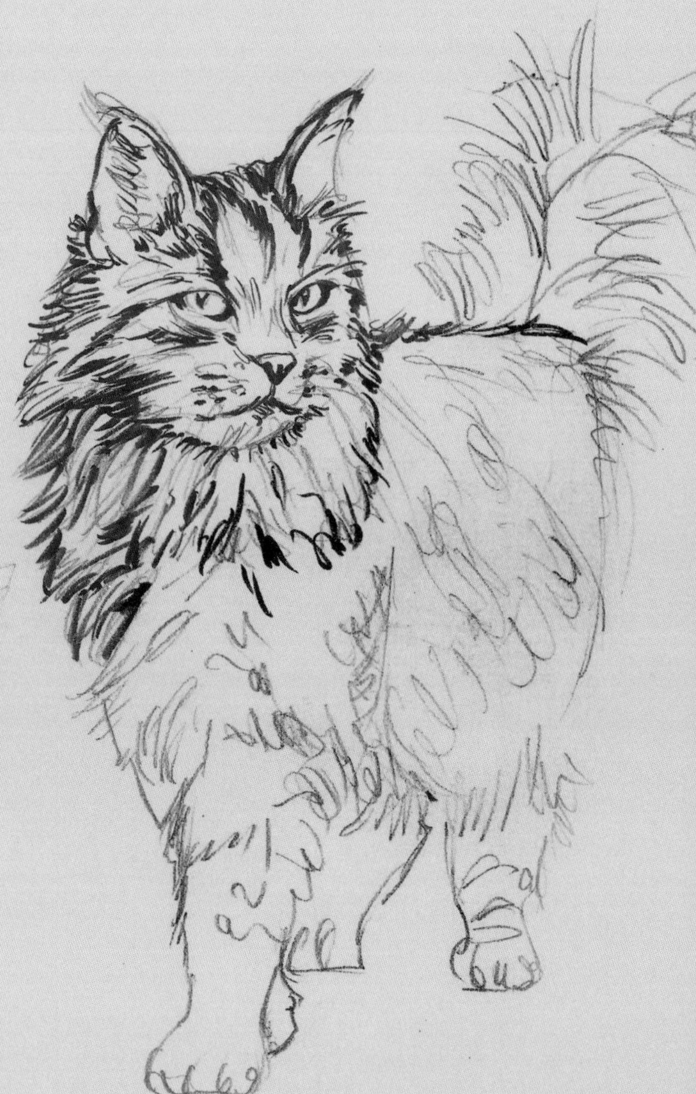

# Kapitel 8

# Komposition und Tierporträts

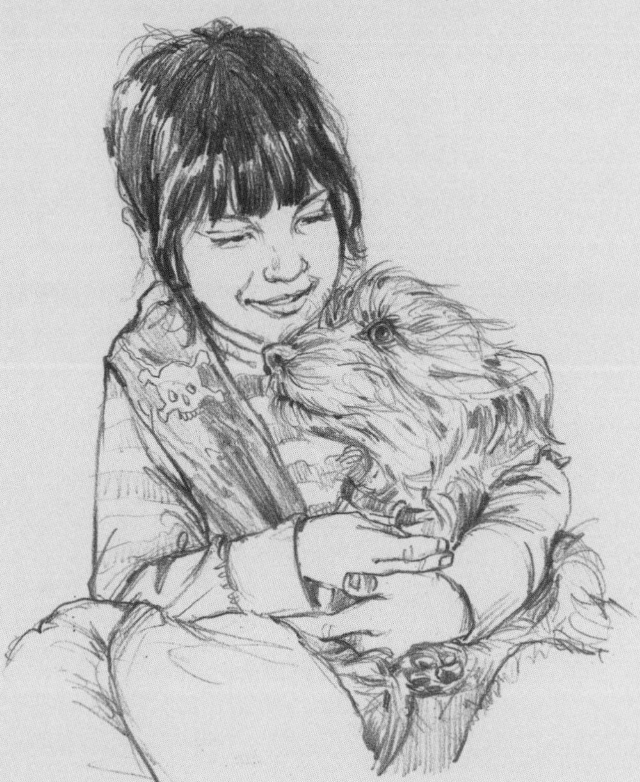

Wenn die Technik besser wird, wächst das Selbstvertrauen. Vielleicht möchten Sie sich nun an anspruchsvollere Motive wagen – etwa Haustiere mit ihren Besitzern oder Tiere in ihrer Umgebung. Dann gilt es, sich mit der Komposition auseinanderzusetzen. Es geht nicht mehr um das Tier allein, sondern um einen Bildaufbau, der in seiner Gesamtheit das Auge anspricht. Wenn Sie schwierige, stark ausgearbeitete Motive zeichnen möchten, sollten Sie zuerst einige gestische Skizzen zeichnen – als Lockerungsübung und um mit dem Motiv vertrauter zu werden. Bewahren Sie solche Skizzen auf, sie können später als Vorlage gute Dienste leisten.

In diesem Kapitel finden Sie mehrere Zeichnungen von Haustieren und ihren Besitzern. Der Schwerpunkt liegt dabei auf dem Hauptmotiv. Auf einen ausgearbeiteten Hintergrund wird verzichtet, weil er vom Hauptmotiv ablenken könnte. Achten Sie darauf, aus welchen Grundformen die Motive aufgebaut sind und mit welchen Mitteln der Blick des Betrachters über die Bildfläche gelenkt wird. Dies sind die Grundbausteine, die Sie später auch für komplexere Bildkompositionen benötigen werden.

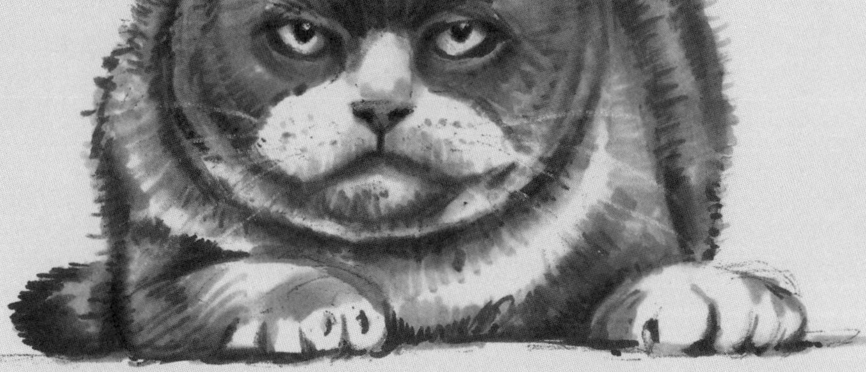

# Komposition

**Wenn Sie nicht nur eine Motivstudie zeichnen, sondern eine Szene, müssen Sie Entscheidungen über die Anordnung der Bildelemente fällen. Komposition bedeutet, die Bildelemente bewusst so anzuordnen, dass eine ansprechende Gesamtwirkung entsteht. Einsteiger stellen sich solche Entscheidungen oft schwierig vor, dabei fällt man sie im Grunde jeden Tag. Wenn Sie beispielsweise eine Gruppe von Personen ansprechen, fassen Sie – oft unbewusst – einen Hauptansprechpartner ins Auge. Auch beim Fotografieren wählen Sie eine Komposition. Sie wissen also vermutlich mehr über das Thema, als Ihnen bewusst ist.**

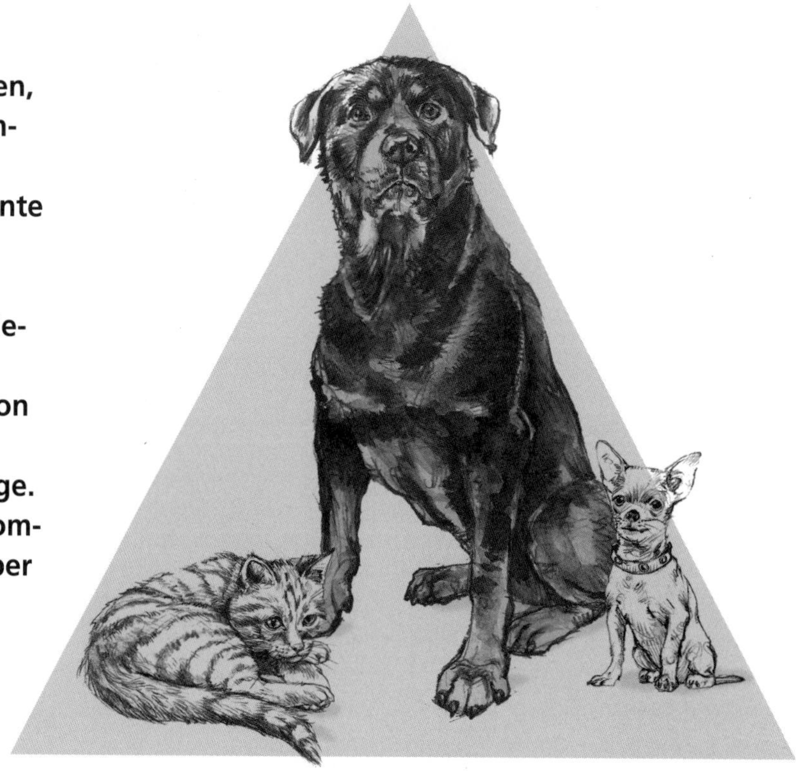

Dreieckige Komposition

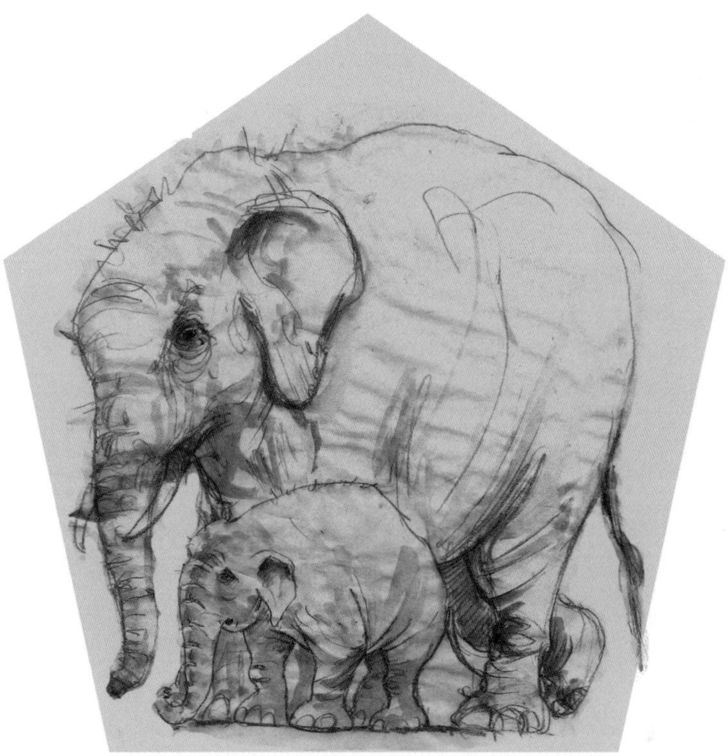

Fünfeckige Komposition

Für den Zeichner gibt es viele Möglichkeiten, eine Komposition aufzubauen. In klassischen Kompositionen sind die Motivelemente stets so angeordnet, dass der Blick des Betrachters von einem Element zum nächsten gelenkt wird. Besonders beliebt ist eine Dreiecksanordnung, aber auch andere geometrische Formen haben sich bewährt. Natürlich ist diese geometrische Form nicht als Linienwerk in der fertigen Zeichnung zu erkennen. Aber die geordnete Platzierung der Elemente verleiht einem Bild Ausgewogenheit und trägt dazu bei, dem Betrachter zu vermitteln, was der Künstler aussagen will.

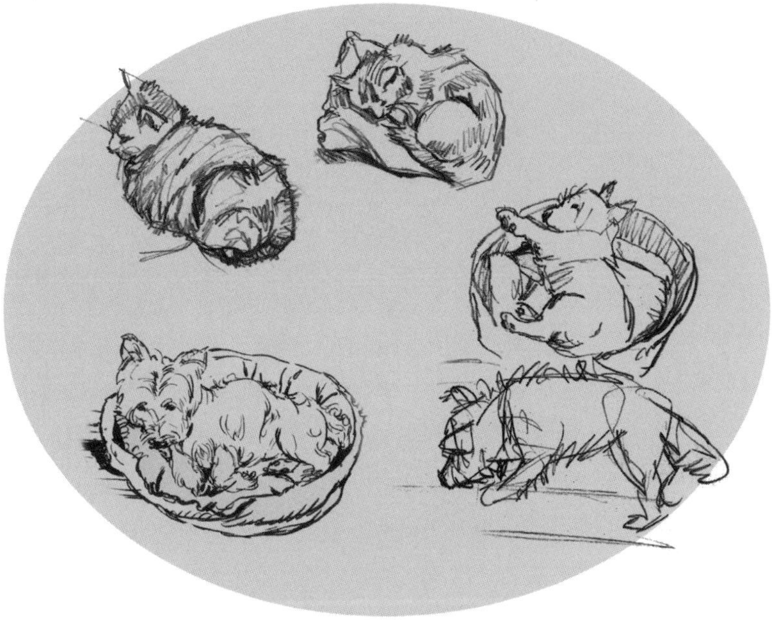

Ovale Komposition

Ein nützliches Hilfsmittel ist ein kleiner Rahmen aus stabiler Pappe. Sie können ihn selbst zuschneiden oder ein fertiges Passepartout im Fotogeschäft kaufen. Betrachten Sie Ihr Motiv durch diesen Rahmen wie durch den Sucher einer Kamera und bewegen Sie ihn so lange, bis innerhalb seiner Grenzen eine schöne Motivanordnung sichtbar wird.

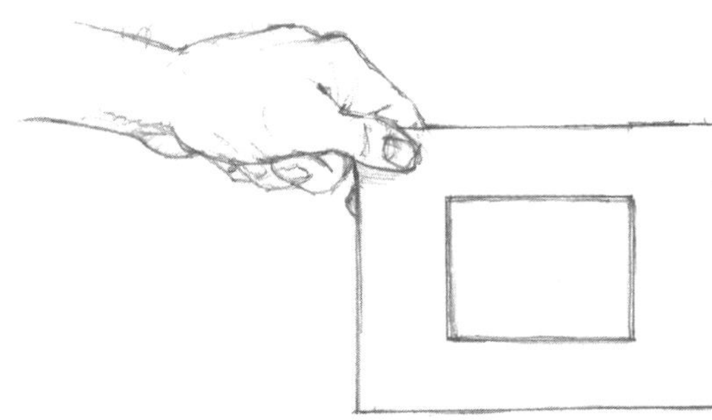

Denken Sie daran, dass Sie die Motivelemente verschieben können, ehe Sie sich endgültig für eine Komposition entscheiden. Im Gegensatz zur Fotografie müssen Sie sich beim Zeichnen nicht mit den Gegebenheiten einer Szene arrangieren, sondern können sie beeinflussen. Wenn ein Element am falschen Platz steht, wählen Sie einfach einen günstigeren.

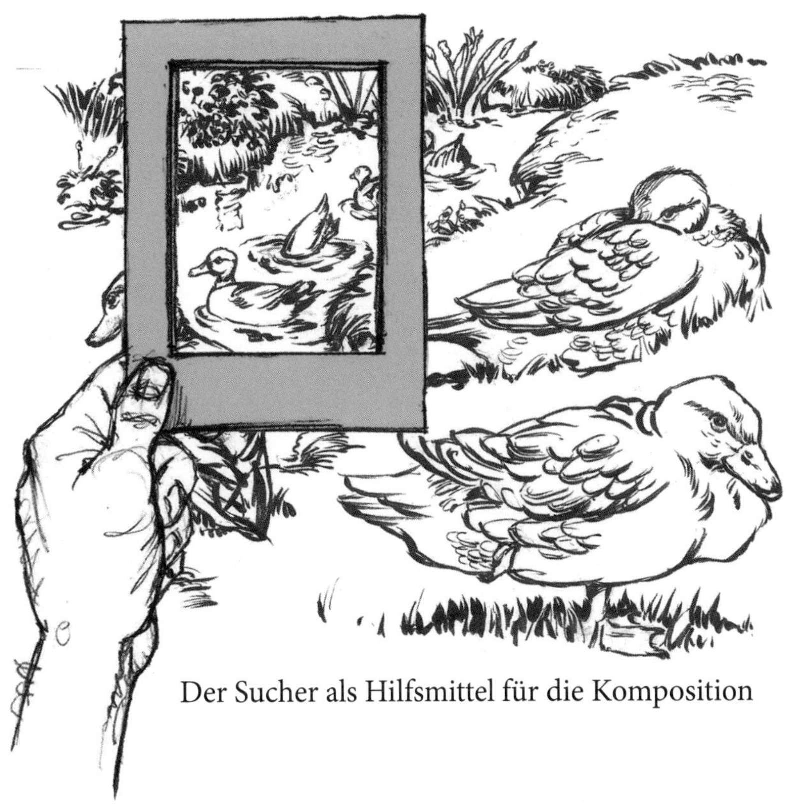

Der Sucher als Hilfsmittel für die Komposition

# Gestisches Zeichnen

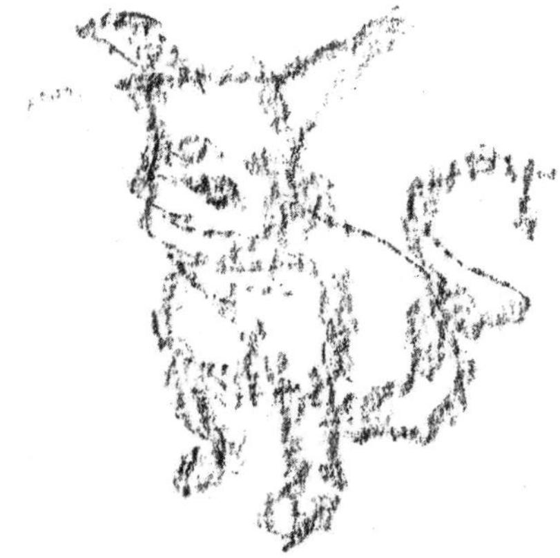

**Das gestische Zeichnen lässt sich mit dem Aufwärmtraining vor einem Wettlauf vergleichen. Es hilft, die Arbeitshand zu lockern und ist vor allem eine Abwechslung zur üblichen Art des Zeichnens. Eine gestische Zeichnung sollte höchstens zwei Minuten in Anspruch nehmen. Versuchen Sie, in dieser Zeit das Wesentliche des Motivs einzufangen und ein Gefühl für das jeweilige Tier zu entwickeln. Details spielen keine Rolle.**

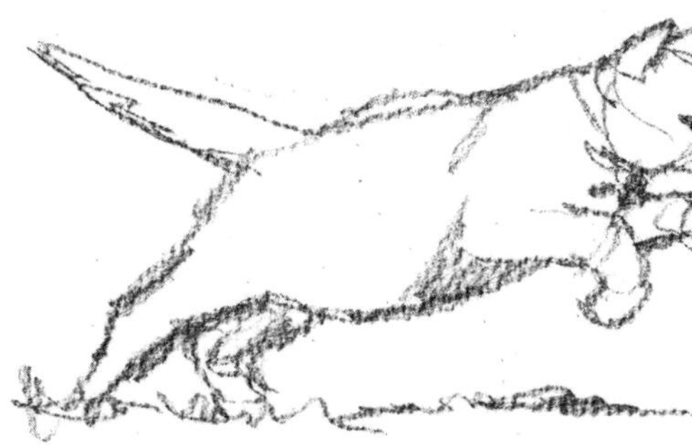

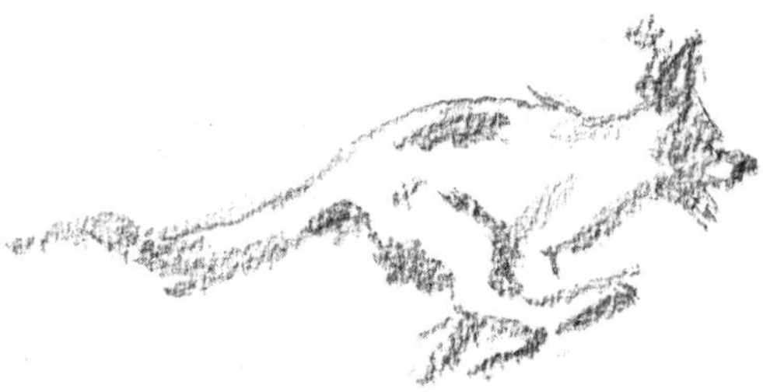

Setzen Sie sich ein Zeitlimit – und halten Sie es ein. Bevor Sie beginnen, beobachten Sie das Tier und seine Bewegungsabläufe einen Moment. Schauen Sie beim Zeichnen mehr auf das Modell als auf Ihr Papier. Versuchen Sie, dem Fluss der Form mit den Augen zu folgen und ihn mit dem Stift festzuhalten. Hand und Handgelenk dabei nicht verkrampfen und den Stift locker halten.

Auf dieser Seite sehen Sie einige solcher Zwei-Minuten-Skizzen. Alle dienen nur dazu, die Bewegung und die typische Ausstrahlung des jeweiligen Tiers einzufangen.

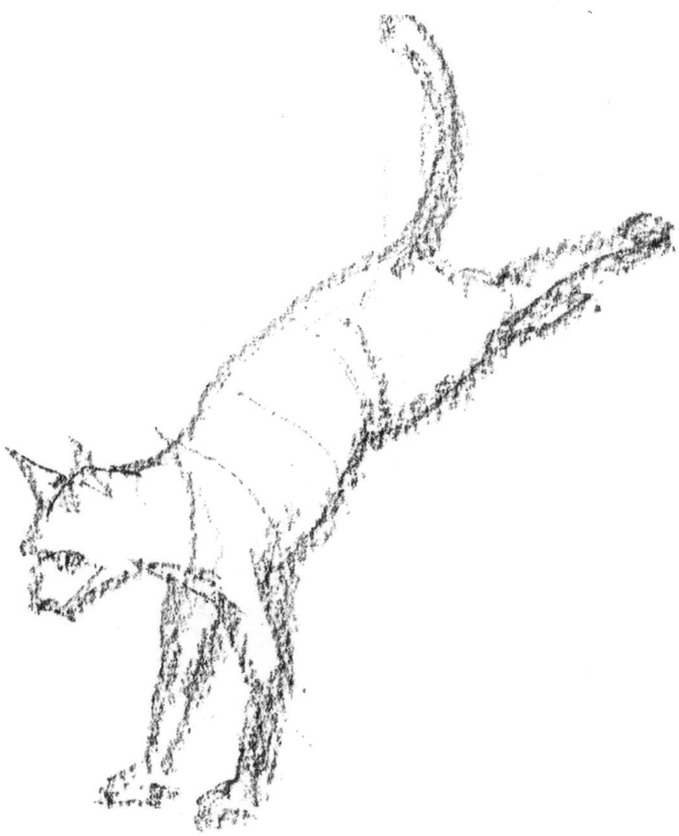

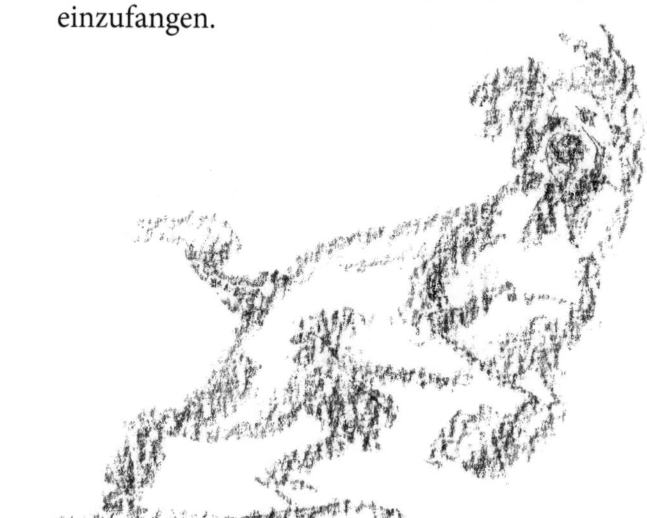

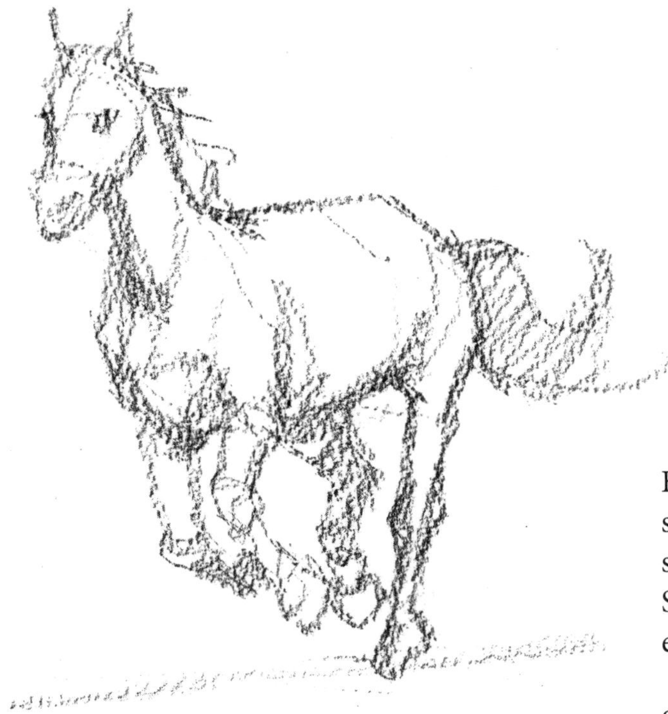

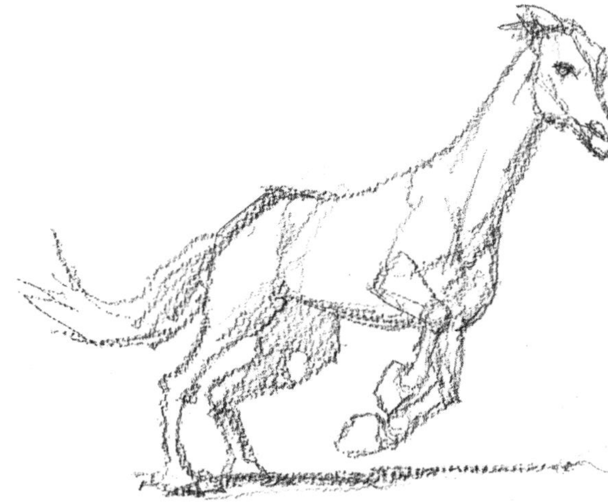

Es empfiehlt sich, jedes Zeichenprojekt mit einigen gestischen Skizzen zu beginnen. Auf diese Weise machen Sie sich mit Ihrem Motiv vertraut und möglicherweise halten Sie dabei eine Pose fest, die als Ausgangspunkt für die endgültige, ausgearbeitete Zeichnung dienen kann.

Je öfter Sie diese Art des Skizzierens üben, desto mehr Sicherheit werden Sie gewinnen. Ich besitze mehrere Skizzenbücher voller gestischer Zeichnungen, die ich gern als Vorlagen verwende. Wenn ich ein bestimmtes Tier zeichnen soll, blättere ich in diesen Skizzenbüchern und finde oft Motive, die mir gute Anstöße geben.

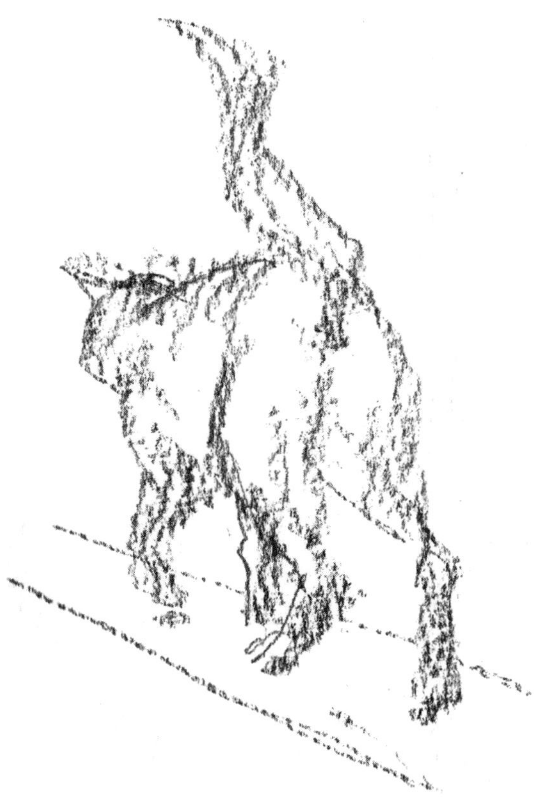

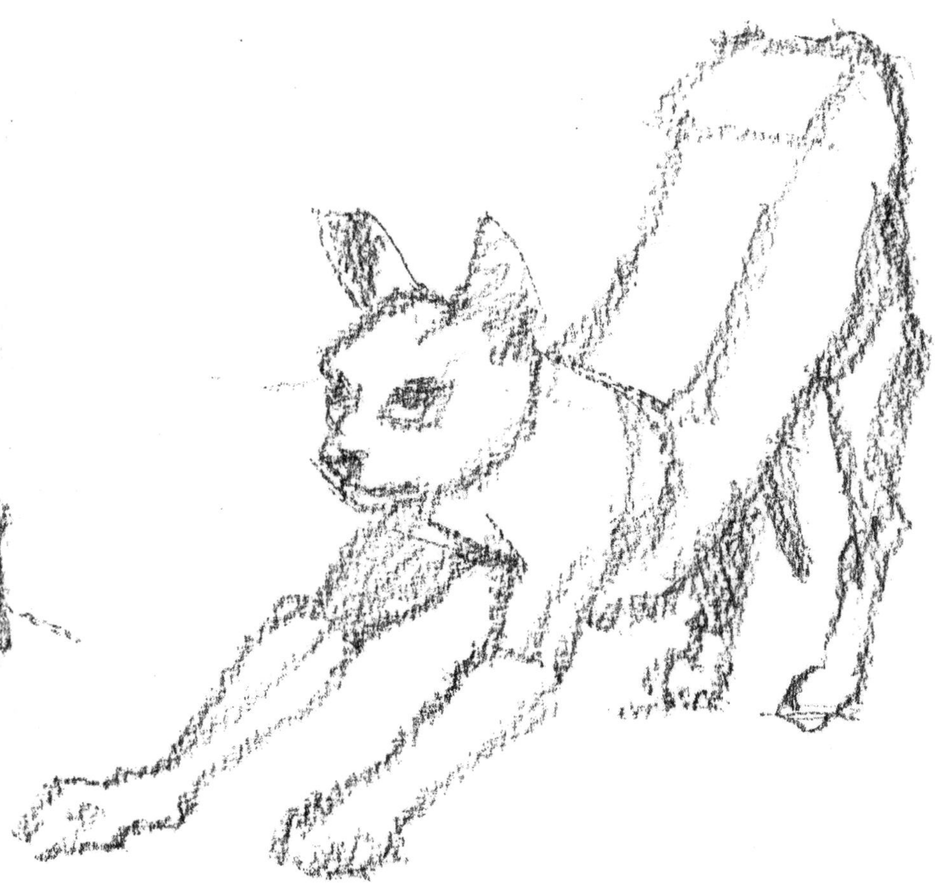

# Herr und Hund Schritt für Schritt

**Der Charme dieses Motivs beruht auf dem Größenunterschied der Köpfe und dem Blickkontakt zwischen Hund und Besitzer.**

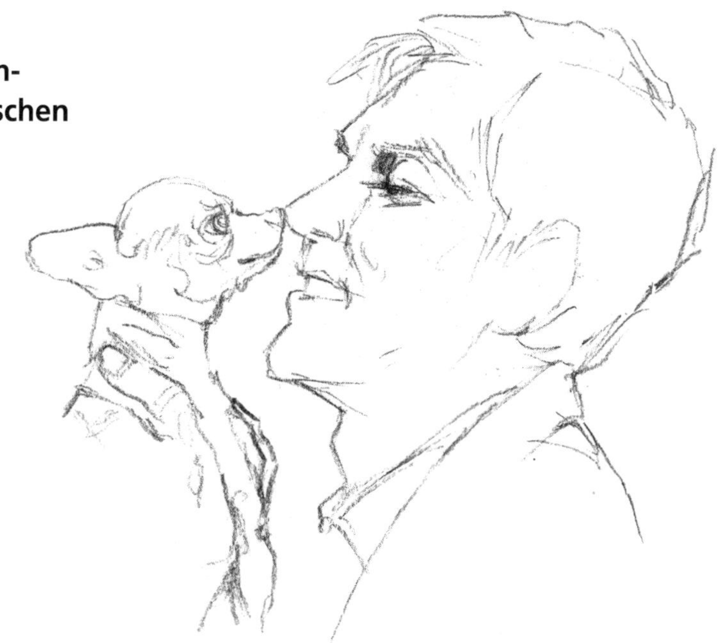

### Material

- Dunkler Kohlestift
- Säurefreies Papier 140 g/m$^2$
- Anspitzer
- Knetradiergummi

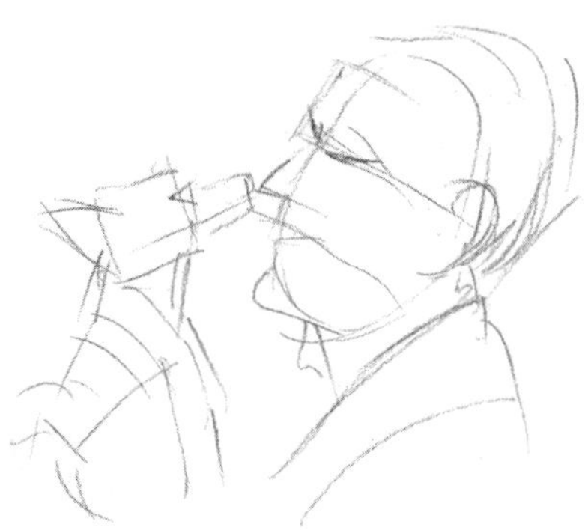

## Schritt 2

Die Zeichnung soll leicht wirken. Die Figuren zügig mit lockeren Strichen zeichnen und nicht zu viele Details erfassen.

## Schritt 1

Zuerst eine Grobskizze zeichnen, um die Komposition festzulegen. Wenn sie gefunden ist, die Skizze beiseitelegen und neu beginnen.

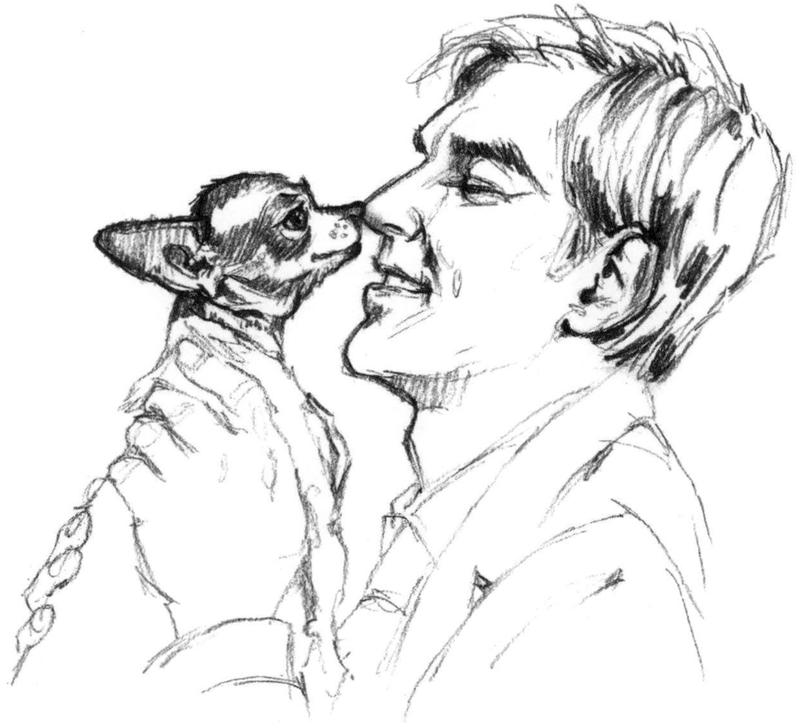

## Schritt 3

Zuerst den Hundekopf einschließlich der Augen genauer ausarbeiten, dabei aber darauf achten, dass der eher skizzenhafte Charakter der Zeichnung erhalten bleibt. Schatten im Gesicht des Mannes werden nur zart angedeutet. Einzelne Haarsträhnen einzeichnen, aber große Teile des Papiers weiß lassen.

## Schritt 4

Der Hinterkopf wirkt etwas zu flach, darum werden jetzt weitere Haare eingezeichnet, um die Wölbung des Schädels anzudeuten. Dann werden alle Bildbereiche nochmals überarbeitet. Zwischen den Fingern des Mannes das Hundefell abdunkeln und die Hand durch Schatten entlang ihrer Kanten stärker in den Vordergrund rücken. Weitere Details werden nur durch lockere Striche angedeutet.

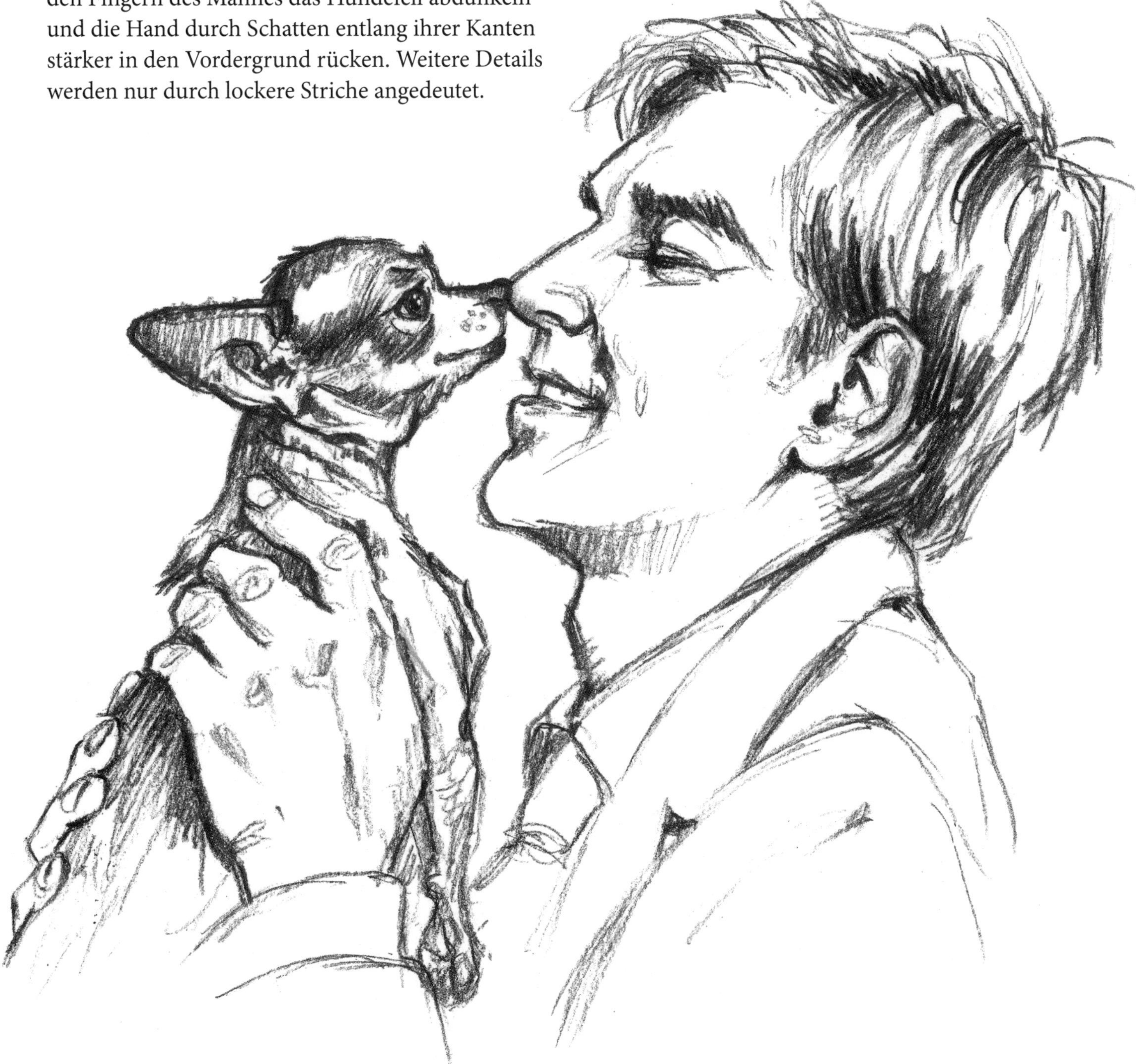

# Kaninchen Schritt für Schritt

**Kaninchen sind mit ihrem glatten Fell und den langen Ohren dankbare Motive. Außerdem gibt es viele verschiedene Rassen, manche mit hängenden Ohren, andere mit einem hübschen Fellmuster – Sie haben also die Wahl.**

**Material**

- Bleistifte 3B, 4B und 6B
- Zeichenpapier 220 $g/m^2$
- Knetradiergummi
- Anspitzer

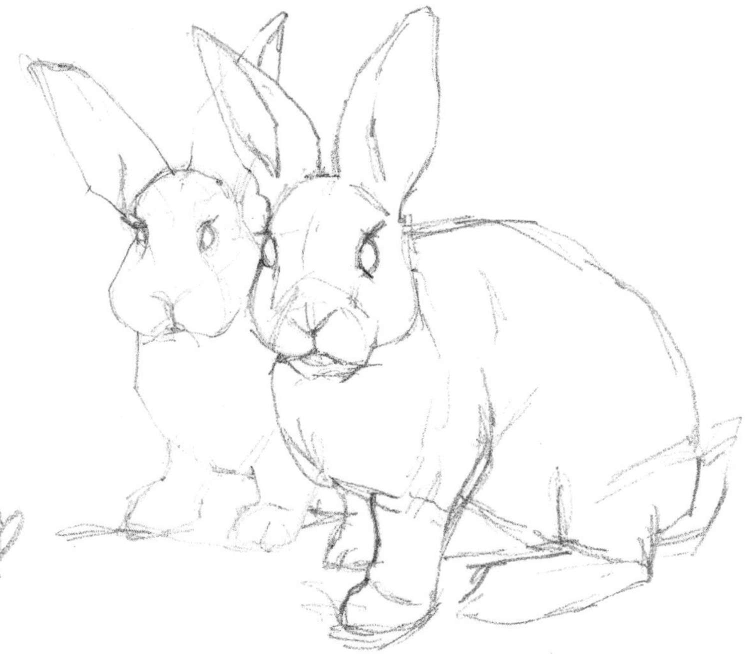

## Schritt 1

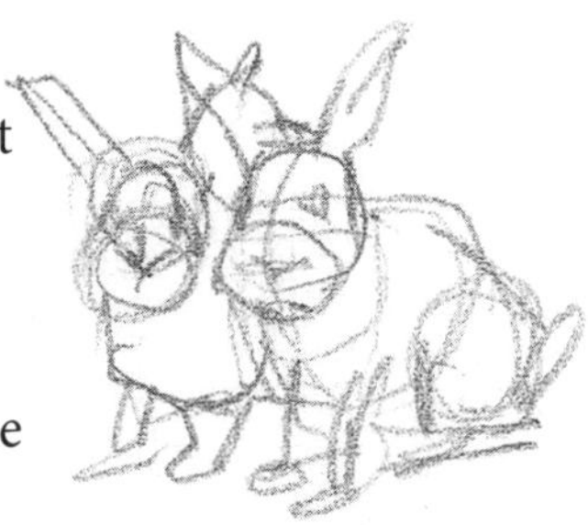

Mit dem Bleistift 3B zuerst eine schnelle Grobskizze zeichnen, um nur die Grundformen festzuhalten. Danach die eigentliche Zeichnung in Arbeit nehmen, die Umrisse zeichnen und die Gesichter einfügen.

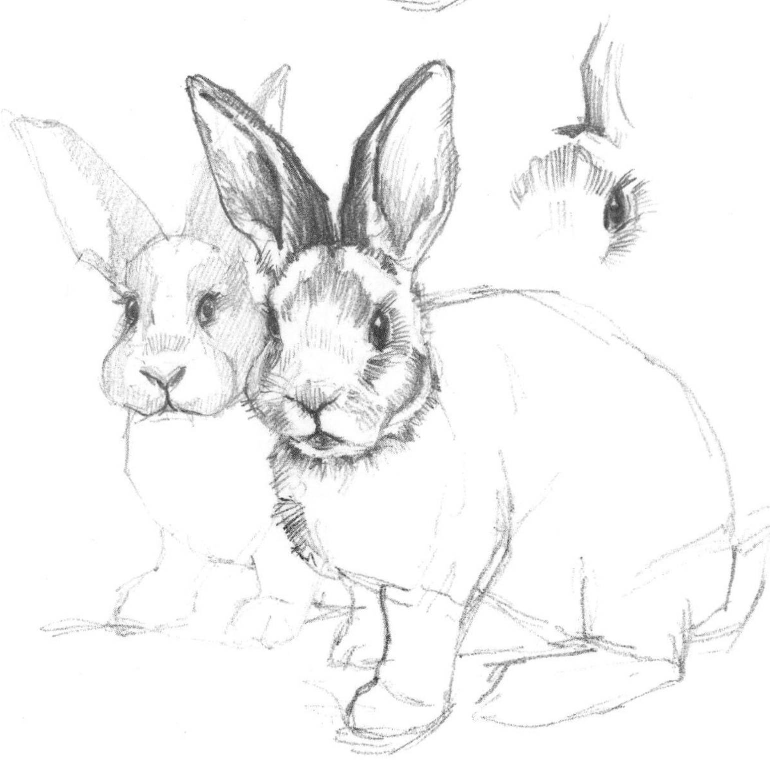

## Schritt 2

Das Fellmuster des hinteren Kaninchens durch zarte Schattierungen andeuten, dann mit dem Bleistift 4B Augen und Nase einzeichnen. Den dunkleren Bleistift 6B zur Hand nehmen und Augen, Nase und Maul des vorderen Kaninchens zeichnen. Das Fell an Kopf und Ohren mit zarten Strichen mit dem Bleistift 3B einfügen, dann mit dem Bleistift 6B die dunkleren Partien der Ohren ausarbeiten.

## Schritt 3

Jetzt mit den Bleistiften 3B und 4B mit lockeren Strichen, die sich an der Körperform des Kaninchens orientieren, das Fell andeuten. In Bereichen, in denen Licht auf den Körper des Kaninchens fällt, bleibt das Papier überwiegend weiß.

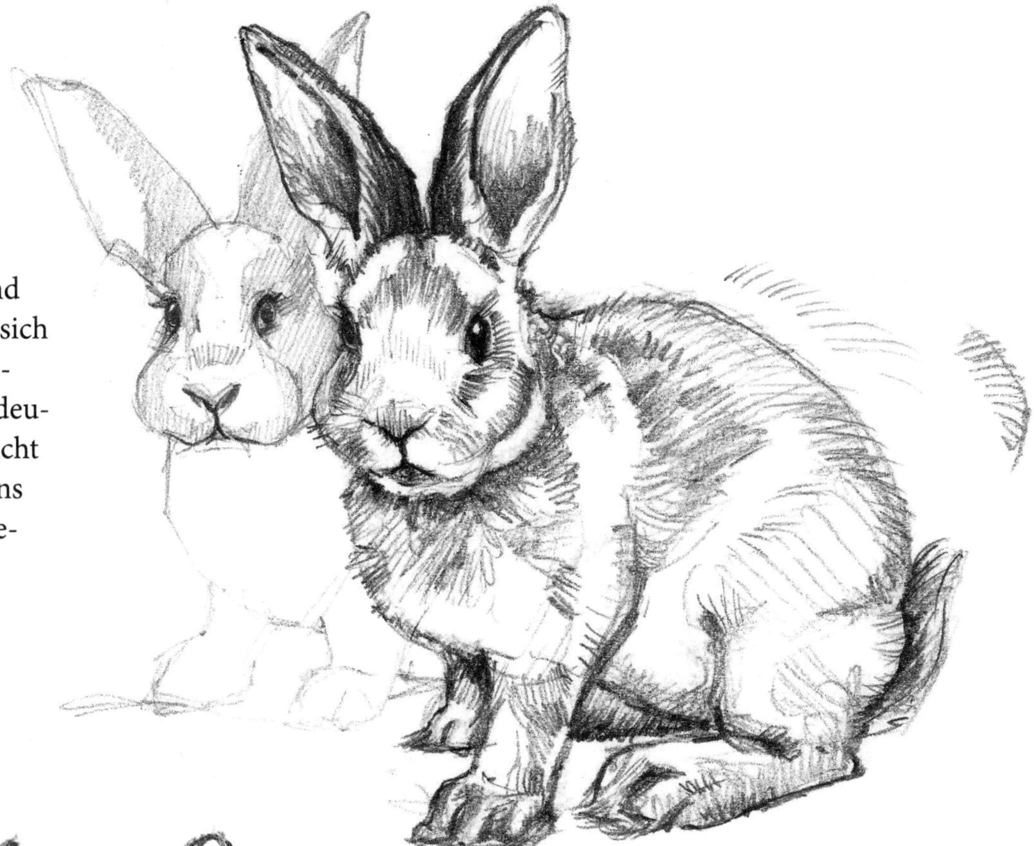

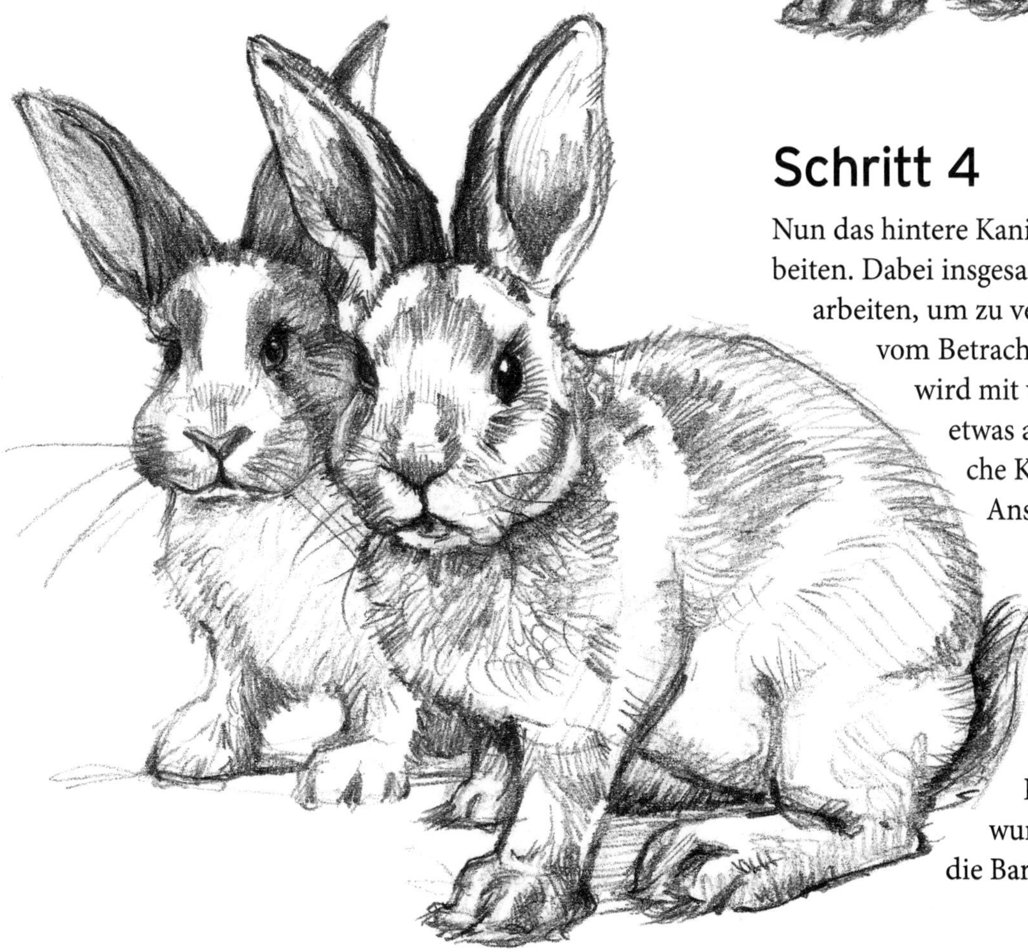

## Schritt 4

Nun das hintere Kaninchen deutlicher ausarbeiten. Dabei insgesamt mit zarteren Strichen arbeiten, um zu vermitteln, dass es weiter vom Betrachter entfernt sitzt. Der Kopf wird mit verschiedenen Bleistiften etwas abgedunkelt, der restliche Körper bleibt relativ hell. Anschließend in der ganzen Zeichnung vereinzelt dunkle Striche einfügen, den Lichtreflex im Auge des vorderen Kaninchens mit dem Radiergummi aufhellen und andere Bereiche, die verwischt wurden, bereinigen. Zuletzt die Barthaare einzeichnen.

# Mädchen mit Yorkie Schritt für Schritt

**Als Vorlage für dieses Beispiel diente ein Foto, das meine Tochter und einen unserer Hunde zeigt. Eine Gefahr beim Zeichnen vertrauter Menschen besteht darin, sich zu sehr auf maximale Ähnlichkeit zu konzentrieren und die Gesamtwirkung des Bildes aus den Augen zu verlieren.**

**Material**

- Wasserlöslicher Grafitstift 8B
- Zeichenpapier 220g/m$^2$ oder mattes Aquarellpapier
- Knetradiergummi
- Anspitzer
- Aquarellrundpinsel Nr. 8

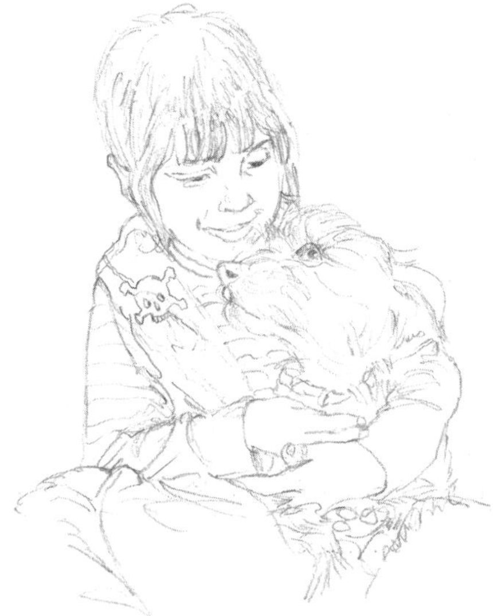

## Schritt 1

Zuerst die Umrisse der Figuren mit dem wasserlöslichen Stift vorzeichnen und dabei immer wieder das Foto zurate ziehen.

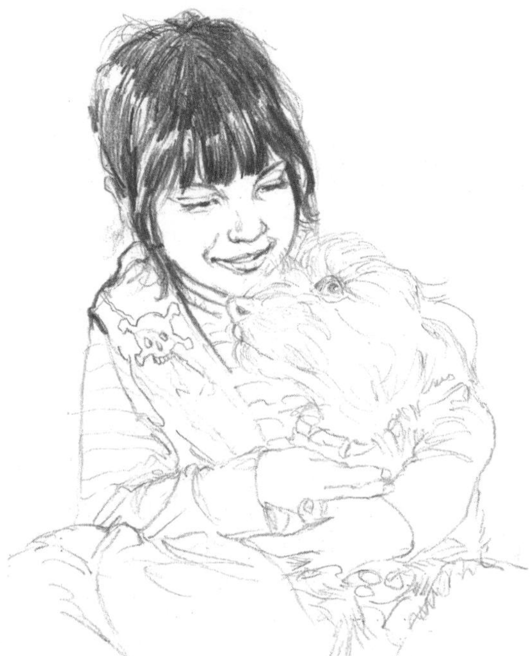

## Schritt 2

Die dunklen Tonwerte der Haare einzeichnen. Im Bereich der Lichtreflexe bleibt das Papier weiß.

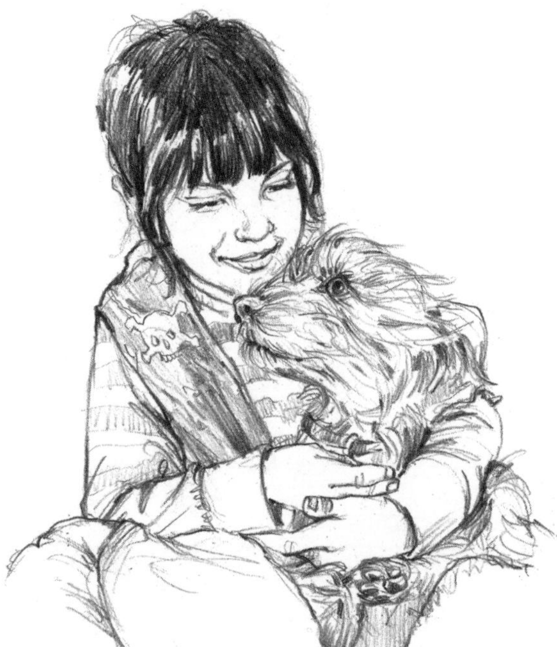

## Schritt 3

In der übrigen Zeichnung die dunkleren Tonwerte einfügen. Im mittleren Bereich einige Details aufnehmen, zum Rand hin jedoch weniger. So wird dafür gesorgt, dass der Hund und der Mädchenkopf den Blickfang der Zeichnung bilden. Allmählich die Tonwerte der Kleidung herausarbeiten.

## Schritt 4

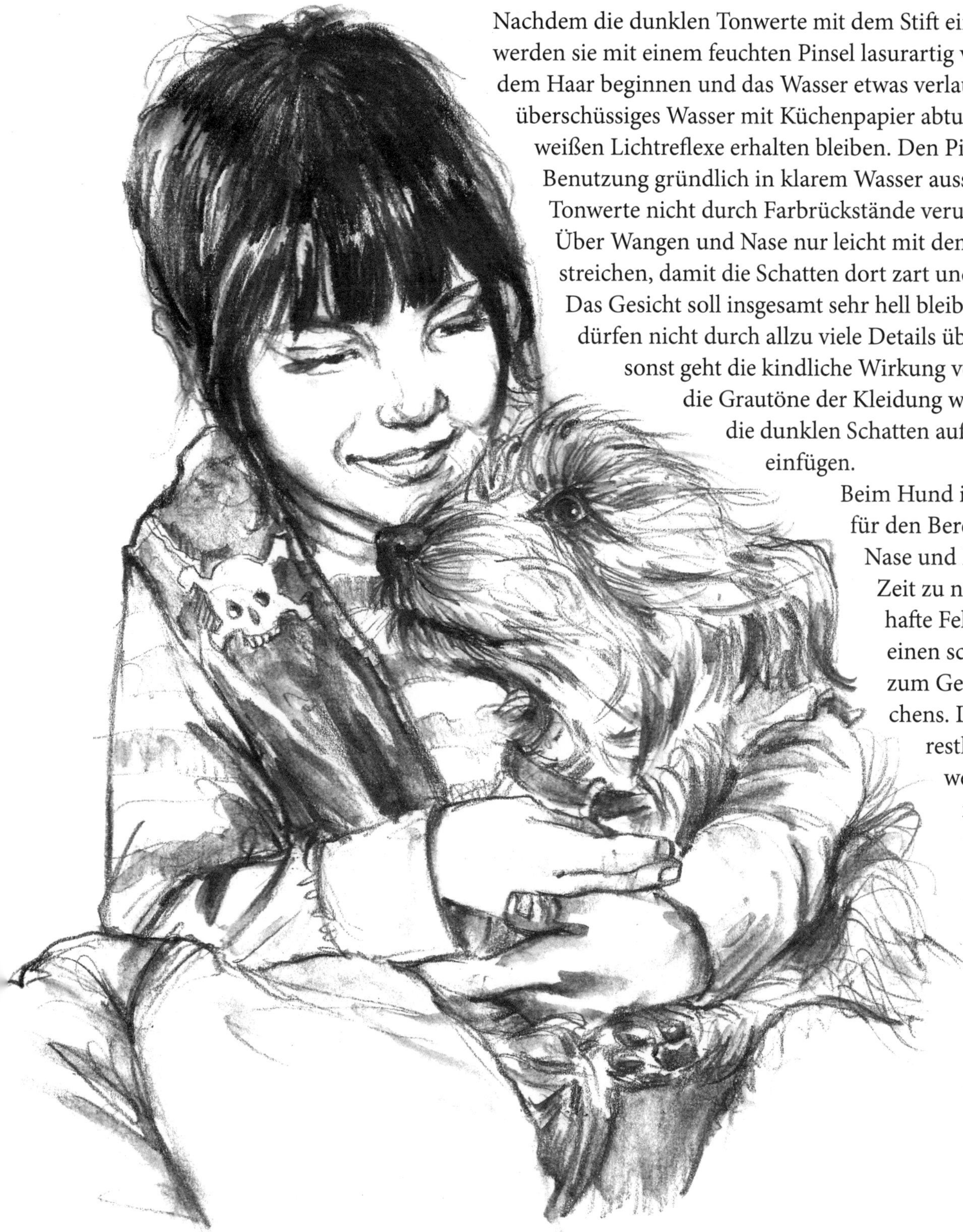

Nachdem die dunklen Tonwerte mit dem Stift eingezeichnet sind, werden sie mit einem feuchten Pinsel lasurartig vermalt. Mit dem Haar beginnen und das Wasser etwas verlaufen lassen, aber überschüssiges Wasser mit Küchenpapier abtupfen, damit die weißen Lichtreflexe erhalten bleiben. Den Pinsel nach jeder Benutzung gründlich in klarem Wasser ausspülen, damit die Tonwerte nicht durch Farbrückstände verunreinigt werden. Über Wangen und Nase nur leicht mit dem feuchten Pinsel streichen, damit die Schatten dort zart und subtil ausfallen. Das Gesicht soll insgesamt sehr hell bleiben. Kindergesichter dürfen nicht durch allzu viele Details überfrachtet werden, sonst geht die kindliche Wirkung verloren. Danach die Grautöne der Kleidung weich vermalen und die dunklen Schatten auf der Piratenweste einfügen.

Beim Hund ist es wichtig, sich für den Bereich um Auge, Nase und Maul genügend Zeit zu nehmen. Die lebhafte Fellstruktur bildet einen schönen Kontrast zum Gesicht des Mädchens. Die Ohren und der restliche Hundekörper werden mit Lasuren nur angedeutet, weil die beiden einander zugewandten Gesichter den Blickfang der Zeichnung bilden. Es ist recht gut zu erkennen, dass dieser Komposition das Dreieck zugrunde liegt.

# Spaniel Schritt für Schritt

**Dies ist eine meiner Lieblingszeichnungen, weil sie so leicht und angenehm von der Hand ging. Manche Motive zeichnen sich buchstäblich von selbst – dies ist eins davon.**

**Material**

- Wasserlöslicher Grafitstift 8B
- Getöntes Papier mit rauer Oberfläche
- Knetradiergummi
- Aquarellrundpinsel Nr. 8
- Weißer Pastellstift

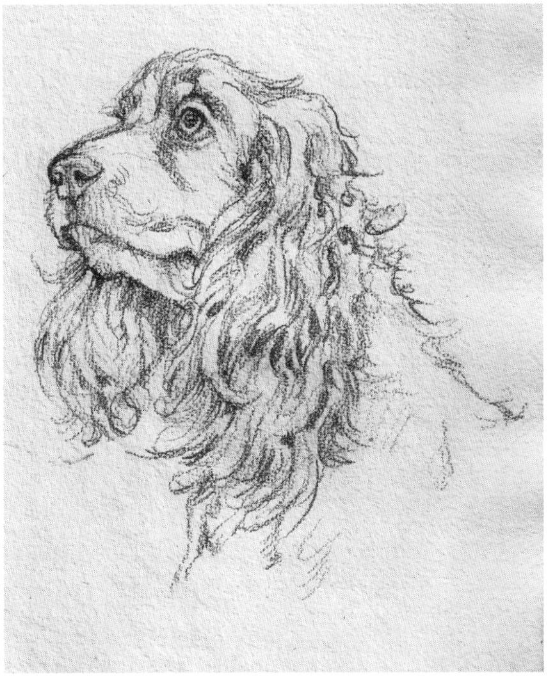

## Schritt 1

Zuerst wird mit dem Grafitstift eine relativ detaillierte Zeichnung des edlen Hundes gezeichnet. Durch die raue Papieroberfläche bekommt die Zeichnung einen dezent skizzenhaften Charakter.

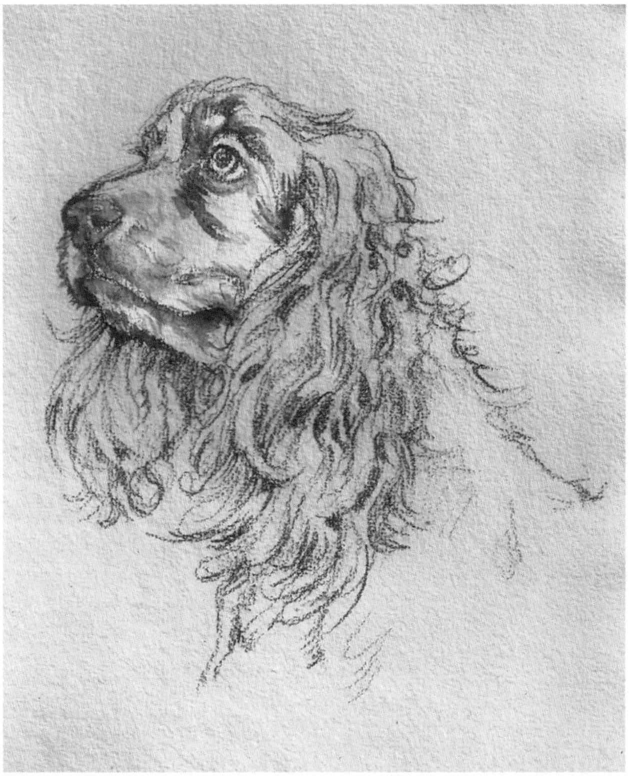

## Schritt 2

Mit dem angefeuchteten Pinsel die Striche auf der Nase teilweise verwischen, um einen weichen Lasureffekt zu erhalten. Ebenso im Bereich des Auges vorgehen, aber dort den Verlauf der Lasur genau kontrollieren. Mit der Ausarbeitung des Mauls beginnen.

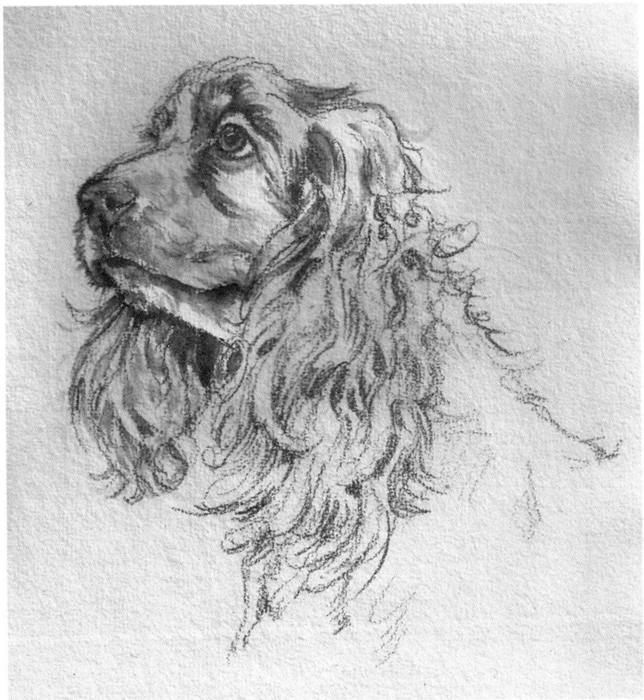

**Tipp** Arbeiten Sie mit wasserlöslichen Stiften und Aquarellfarben immer von Hell nach Dunkel. Es ist einfach, Bereiche nachträglich abzudunkeln. Das Aufhellen von Partien, die zu dunkel geworden sind, ist wesentlich schwieriger.

## Schritt 3

Mit dem angefeuchteten Pinsel werden die Tonwerte im Auge und die Schatten ringsherum weiter ausgearbeitet. Falls dabei die schwarze Kontur des Auges verloren geht, mit dem Grafitstift einen dunklen Fleck auf einen Papierrest zeichnen, von diesem mit dem feuchten Pinsel Farbe abnehmen und das Auge nacharbeiten.

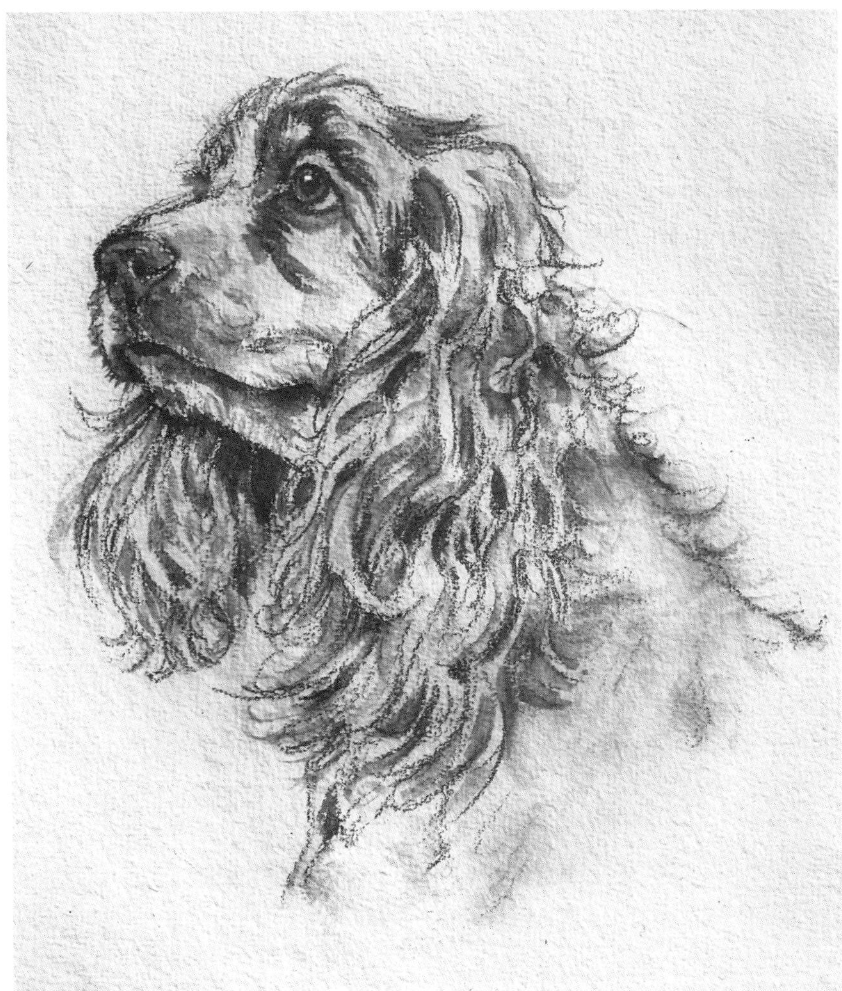

## Schritt 4

Nun wird das wellige Fell angedeutet, jedoch ohne allzu sehr ins Detail zu gehen. Den Bereich hinter dem Ohr abdunkeln, um das Hundegesicht in den Vordergrund zu rücken und so zu betonen. Zur Ausarbeitung des Fells einen mittleren Grauton verwenden und für die Lichtreflexe das weiße Papier durchscheinen lassen. Die Pupille mit dem Grafitstift abdunkeln und mit dem weißen Pastellstift ein Glanzlicht einzeichnen. Noch einige letzte dunkle Striche mit Stift und Pinsel einfügen, dann Hals und Schultern mit einem sehr zarten Grau locker lasieren.

# Träge Katze Schritt für Schritt

**Marker sind ideal für schnelle Skizzen, die dennoch »fertig« aussehen. Das ist der Grund dafür, dass Konzept- und Storyboard-Zeichner diese Stifte bevorzugen.**

**Material**

- Bleistift 3B
- Markerpapier (durchschlagfest)
- Knetradiergummi
- Marker in Hellgrau, Mittelgrau, Dunkelgrau und Schwarz
- Blender
- Weißer Pastellstift

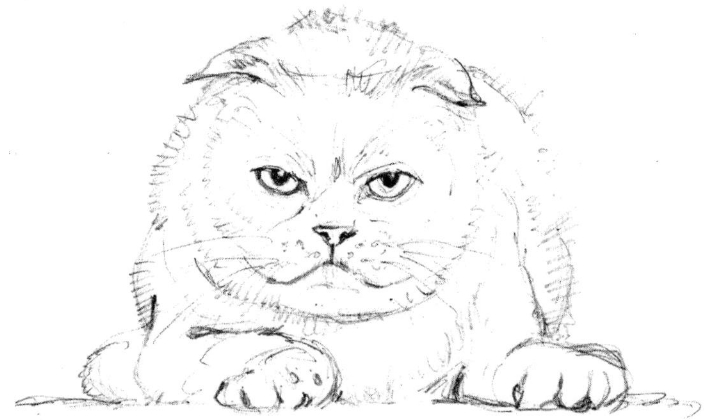

## Schritt 1

Zuerst die Umrisse der Katze mit den auffällig kleinen Ohren zeichnen und die Schattenbereiche andeuten. Ein Konzeptzeichner würde diese Skizze nun mehrmals fotokopieren und verschiedene Farbvarianten entwerfen, um sie dem Art Director oder Kostümbildner vorzulegen. Für unsere Zwecke genügt eine Version – aber probieren Sie solche Farbspiele ruhig einmal aus!

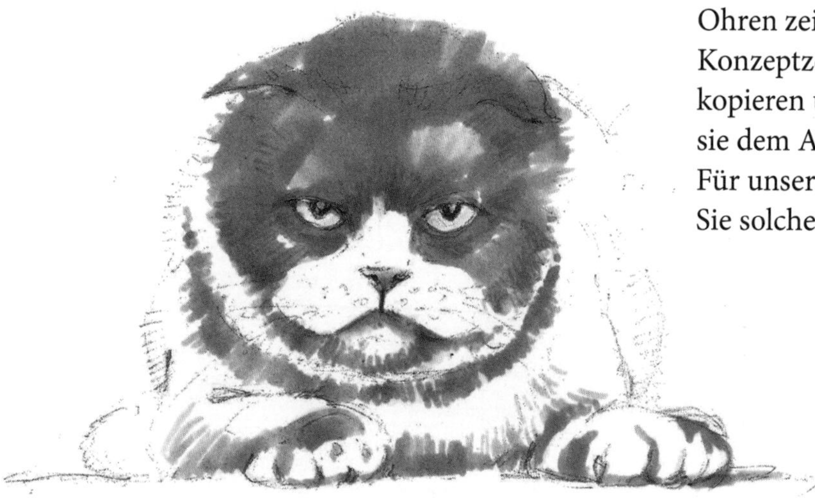

## Schritt 2

Die Mitteltöne am Oberkopf und auf den Wangen der Katze mit lockeren Strichen mit dem mittelgrauen Marker einzeichnen.

**Tipp** Bevor Sie Marker in einer Zeichnung einsetzen, experimentieren Sie ein bisschen. Probieren Sie, welche Effekte sich durch Übermalen ergeben und was mit einem Blender möglich ist. Wenn man sich erst einmal an die Stifte gewöhnt hat, ist die Handhabung unkompliziert.

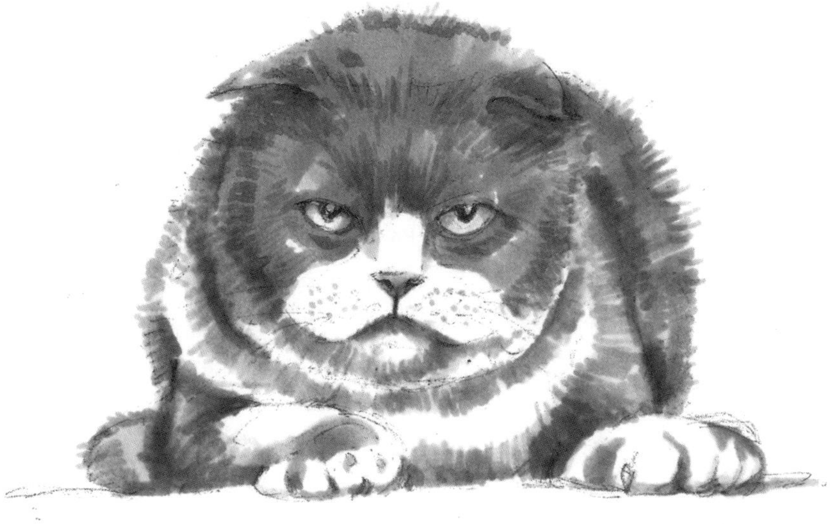

## Schritt 3

Mit dem hellsten Marker die Schatten auf dem weißen Katzenfell und auf den Pfoten einzeichnen, wieder mit lockeren Strichen. Bevor die Farben getrocknet sind, die Übergänge mit dem Blender weich verwischen. Die Augen mit dem schwarzen Marker einzeichnen, die Schatten ringsherum abdunkeln.

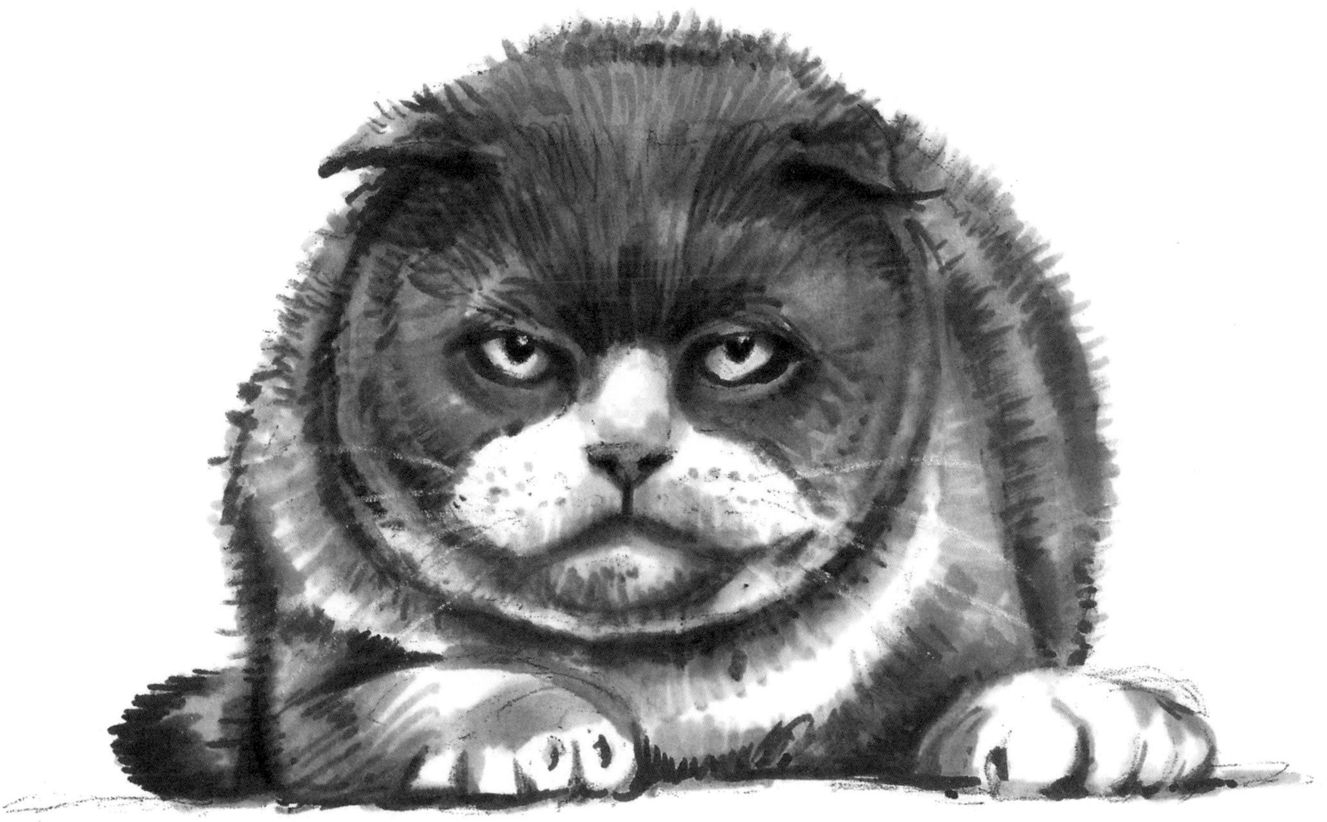

## Schritt 4

Nun die Mitteltöne herausarbeiten und die Fellstruktur mit dunkleren Strichen andeuten. Auch die Schatten in den Augen mit dem mittleren Grau einzeichnen. Für die dunkelsten Grautöne von Kopf und Körper den dunkelgrauen Marker verwenden und die Übergänge zwischendurch immer wieder mit dem Blender verwischen. Auf der Stirn entsteht auf diese Weise beinahe ein Lasureffekt, auf dem einzelne Haare mit dem dunklen Stift eingefügt werden. Zuletzt die Lichtreflexe in den Augen mit dem weißen Pastellstift aufhellen.

# Zwergschnauzer Schritt für Schritt

**Aus irgendeinem Grund erinnert mich dieser Hund an Gandalf aus *Der Herr der Ringe*. Vielleicht liegt es am Bart und den Augenbrauen. Auf jeden Fall macht es Spaß, charaktervolle Tiere zu zeichnen.**

**Material**

- Dunkler Kohlestift
- Getöntes Papier mit rauer Oberfläche
- Knetradiergummi
- Anspitzer

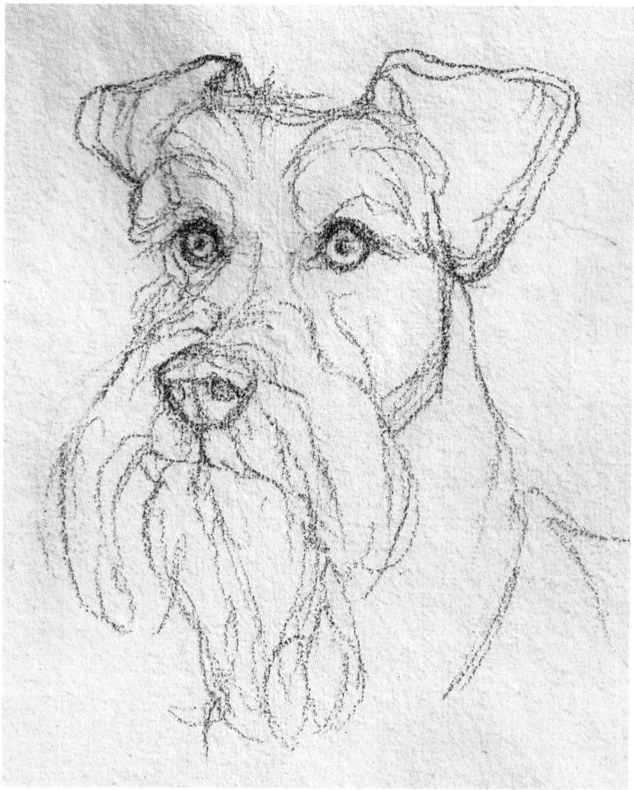

## Schritt 1

Den Anfang bildet eine relativ detaillierte Skizze des Hundes.

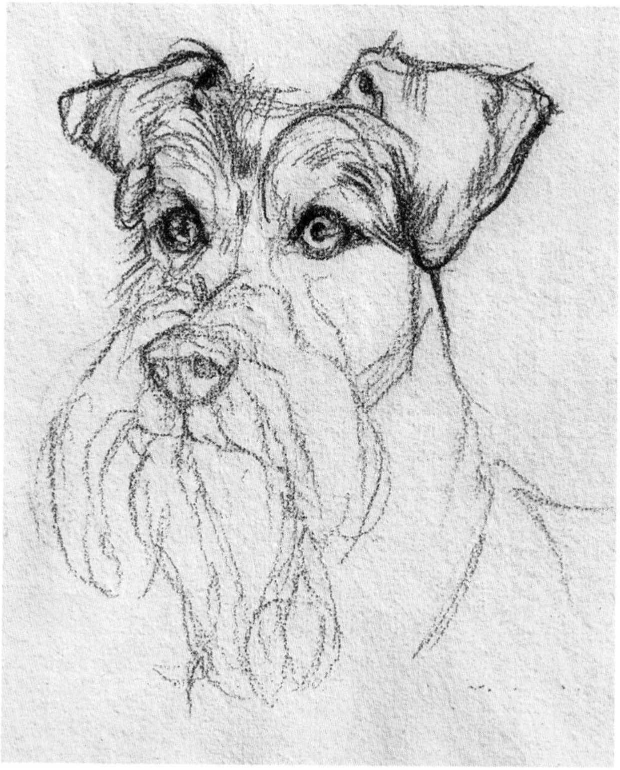

## Schritt 2

Zeichnen Sie zügig, als säße der Hund tatsächlich vor Ihnen und könne gleich weglaufen. Konzentrieren Sie sich auf Ohren und Augen.

**Tipp** Für Zeichnungen dieser Art muss der Stift immer gut gespitzt sein. Nur dann gelingen klare, detailgetreue und saubere Striche.

## Schritt 3

Nase und Maul bei Bedarf korrigieren, dann Augenbrauen und Augen genauer ausarbeiten. Von oben nach unten das ganze Hundegesicht überarbeiten: die Kieferkontur verdeutlichen, das Maul und die oberhalb der Oberlippe nach innen gebogenen Haare einzeichnen. Arbeiten Sie bei alledem zügig, damit die Zeichnung locker bleibt und nicht starr wirkt. Den unteren Bereich des Kinnbarts verdeutlichen, ohne allzu viele Details einzuzeichnen. Zwischen den Bartzipfeln den weiter zurückliegenden Hals mit dunkleren Tonwerten andeuten. Zuletzt Augen, Ohren und Nase noch einmal verdeutlichen.

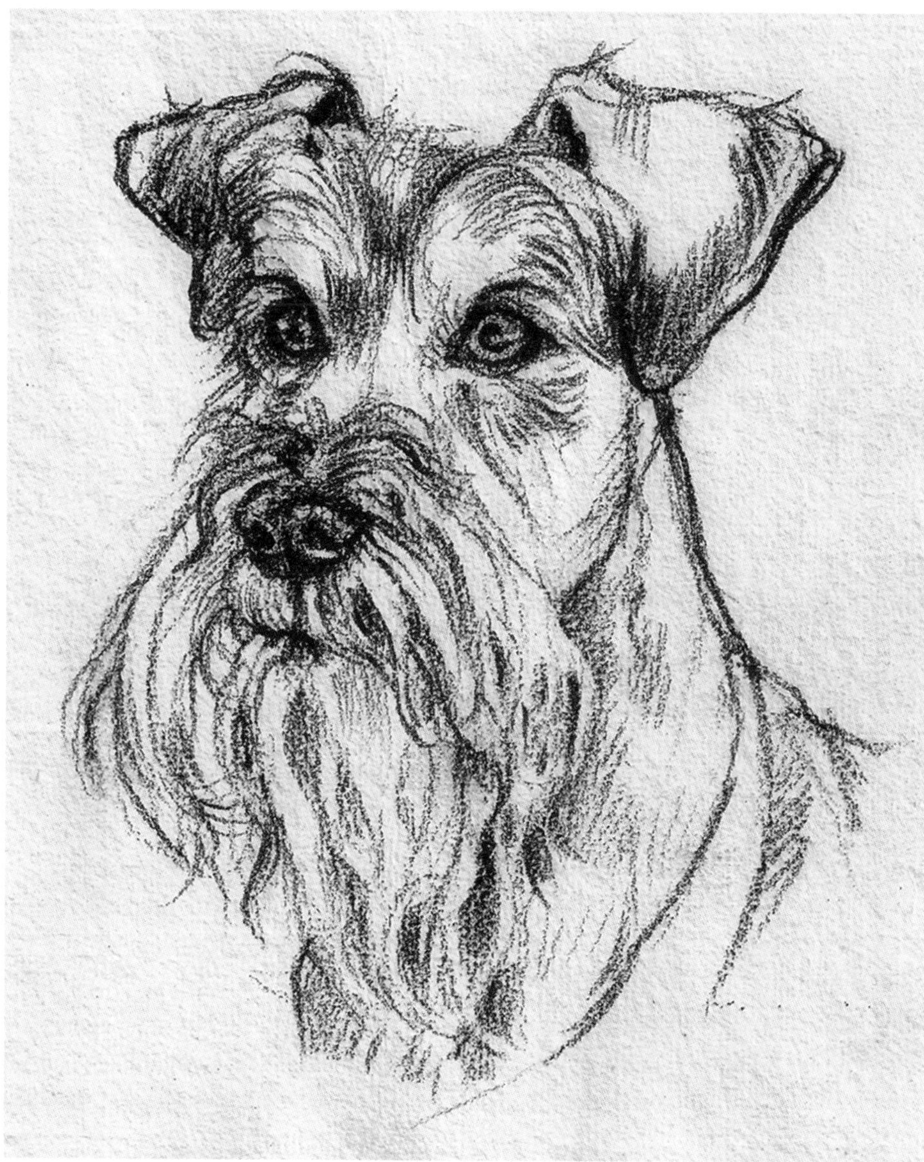

# Afghane Schritt für Schritt

**Dieser Hund erinnert mich an einen Rockstar. Das lange Haar, die eingefallenen Wangen … unverkennbar Iggy Pop.**

## Schritt 1

Zuerst die Umrisse mit dem weißen Pastellstift zeichnen, dann die Fläche des Gesichts locker mit der weißen Pastellkreide schraffieren und das Pigment mit dem Pinsel verteilen.

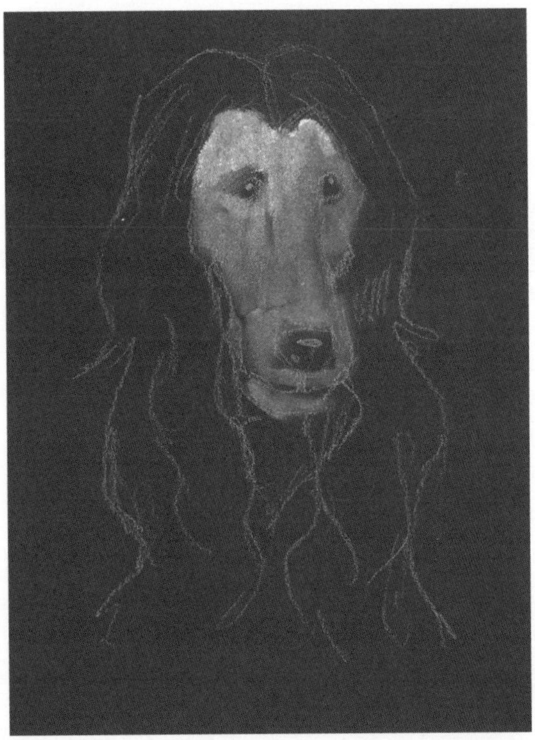

**Material**

- Weißer Pastellstift
- Schwarzes Pastellpapier
- Pastellkreiden in Weiß, Hellgrau, Schwarz
- Aquarellrundpinsel Nr. 8
- Kohlestift
- Knetradiergummi

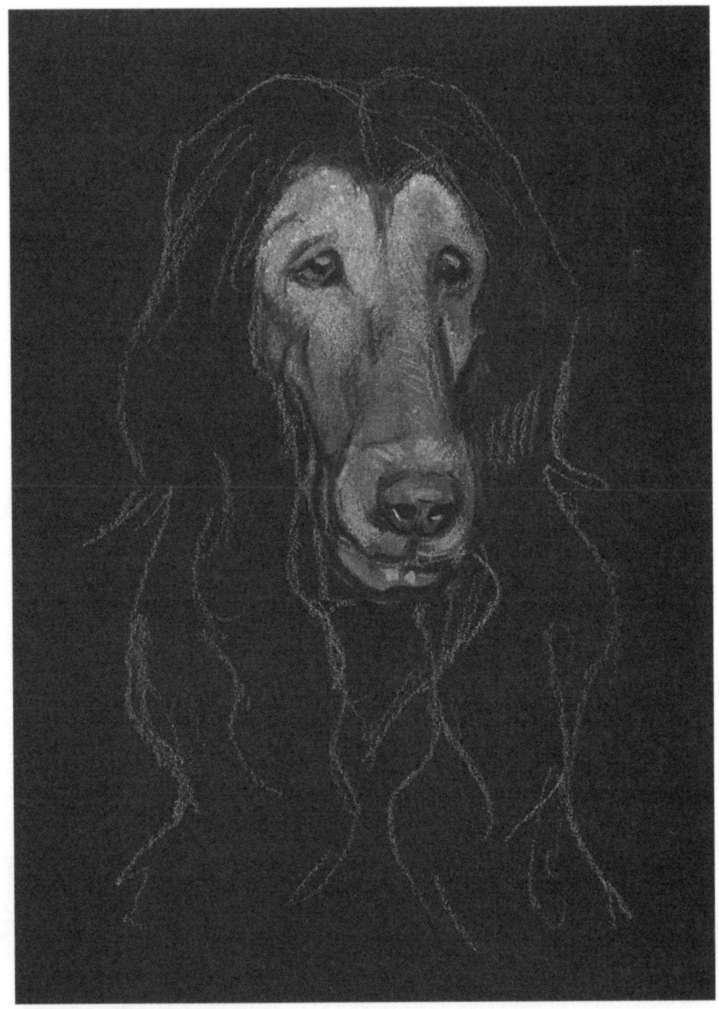

## Schritt 2

Die Augen mit dem Kohlestift deutlicher zeichnen. Die Nase mit grauer Pastellkreide übermalen und mit dem Kohlestift klarer ausarbeiten. Auf Wangen und Maul ebenso verfahren, dann mit dem weißen Pastellstift kleine Lichtreflexe auf die Nase und die Unterlippe setzen.

## Schritt 3

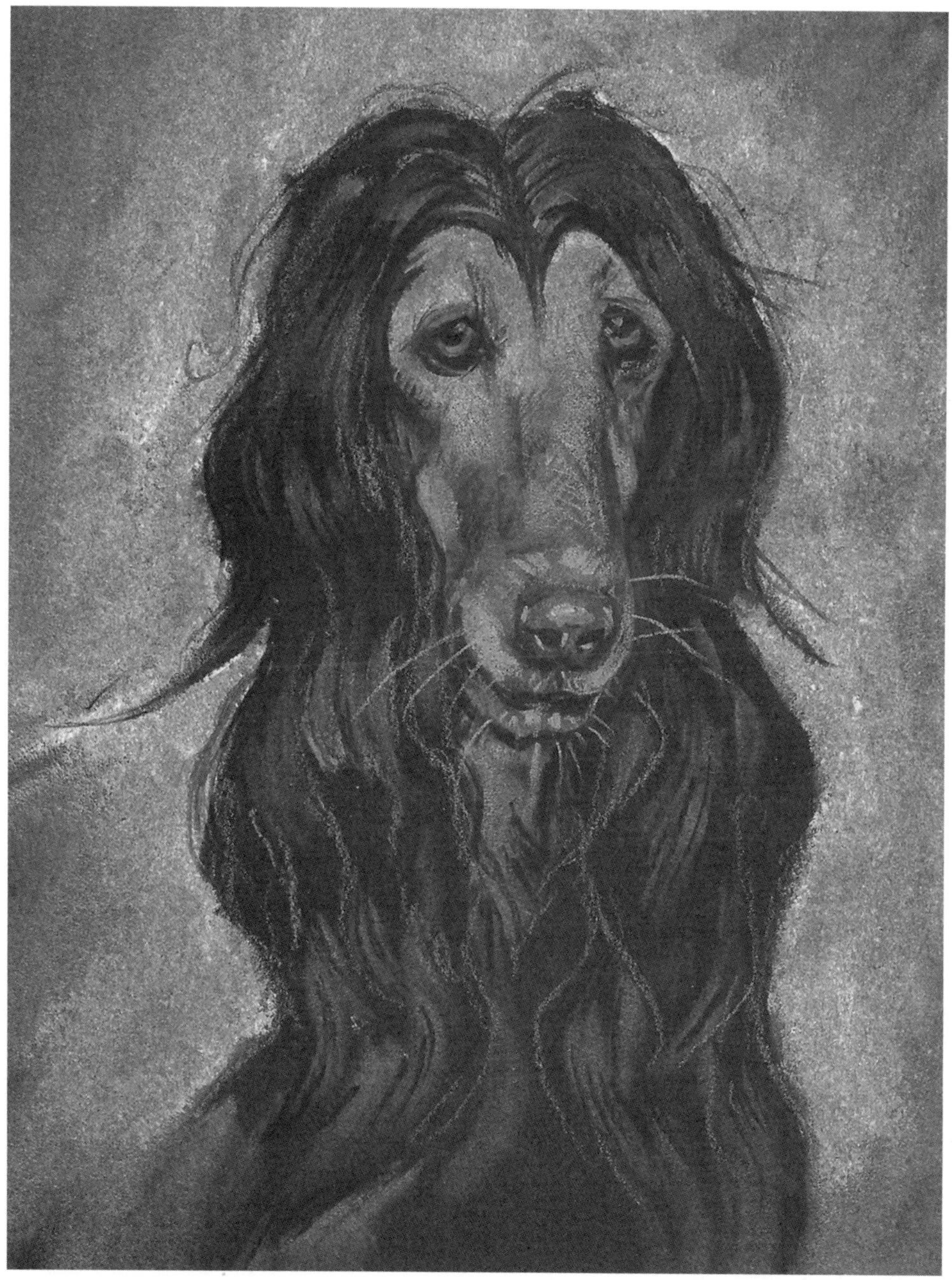

Um die Konturen des Gesichts aufzuhellen, eine weiße Pastellkreide mit der Breitseite aufsetzen. Danach die Striche mit dem trockenen Pinsel verwischen, sodass sich die schwarzen Haare gut abheben. Lichtreflexe nochmals mit der weißen Pastellkreide übermalen, um sie weiter aufzuhellen, und die Übergänge zur übrigen hellen Fläche mit dem trockenen Pinsel verwischen. Dabei bleibt genug weißes Pigment im Pinsel hängen, um Lichtreflexe im dunklen Fell anzudeuten. Mit dem Kohlestift die tiefsten Schatten abdunkeln und einzelne dunklere Strähnen auf die hellen Partien des Fells zeichnen.
Zwischendurch die Zeichnung immer wieder mit der Fotovorlage vergleichen und bei Bedarf kleine Korrekturen vornehmen, etwa die Wangenknochen verbreitern oder die Augen vergrößern. Striche, die dafür mit den Pastellkreiden gezeichnet werden, gleich danach mit dem trockenen Pinsel verwischen. Zum Schluss mit dem weißen Pastellstift einige lange Barthaare einzeichnen.

**Tipp** Wenn mit Pastellkreiden ein Strich danebengeht, besteht kein Grund zur Sorge. Der Vorteil dieses Mediums ist, dass man die Striche blass verwischen und übermalen kann.

# Sibirische Katze Schritt für Schritt

**Diese Zeichnung bringt die Unberechenbarkeit von Katzen gut zum Ausdruck: Im einen Moment schnurren sie, im nächsten fahren sie die Krallen aus.**

**Material**

- Bleistift 3B
- Knetradiergummi
- Zeichenpapier 220 g/m²
- Anspitzer
- Schwarzer Pinselstift
- Aquarellrundpinsel Nr. 8

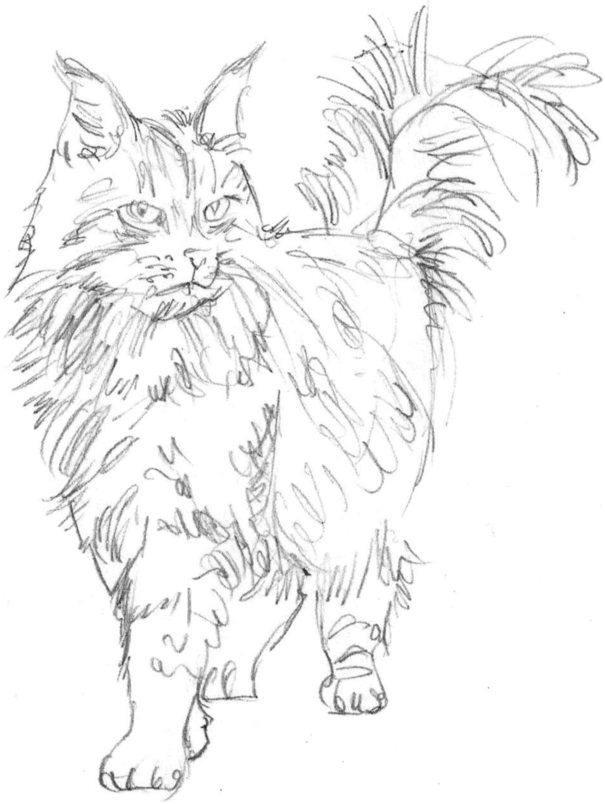

## Schritt 1

Die erste Zeichnung enthält noch wenige Details. Lediglich die Bereiche der verschiedenen Tonwerte sind gut zu erkennen.

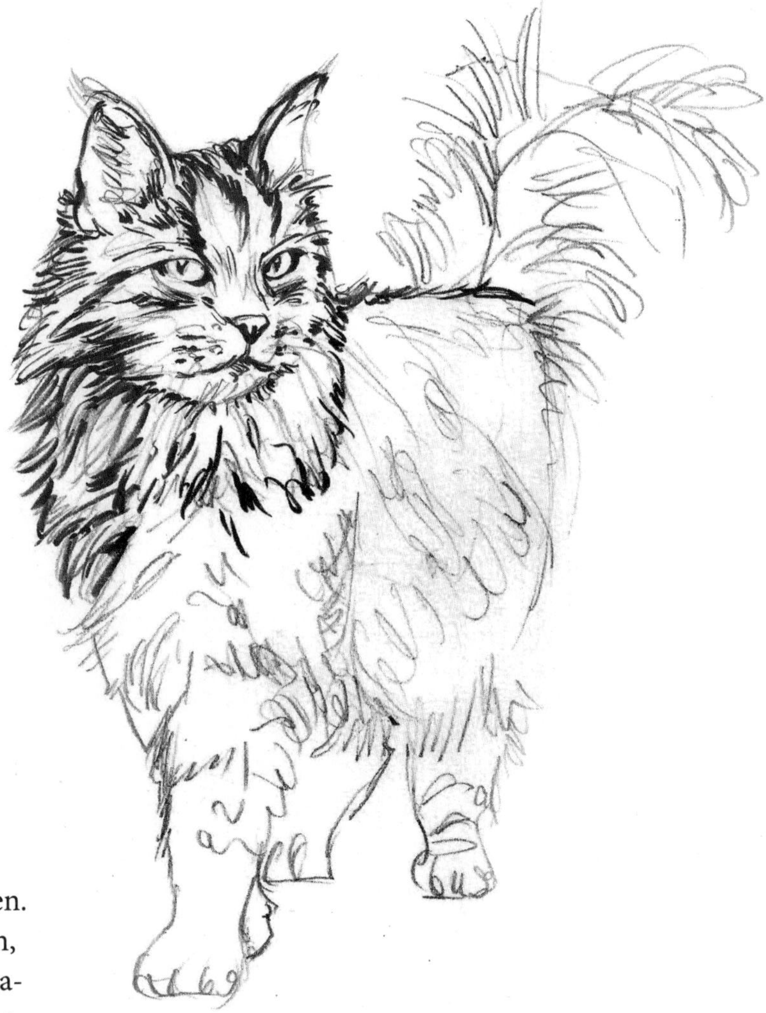

## Schritt 2

Das Muster des Kopfes mit dem Pinselstift zeichnen. Dabei mit kontrollierten, aber leichten Strichen arbeiten. Da die Striche später mit Wasser vermalt werden sollen, um Schatten und Tonwerte herauszuarbeiten, muss relativ viel weißes Papier zwischen den Strichen frei bleiben.

## Schritt 3

Die Striche am weiter entfernten, hinteren Körper mit einem fast leeren Pinselstift zeichnen. Die blasseren Striche verstärken die räumliche Wirkung.

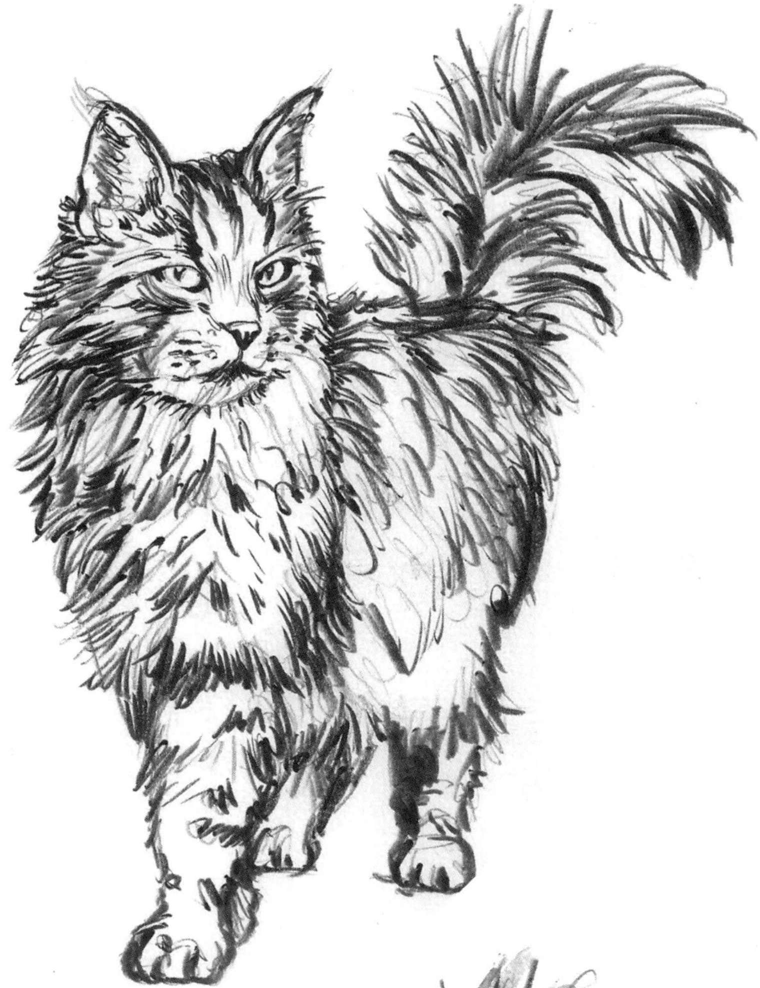

## Schritt 4

Nun mit einem feuchten Pinsel die Striche verwischen, aber dabei den Verlauf der Farbe auf dem Papier steuern. Im mittleren Bereich des Gesichts wird auf Schatten weitgehend verzichtet, weil dieser den Blickfang der Zeichnung bildet. Das Fell unter dem Kopf ist auf der linken Seite dunkler als auf der rechten. Dadurch kommt seine Textur gut zum Ausdruck. Das Fell am vorderen Körper wird insgesamt detaillierter ausgearbeitet.
Am hinteren Körper sind die Lasuren blasser und die Konturen unschärfer. Dadurch entsteht der Eindruck, dass dieser Teil weiter vom Betrachter entfernt ist. Den Schwanz befeuchten und rasch mit Küchenpapier abtupfen, damit er nicht zu dunkel wird. Zuletzt einen Schatten unter den Oberlidern einfügen, um der Katze einen eindringlicheren Blick zu verleihen.

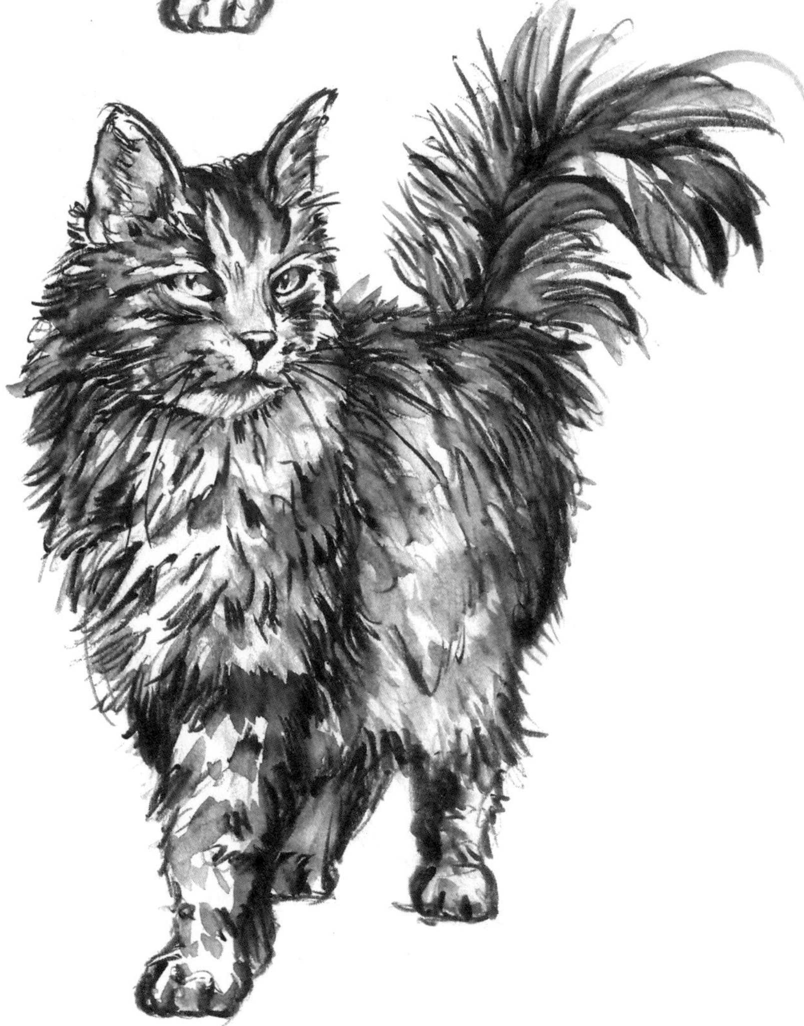

# Pony und Reiterin Schritt für Schritt

**Als letzte Herausforderung können Sie sich an einem Pony mit seiner kleinen Reiterin versuchen. Das Motiv sieht schwierig aus, aber wenn Sie es in einfache Grundformen zerlegen, kann nichts schiefgehen.**

**Material**

- Wasserlöslicher Grafitstift 8B
- Zeichenpapier 220 g/m$^2$
- Anspitzer
- Knetradiergummi

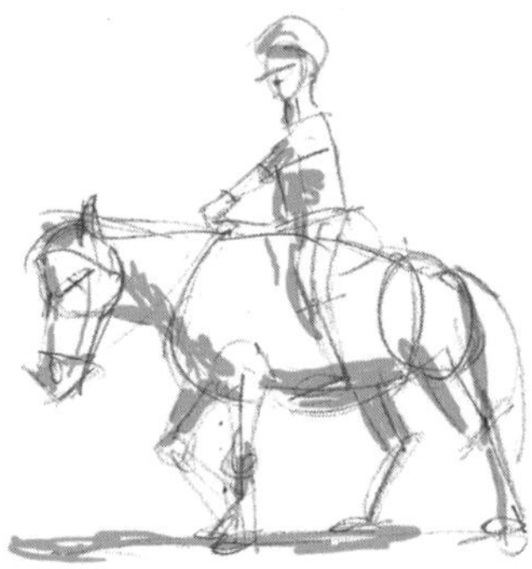

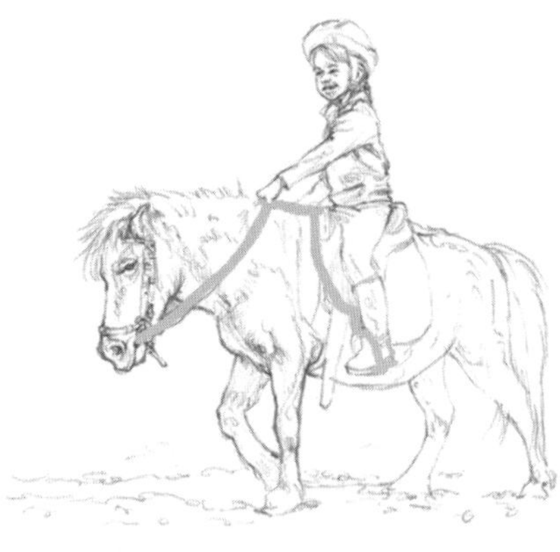

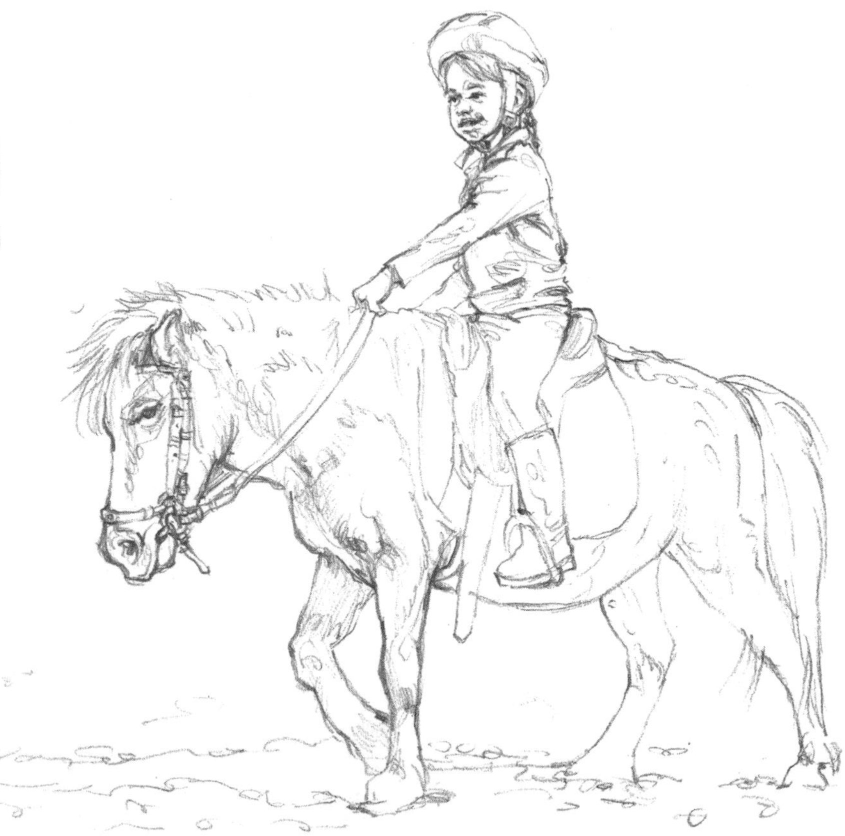

## Schritt 1

Beginnen Sie mit Grobskizzen, um mit dem Motiv vertraut zu werden. Pony und Mädchen aus Kreisen und Ovalen aufbauen, dann auf der Fotovorlage nachsehen, wie die Schatten fallen, und diese einzeichnen. Dann können Sie die eigentliche Zeichnung beginnen.

Mithilfe des Fotos und der Skizze zuerst die Umrisse von Pony und Reiterin zeichnen und die Schatten durch leichte Schraffuren andeuten. Zaumzeug, Zügel und Sattel sorgfältig zeichnen. Es kann hilfreich sein, solche Details frühzeitig korrekt einzuzeichnen. Die Zügel beispielsweise stellen eine Verbindung zwischen dem Maul des Ponys und den Händen des Mädchens her, die Finger sind in Richtung des Sattels gekrümmt. Die Linien des Sattels führen weiter zu Stiefel und Steigbügel. Solche Verbindungen lassen sich in fast allen Motiven finden, wenn man genau hinschaut.

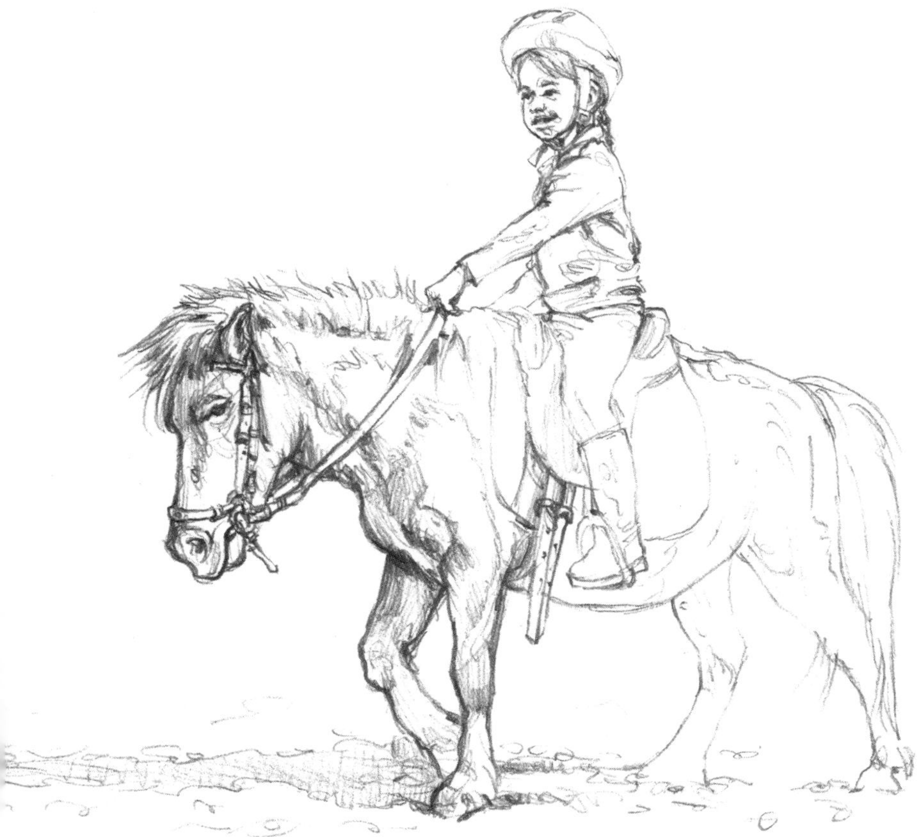

## Schritt 2

Nun Details und Tonwerte des Ponys genauer ausarbeiten, dabei die Körperform und die Muskeln von Hals, Brust und Vorderbeinen durch Schattierungen modellieren. Auch der Schatten am Boden wird etwas abgedunkelt, um das Pony auf dem Papier zu »erden«.

## Schritt 3

Die übrige Zeichnung ebenso ausarbeiten. Beine und unteren Bauch des Ponys so abdunkeln, dass die Schatten erkennbar werden und das Tier dreidimensional wirkt. Die Schatten auf Oberteil und Hose des Mädchens abdunkeln, Sattel und Sattelgurt detailliert ausarbeiten. Zuletzt bekommen Gesicht und Helm den letzten Schliff. Im Gesicht auf Details weitgehend verzichten, damit es klar und kindlich wirkt.

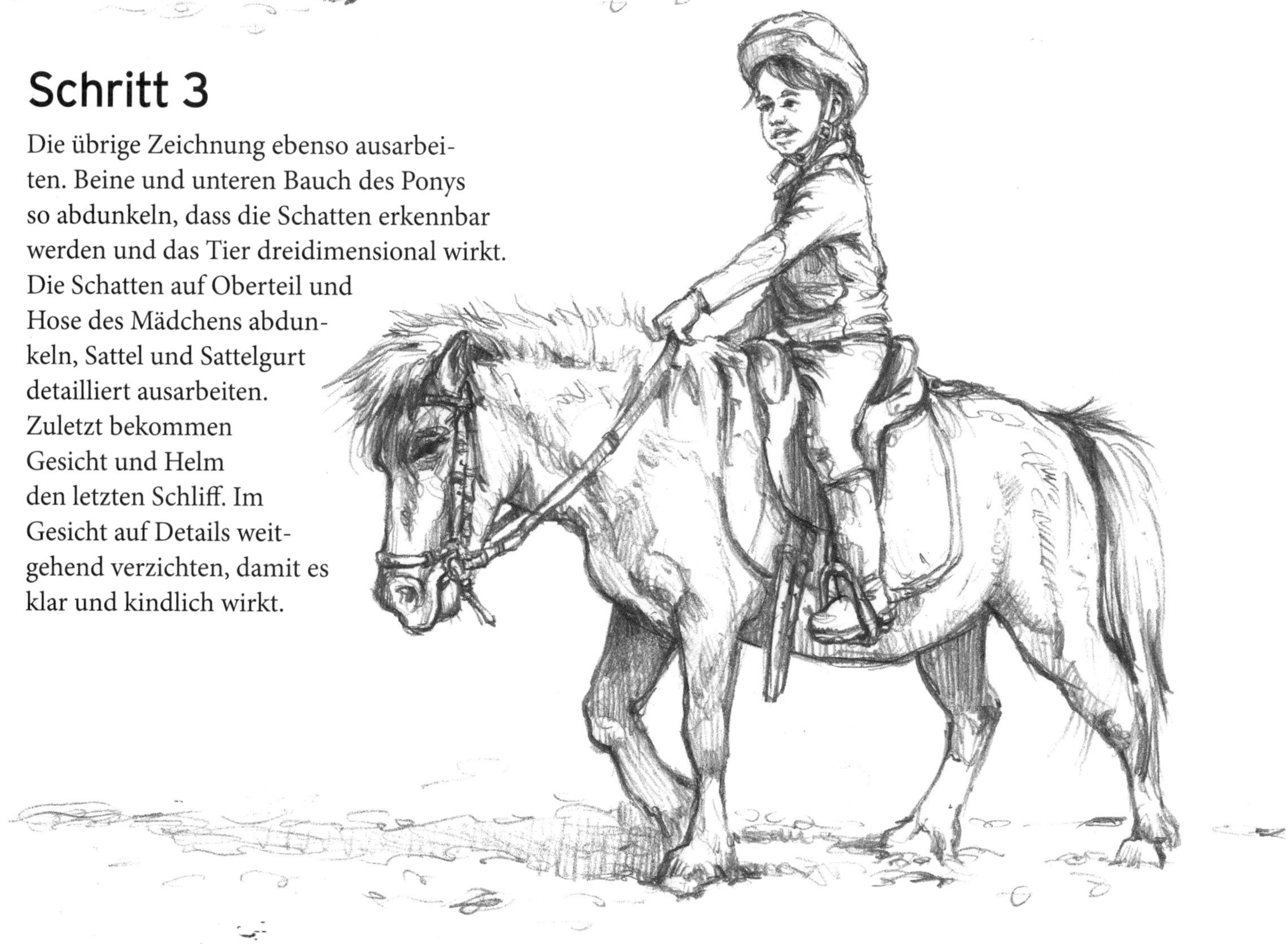

# Register



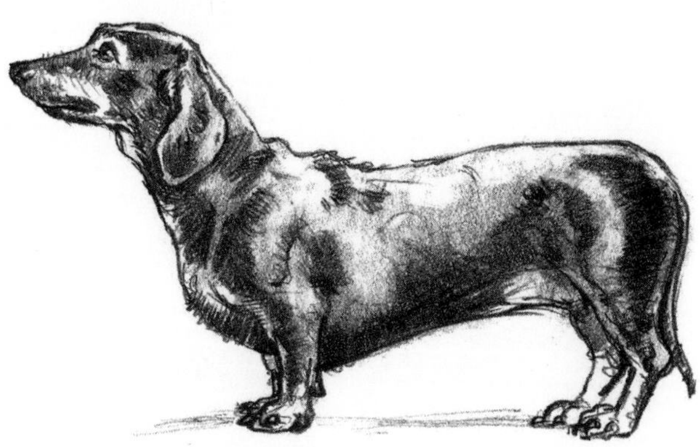